개정 누리과정에 기초한 유아 · 놀이중심

놀이지도

개정 누리과정에 기초한 유아 · 놀이중심

놀이지도

박애경

KNOWLEDGE COMMUNITY 공동체

머리말

놀이를 하고 있는 유아를 보면 마치 위대한 과학자, 건축가를 보고 있는 듯하다. 쌓기 놀이에서 블록으로 고속도로를 건설하며 몰입하고 있는 유아, 어떤 역할을 이행하며 또래들과 상호작용하는 유아, 그리고 물, 모래를 가지고 붓고, 따르며 다양한 측정 활동을 수행하는 유아들의 모습은 행복함 그 자체이다.

그동안 유아교육 현장에서 교사들이 놀이를 지도함에 있어서 단원 중심으로 교사가 주도하기도 함과 동시에 유아에게 주도권을 주어 왔고 놀이중심과 활동중심으로 놀이 또는 활동을 운영해 왔다. 그러나 이러한 유아의 놀이는 생활과 분리되어 왔으므로 조금 더 일상생활 속에서 유아가 놀이의 중심이 되는 경험이 필요함을 예비교사 교수자로서 인식하고 있었다. 마치 씨실과 날실처럼 유아의 일상생활 속에서 유아와 놀이가 함께 엮어져 나가는 놀이경험이 우리 유아들에게 필요하다고 생각해 왔다. 동시에 국가수준의 유치원 교육과정을 고시한 2019년 개정 누리과정의 시작으로 예비교사들에게 유아중심, 놀이중심의 놀이지도를 가르쳐야 할 사회적 책무가 유아교육과 교수자로서 있었기에 예비교사들이 유아가 되어 놀이를 경험하고 직접 놀이를 생성해 보았다. 가장 적절한 것은 예비교사들이 유치원 현장에서 유아들과 함께 상호작용하며 놀이를 생성하는 것이 좋으나, 그동안 코로나 등 여러 가지 이유로 유아교육기관 현장에 접근하기가 여의치 않았다. 이러한 이유로 이 책은 우리 대학의 예비교사들이 '놀이지도' 교과 시간에 실제로 교사가 유아가 되어 놀이를 수행한 결과물이 다수 포함되어 있다. 따라서 일부분은 유아의 발달적 측면과 다른 면들이 있을 수 있으나 예비교사들의 놀이지도를 연습하기 위한 시도로서 보아주시면 감사하겠다.

유아교육학과 교수로서 놀이지도를 강의한 지 25년이 되면서 그동안 생각했던 것들과 강의자료들을 정리하는 과정에서 이 책을 내게 되었는바 예비교사들에게 놀이지도에 대한 실제적 안내를 해주는 교재로 쓰이면 좋을 것 같다. 특히 이 책은 여러 가지 놀이를 풍부하게 해주는 교사의 상호작용의 실제를 다수 제시하여, 교사들로 하여금 어떻게 상호작용하면 풍부하고 심화된 놀이로 안내하고 지도할 수 있을지에 대한 방향을 제시하였다.

이 책은 크게 세 부분으로 이루어졌다. 1~6장은 기존 놀이이론으로서 놀이 이해, 7~8장은 개정 누리과정 이해와 실제, 그리고 9장은 영아와 유아기의 놀이 실제로 구성되어 있다.

이 책은 유능하게 태어난 영유아들이 행복하게 자신들의 과업인 놀이를 할 수 있도록 어떻게 지도하고 지원할지를 고민하는 유아교육과 학생들과 더 고민하며 보완해 나갈 생각이다.

끝으로 책 출간을 함께해 준 공동체 출판사 관계자분들과 동남보건대학교 유아교육학과 학생들에게 감사드린다.

2024년 12월

저자 박애경

차례

01

CHAPTER

영유아 놀이의 이해

CHAPTER

01 영유아 놀이의 이해

교실에서 블록놀이 영역에서 두 유아가 이야기를 하면서 고속도로를 건설하고 있다.

하준과 이준은 블록놀이 영역에서 쌓기 놀이를 하고 있다.
하준 : 나는 엄마 아빠랑 고속도로 타고 할머니집에 갔었다.
나는 오늘 그래서 고속도로를 만들 거야. 블록 가지고.
이준 : 나도 나도 같이 할 거야.
나는 톨게이트를 만들 거야. 돈을 내야지 지나갈 수 있어.
하준 : 우리는 여행을 가는 척 해야 돼. 차를 타는 것처럼.
이준 : 나는 고속도로 인터체인지를 만들어야 해. 그리고 자동차도 필요해.
하준 : 교통표지판도 있어야 된다. 그래야만 진짜 고속도로처럼 보여.
모두 : 와 우리 모두 고속도로 위에 있는 것 같다. 재미있다.
이준 : 근데 교통표지판은 어떻게 하지?
하준 : 선생님께 구해달라고 하자.
이준 : 아니야 우리가 블록과 종이를 가지고 만들면 더 재미있을 거야.
하준 : 그래 좋아. 교통표지판에는 무엇을 그려 넣을까?
이준 : 글씨도 써야 해. 나는 글씨 못 쓰는데.
하준 : 못 써도 돼. 그리면 되잖아.

그러면서 두 유아는 맞춤법에 맞지 않는 글씨를 쓰기도 하고 자신들이 필요한 것들을 의논하며 그리기도 한다. 고속도로, 인터체인지, 톨게이트를 구성하기 위해 다양한 블록을 가져다가 사용한다. 교사는 이를 관찰하면서 주의 깊게 관심을 가지고 지켜보고 있다. 교사는 필요한 개입의 시기를 생각하면서 적절한 언어적 상호작용에 대해 생각하는 시간을 갖고 있다.

1 놀이의 정의

놀이는 유아 삶의 일부이고 과업인 동시에 일이기도 하다. 놀이는 자연스러운 내적 동기에서 시작하므로 놀이를 정의하기에는 어렵고 복잡하다. 여러 학자들의 정의를 종합하면 다음과 같다.

Hutt(1971), Weisler와 McCall(1976) 등은 놀이와 탐색은 유사하나 부여된 목표보다는 내적인 동기화에 의한 행동이라고 했다. Sutton-Smith는 놀이는 유아들이 만들어 가는 것이고, 재미있게 친구들과 자유롭게 선택하고 연기하는 것이라고 하였다(곽혜경 외, 2010). 위키백과사전(2024) 의하면 놀이(play)는 유희(遊戲)로 인간이 재미를 얻고 스트레스를 풀기 위해 하는 활동을 말한다고 하였다. 물질적 보상 또는 대가를 바라지 않는 행위이며 외부의 강제에 의한 행위도 아니라는 점에서 노동, 일과 구별되지만, 노동에도 유희적인 측면이 있다고 보는 견해도 있다.

〈표 1-1〉 놀이와 탐색

구 분	탐 색	놀 이
발생시간	놀이 전에	탐색 후에
상 황	신기한 사물	친숙한 사물
목 적	사물에 대한 정보의 수집	자극의 창출
행 동	정형화된 행동	다양한 행동
분위기	심각함	즐거움
심장박동 비율	낮은 변화	높은 변화

2 놀이의 특성

(1) 놀이는 내적으로 동기유발된다

유아의 놀이는 누가 시켜서 하는 것이 아니라 자신이 스스로 하고 싶어서 놀이를 한다. 놀이의 동기화는 유아 내부에서 시작되고 놀이 자체를 추구한다.

(2) 놀이는 즐겁다

놀이는 기쁨과 즐거운 것으로 표현되고 긍정적 정서를 제공한다. 놀이를 하게 되면 기분이 좋아지고, 약간의 새로운 도전에 대한 두려움은 있으나 대부분 이내 숙달하면서 놀이를 즐겁게 즐기게 된다.

(3) 놀이는 상징적이다

놀이는 사물, 사건을 상징화하여 실제와 상상의 세계를 넘나들면서 전개된다. 유아는 병원놀이에서 볼펜을 주사기로, 줄을 청진기로 상징하여 사회적 극놀이를 한다. 블록을 상상의 대상으로 상징화하면서 실제와 상상의 세계를 왔다갔다 하며 가상놀이, 상상놀이를 하면서 사회적 역할을 연습하게 된다.

(4) 놀이는 자유롭다

놀이는 누가 강요하기보다는 유아 스스로 자유로운 의사로 참여하게 된다. 유아는 놀잇감을 자유롭게 선택하여 놀이에 참여한다. 교사의 권유와 지도가 있으나 이는 놀이가 지속되지 않고 단절될 때이다.

(5) 놀이는 결과보다는 과정이다

놀이는 결과로서 어떤 것을 만들어 내기보다는 놀이과정에 몰입하고 즐기는 것에 가치를 둔다. 블록놀이 시 유아가 무언가를 만들겠다고 계획하지만 결과적으로 만들어 내지 못하더라도 놀이는 가치로운 것이다.

3 놀이이론

고전 놀이이론은 1900년경에 북미와 유럽에서 출발하였는바, 철학적 사고와 추론에 의거하여 기술되었다. 상당히 철학적 추론에 의한 고전 놀이이론은 현재 놀이이론을 태동하게 한 배경이 되었다. 이것인 고전 놀이이론의 가치이다.

잉여에너지와 휴식이론은 놀이를 에너지 조절 수단 관점으로, 반복놀이 이론과 연습놀이 이론은 놀이를 인간의 본능과 진화 이론의 관점으로 설명하였다 (Johnson, James Christie & Wardle, 2005).

1) 고전 놀이이론

(1) 잉여에너지 이론

잉여에너지 이론은 18세기 독일의 시인인 Schiller와 영국 철학자 Spencer에 의해 시작되었다. 모든 생물체는 생존을 위해 필요한 에너지를 생산하고 남는 에너지는 놀이에 사용된다고 보았다. 성인은 생존을 위해 에너지를 많이 사용하므로 유아에 비해 남는 에너지가 적고, 반면 유아는 잉여에너지가 많이 남기 때문에 유아가 더 많이 놀이를 할 수 있다는 것이다. 놀이를 에너지 조절 수단으로 보는 견해가 휴식이론과 유사하다.

(2) 휴식이론

휴식이론은 일할 때 에너지가 소모되므로 에너지를 생산하기 위해 놀이를 한다고 설명한다. 독일 시인 Lazarus에 의하면 휴식이론은 일을 한 후에 에너지가 소모되고 부족해지면 일과 성격이 다른 놀이에서 에너지를 생기게 할 수 있다는 것이다. 잉여에너지 이론과 반대로 에너지가 없어지고 나면 다시 에너지를 재생하기 위해 놀이를 한다고 추론한다.

(3) 반복놀이 이론

심리학자 Hall은 반복이론으로 놀이이론을 확장하였는바, 놀이는 인간 발달단계, 즉 원시시대 본능을 재연하기 위해 일어난다고 보았다. 오늘날의 스포츠들은 대부분 이러한 원시시대 인간의 생존본능을 놀이에서 반복한다고 하였다.

(4) 연습놀이 이론

철학자 Groose는 놀이는 대부분 인간사회의 미래를 준비하고 연습하기 위해 일어난다고 보았다. 그는 역할놀이에서 유아는 부모역할을 연습하여 성인 시기를 준비하는 것이라고 설명하고 있다.

〈표 1–2〉 고전 놀이이론 요약

이 론	제안자	중 점	놀이 목적
잉여에너지 이론	Schiller	에너지 조절	잉여 에너지의 소모
휴식이론	Lazarus	에너지 조절	소모된 에너지의 재생산
반복놀이 이론	Hall	진화	원시적 본능의 소거
연습놀이 이론	Groose	진화	미래 생활에 필요한 역할 준비

출처 : Johnson, James Christie & Wardle(2005).

2) 현대 놀이이론

현대 놀이이론은 상당히 철학적이었던 고전 놀이이론과 달리 실험적 연구와 관찰을 근거로 시작되었다. 따라서 20세기에 현대 놀이이론은 아동연구방법과 실증주의가 이론적 배경이 되었다(Beyer & Bloch, 1996).

(1) 정신분석이론

① Freud 이론

Sigmund Freud는 정신분석이론을 정립하였는바, 정신분석 치료와 인성 발달의 심리역동적 이론의 창시자이다. 그는 심리성적 발달단계라고 하여 인간의 의식과 무의식의 정신 영역이 있는바, 자신이 인식하지 못하는 무의식, 즉 잠재의식의 부정적 면을 놀이로 하면서 그 안에서 부정적 정서를 감소시키거나 제거할 수 있어서 놀이는 부정적 정서의 정화효과(카타르시스, Cathartic effect)를 가진다고 하였다. 유아들은 놀이에서 자신이 경험한 부정적 정서를 놀이에 투사하면서 부정적 정서를 전이시킬 수 있다고 하였다. 유아들은 반복놀이의 치료적 중요성의 사례를 들고 있는바, 높은 곳에서 추락하여 심한 부상을 당한 사건을 목격하였다. 응급차가 도착하여 환자를 실어 나르는 장면을 지켜보았다. 처음에는 유아들이 심한 충격을 받았고, 이어서 이것과 관련된 역할놀이를 반복하면서 그 부정적 정서에 대한 정화효과를 경험하여 그 충격에서 벗어나는 사례를 보여주었다(Brown, Curry & Tinnich, 1971). 따라서 놀이를 매개로 하여 유아의 정서를 치료하는 놀이치료의 개념이 여기서 비롯된다.

② Erikson 이론

Freud의 제자로 정신분석이론을 더욱 발달시켰는바, 사회문화적 맥락을 중요시하고 정상 성격발달을 가지고 놀이이론을 확장하였다. 그는 인간의 심리사회적 발달을 전 생애 8단계로 확장시켰고, 영유아기(영乳아기)(0~1세; 2~3세), 유아기(幼아기)(4~5세), 아동기(6~12세)로 구분하였다(김경중 외, 1998). 생애 첫 일 년은 유아가 자신의 신체와 감각운동적 기능을 연습하는 데 초점을 둔 놀이를 하고, 둘째 해에는 유아의 놀이는 사물과 놀잇감으로 확장된다. 유아는 놀이를 통해 타인과 상호작용하고, 놀이가 확장되며 사회적 기술을 발달시키게 된다. 동시에 놀이를 통하여 현실의 욕구를 충족하고 심리사회적 단계를 발달시켜 나간다(Johnson, James Christie & Wardle, 2005).

(2) 각성조절놀이 이론

유아들은 놀이 시 각성조절을 하기 위해, 즉 각성수준을 적절하게 유지하기 위해 놀이와 탐색활동을 한다고 보는 입장이다. 자극과 놀이 간의 관계로 놀이를 설명한 Berlyn(1960)이 제안하였다. 각성조절 이론은 탐색활동과 혼자 놀이하는 유아에게 초점을 두는데, 각성수준을 적절하게 유지하려는 중추신경계의 욕구를 유지시키기 위해 놀이를 한다고 전제한다. 새로운 놀이자극이 나타나면 중추신경계가 흥분, 각성하면서 놀이를 하다가, 점차 자극이 감소된다. 신기한 사물은 각성을 증가시키지만 친숙해질수록 그 사물에 대한 각성은 줄어들게 된다. 예를 들어, 어떤 장난감을 조작할 때 처음에는 호기심이 증가하여 탐색, 놀이하다가 흥분상태가 감소하고 싫증을 느끼며 놀이를 적게 하게 된다.

(3) 인지발달이론

① Piaget 이론

1920~1950년 초기 스위스 발달심리학자 Jean Piaget(1962)는 유아의 지능이 어떻게 발달하는지에 대한 인지발달이론을 정립하였다. 연령에 따라 인지발달단계를 구분하였는바, 0~2세는 영아 사고의 초기로서 감각운동기라 하였고, 철저하게 행동과 사물 간의 연결을 하는 것에 초점을 두었으며, 이들의 사고는 '지금-여기(here and now)'에 한정되었다. 2~7세는 전조작기로 상징사용 능력을 발달시키며 존재하지 않는 사물과 사건에 대해 정신적 표상을 하게 된다. 여전히 보상개념에서는 낮고 넓은 용기의 물을 깊고 가는 용기에 부었을 때 높이가 달라짐을 이해하지 못하여 물의 양이 달라졌다고 생각한다. 7~12세는 구체적 조작

기인데 이때가 되어야 논리적 · 체계적 사고를 하여 물의 양은 변하지 않았다는 것을 이해한다. 즉, 길이와 면적을 동시에 고려하지 못하는 인지적 제한이 있고, 12세 이상은 구체적 조작기로 제시하였다. 이 인지발달단계에 따라 각각의 놀이 유형이 존재한다고 하였다. 통상적으로 놀이를 관찰하다 보면 그 유아의 인지상태, 즉 인지발달수준을 파악할 수 있다. 따라서 교사는 유아의 놀이를 면밀하게 관찰하여 유아의 인지상태에 따른 적절한 놀이지도를 해야 한다.

〈표 1-3〉 인지발달단계에 따른 인지놀이

연 령	인지발달단계	놀이유형
출생~2세	감각운동기(sensorimotor)	연습놀이(Practice play)
2~7세	전조작기(Preoperational)	상징놀이(Symbolic play) 구성놀이(Constructuve play)
7~11(12)세	구제척 조작기(Concrete operational))	규칙 있는 게임(Game with rules)

② Vygotsky 이론

러시아의 발달심리학자인 Vygotsky는 놀이는 인지발달 측면을 반영한다고 보았다. 가상놀이(make believe play)는 유아로 하여금 표상하는 사물과 의미를 독립적으로 사고하여 추상적 사고를 하는 데 중요한 역할을 한다고 보았다. 유아들은 처음에는 사물과 의미가 하나로 이루어져 있다고 생각하므로 실제 사물을 보아야만 그 사물을 생각한다. 그러다가 가상놀이를 많이 하면서 상징을 사용하는데 실제로 보지 않고서도 사물을 생각하여 떠올리게 되어 사물과 그 의미를 분리하여 추상적 사고를 가능하게 한다. 따라서 가상놀이를 많이 하게 되면 추상적 사고가 발달하여 인지수준이 높아지고, 그에 따른 인지발달수준이 높은 놀이를 하게 되므로 놀이는 중요한 의미를 갖는다고 볼 수 있다. 또한 교사는 근접발달지대 개념을 통한 놀이지도 시 비계설정(scatffolding), 즉 의미 있는 도움(지원)을 주어 유아 스스로 놀이에서 문제를 해결하도록 지도해야 한다. 놀이 시 성인

(교사, 부모)과 유능한 또래의 비계설정은 유아의 실제적 발달과 잠재적 발달로서의 근접발달지대를 두 발달수준 간의 거리로 개념화하였는바, 근접발달지대에서 비계설정을 통한 발달을 증진시킬 수 있다고 하였다. 유아는 놀이를 통하여 자신의 비계를 스스로 정할 수 있는데, 자기조절, 언어사용, 기억력, 타인과 협동에서 자신을 확장시킬 수 있다고 하였다(Bodrovea & Leong, 1996).

(4) Sutton-Smith 이론

Sutton-Smith(1967)는 놀이이론에서 인지발달에 대한 놀이역할을 강조한 현대 놀이이론의 대표자이다. 유아는 상상놀이에서 어떤 사물을 용도를 가상적으로 전환하여 상징적 변형을 하는데, 이는 유아의 정신적 융통성을 발달시키고 이는 창의적 문제해결을 하여 적응력을 높인다고 하였다.

〈표 1-4〉 놀이이론 비교

이 론	놀이의 역할
정신분석이론	부정적 정서에 대한 정화효과, 좌절의 극복
인지이론	–
Piaget	사전학습기술과 개념의 연습과 공고화
Vygotsky	추상적 사고의 촉진, 근접발달지대 내에서의 학습(ZPD), 자기규제
Sutton-Smith	상상과 서술
각성조절 이론	자극 증가를 통한 최적의 각성수준 유지

출처 : 신은수 · 김은정 · 안부금 · 유영의 공역(2001), p. 23.

02 CHAPTER

영유아 놀이와 발달

1. 놀이와 인지발달
2. 놀이와 언어발달
3. 놀이와 신체발달
4. 놀이와 정서발달
5. 놀이와 사회성 발달

CHAPTER 02

영유아 놀이와 발달

1 놀이와 인지발달

유아들은 상상놀이를 통해 다양한 역할을 이행하면서 가상적 전환을 경험한다.

희준 : 우리는 바다 한가운데 떠 다니고 있어. 배가 잘 가게 하려면 빨리 노를 저어야 해.
한준 : 맞아. 바다는 물이 많아서 위험해. 잘 떠다니게 하려면 우리 모두 같이 노를 저어야 해.
주연 : 근데 노는 어떤 것으로 할 거야?
한준 : 우리 찾아보자. 어떤 것이 좋을까?
희준 : 노는 길고 가는 막대기 같은 것으로 하면 어때?
주연 : 그래, 좋은 거 같아.

교사는 가상전환 할 때 유용한 유니트 블록을 이용할 것을 제안하면서 지속적으로 유아들의 놀이를 관찰하고 있다.

1) 가상적 전환(Symbolic Transformation)

유아에게 놀이를 많이 하게 하면 인지가 발달한다는 것이다. 예를 들어, 상상놀이는 유아에게 가상적 전환(가작화; switch)을 하게 하는데, 현실과 상상세계를 가상적으로 넘나들면서 전환하여 인지발달을 도모한다. 놀이는 유아로 하여금 다양한 상황에 적응하면서 동화와 조절을 하게 하므로 결과적으로 인지발달이 일어난다.

또한 놀이 시에 기억력과 논리력을 활용하게 된다. 상상놀이를 할 때 유아는 자신의 경험을 기억하여 역할에 활용하고, 상식적 · 논리적인 능력을 사용하게 된다. 이때 자신이 알고 있는 것을 바탕으로 미루어 예상하거나 추론하는 능력도 함께 발달하게 된다.

다양한 놀이상황에서 많은 문제가 발생하게 되고, 혼자 또는 유능한 또래의 도움으로 문제해결을 한다. 이것은 현실에서 활용되어 인지발달을 도모한다. 이때 교사는 유아로 하여금 문제해결을 할 수 있도록 하여 스스로 문제해결의 경험을 갖게 해야 한다.

2) 보존개념(Conservation)

물모래놀이에서는 다양한 용기에 물을 붓고, 따르는 보존개념놀이를 하면서 상태의 전환을 경험하는 놀이를 통해 가상적 전환과 가역성을 발달시켜 인지가 발달하게 된다. '보존개념'이란 상태의 전환과정이 있으나 그 상태(예 양, 수, 부피, 면적 등)가 변화지 않음을 인식하는 능력으로, 매우 인지적 능력을 나타낸다. 사회적 역할놀이를 하기 위해서는 보존개념의 기초가 되는 인지과정이 필요하다.

(1) 탈중심화(decentration)

놀이에서 다양한 역할을 이행하기 위해서는 자신의 역할에서 벗어나 다른 사람의 입장을 이해할 수 있어야 하므로 놀이를 통해서 이러한 능력이 발달된다.

(2) 가역성(reversibility)

상태 A에서 상태 B 간에 전환이 가능함을 이해하는 능력으로, 역할놀이에서 가상상태에서 현실상태로 전환과 현실상태에서 가상상태로의 전환이 자유롭게 가능함을 나타내는 능력이다.

〈표 2-1〉 보존개념 획득 : 구체적 조작기

보존 과제	획득 연령	최초 배열	변 형	변형된 배열	원 리
수	6~7세	A줄과 B줄에 같은 수의 바둑알이 있는가? 	한 줄을 길게 늘린다. 	A줄과 B줄에 바둑알 수가 같은가?	재배열 후에도 수는 동일하다.
질량	6~8세	찰흙으로 만든 A공은 B공과 같은 양인가? 	B공을 눌러서 납작하게 바꾼다. 	A와 B는 같은 양인가?	모양이 변해도 찰흙 양은 동일하다.
길이	7~8세	막대 A와 B의 길이는 같은가?	막대 하나를 왼쪽이나 오른쪽으로 움직여 배열을 변화시킨다.	A와 B는 같은 길이인가?	배열이 변화해도 길이는 변하지 않는다.
용액	7~8세	A컵과 B컵의 물은 같은 양인가? 	A컵의 물을 넓고 얕은 컵에 붓는다. 	A와 B의 물은 같은 양인가?	물을 담은 컵의 모양이 변하더라도 물의 실제 양은 동일하다.
면적	8~9세	여기 두 농장이 있는데 각 농장에는 풀들이 있다. 소가 농장에서 풀을 뜯어 먹는다. 소는 A와 B에서 같은 양의 먹을 풀을 갖고 있는가? 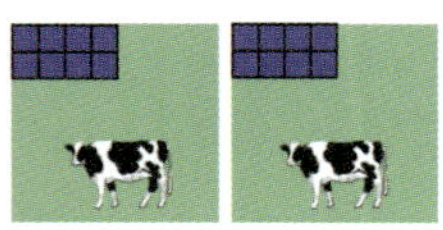	한 농장의 풀들의 간격을 벌려 놓는다. 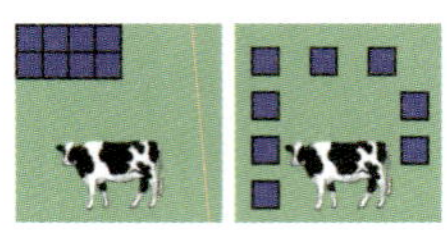	A와 B에서 같은 양의 먹을 풀을 갖고 있는가? 아니면 왜 그렇지 않은가?	면적을 덮고 있는 물체의 위치를 옮겨도 덮이지 않은 전체 면적은 변함이 없다.
무게	9~10세	A와 B는 공 모양이 찰흙 덩어리인데 둘 다 같은 무게인가? 	질량의 보존에서와 같이 A나 B 찰흙공 하나를 눌러서 납작하게 만든다. 	저울에 올려놓으면 A와 B는 같은 무게일까?	모양이나 부피가 변해도 무게는 동일하다.

부피	10~15세	같은 모양의 찰흙공 A와 B를 물에 넣으면 올라오는 높이가 같은가? 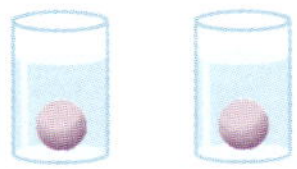	찰흙공 하나의 모양을 눌러서 변형시킨다. 	A와 B가 용기 속의 물을 똑같은 높이로 올릴 것인가?	모양이 변해도 부피는 변하지 않으므로 물 높이는 동일하다.

출처 : 조성희(2017), pp. 216-217.

3) 놀이와 창의성 발달

여러 연구에서 놀이와 창의성은 매우 상관이 높은 것으로 나타났다. Lieberman (1977)은 놀이를 좋아하는 창의성 높은 사람의 특성으로 다음과 같이 다섯 가지 요인을 제시하였다(지성애, 2000).

① 즐거움을 표현하는 사람 : 크게 잘 웃고 행복함과 즐거움을 잘 표현하는 사람
② 유머감각 : 즐거운 상황을 잘 인식하고 세련된 장난기를 가진 사람
③ 신체적 자발성 : 신체 전체, 일부분을 활발하게 잘 움직이고 행동하는 협응력 높은 사람
④ 인지적 자발성 : 상상력, 창의성, 융통성이 높은 사람
⑤ 사회적 자발성 : 타인과 집단에서 잘 어울리고, 필요할 때 잘 나오는 능력을 가진 사람

4) 문제해결력

유아는 놀이과정에서 다양한 문제상황과 만나게 된다. 이때 스스로 그 문제를 해결함을 통해 문제해결능력이 향상된다. 따라서 많은 놀이의 경험으로 많은 문

제해결 경험을 줌으로써 인지발달이 가능해진다. 이때 교사는 문제가 생겼을 때 유아에게 문제해결의 기회를 부여하여 스스로 또는 친구들과 협동하여 문제를 해결하는 경험을 부여해야 한다.

블록은 유아의 생각대로 무엇이든지 될 수 있는 매우 융통성이 높은 비구조화된 놀잇감의 대표적인 예이다. 따라서 다양한 시도를 통해 여러 인지개념의 발달, 즉 블록을 쌓으면서 균형을 맞추기 위해 측정, 수개념, 공간관계, 연속과 길이개념 등을 학습한다.

5) 사물 영속성 개념

감각운동기 영아는 8~12개월에 사물 영속성을 획득하기 시작하는데, 사물이 눈앞에서 사라져도 그 사물이 존재하고 있음을 아는 능력으로 '까꿍놀이'에서 연습할 수 있다. 상자에 물건 넣고 빼기, 보자기 밑에 인형 감추기 놀이를 통해 사물 영속성을 발달시킬 수 있는 놀이를 하면 효과적이다.

6) 지연모방

영아는 사물 영속성 개념이 시작되면서 기억이 발달하게 되는데, 이는 후에 지연모방을 가능하게 하여 상상놀이에서 다양한 역할, 행동을 모방하게 한다. 거울 앞에서 자신의 모습을 관찰하고 경험했던 상황, 사건 및 행동을 기억했다가 시간이 경과한 후에 기억하여 모방함으로써 인지가 발달하게 된다.

2 놀이와 언어발달

유아들이 역할놀이를 하고 있다. 음식점 놀이를 하면서 다양한 역할을 이행하고 있다.

영희 : 나는 음식점 사장 역할을 할 거야. 너는 뭐 할 거니?
윤주 : 나는 손님 할 거야. 맛있는 피자를 먹으러 갈 거야.
이준 : 나는 요리사 할 거야.

교사는 필요한 소품을 만들자고 제안한다. 유아들과 소품의 종류, 개수를 의논하자고 한다.

교사 : 우리가 피자가게 놀이를 하려면 필요한 것들이 무엇이 있을까?
이준 : 돈, 음식 모형이 필요해요.
윤주 : 영수증도요.
영희 : 피자가게 이름도 정해요.
교사 : 자, 너희들이 말한 것들을 만들어 볼까?

교사가 유아들과 소품을 만드는 데 필요한 소품을 만들 때 필요한 글씨, 어휘들을 유아의 요청에 따라 적어주면 유아들이 그것을 따라서 쓰는 읽기, 쓰기의 기초 경험을 하게 된다.

유아는 놀이과정에서 지속적으로 말하고, 듣고, 읽고, 쓰기의 기초를 경험하게 된다. 이런 과정에서 여러 언어적 상호작용이 일어나서 말하고 듣는 연습을 하게 된다. 또한 필요한 소품을 만들고 적으면서 새로운 어휘를 알게 되고 다양한 단어를 확대하여 언어발달을 이루게 된다.

소꿉놀이에서 놀이에 필요한 다양한 표지판(sign), 영수증, 쿠폰, 신용카드, 간판, 메뉴판 등을 만들고 종이에 써서 부착하여 여러 가지 표지판을 만들어 사용하여 글자의 변별능력과 읽고/ 쓰기의 기초인 문어능력이 발달한다. 또한 상황에 적절한 언어적 표현도 연습하게 되고, 모국어의 언어규칙도 경험하면서 언어발달을 도모하게 된다. 놀이 시 다양한 이야기가 생기게 되면서 이야기 구성과 이해능력도 향상될 수 있다.

3 놀이와 신체발달

유아들이 협동하여 블록을 쌓으면서 고속도로와 인터체인지를 만들고 있다.

민중 : 우리는 고속도를 만들고 있어. 길다란 길을 만들 것이 필요해.
재준 : 유니트 블록으로 길고 넓은 길을 만들자.
을호 : 내가 블록 영역에 가서 가져올게.
교사 : 좋은 생각을 했구나.
재준 : 인터체인지를 만들려면 구부러진 길이 필요해.
교사 : 그것은 어떻게 하면 될까? 우리 교실에 구부러진 둥근 것들이 있을 것 같은데.
을호 : 그것도 블록 영역에서 가져오면 될 것 같아요.

유아들은 다양한 종류의 블록을 이용하여 길과 터널을 만들고 있다.

블록을 쌓으면서 눈과 손의 협응, 시지각적 능력 및 대·소근육의 발달을 고무할 수 있다. 블록을 나르고, 쌓고, 무너뜨리면서 여러 신체 부위를 사용하고, 손가락으로 블록을 집어 자신이 위치하고자 하는 지점에 놓음으로써 눈과 손의 협응이 증가하고, 블록을 다양한 공간에 놓으면서 쌓아가는 과정을 통해 공간 지각력, 시각적 변별력이 고무된다(국지윤, 2005; 지성애, 2000; Cartwright, 1988; Rogers & Russo, 2003).

유아는 놀이를 통해 뛰고 걷고는 신체놀이와 손으로 조작하게 되는 여러 가지 조작놀이를 함께한다. 이때 반복적인 운동기술도 연습할 수 있다(Johnson, James Christie & Wardle, 2005). 연령이 증가하면서 더 빨리, 정교하게 신체발달을 한다. 쉽게 걷고, 달리고, 균형잡고, 한 발로 서고, 세발자전거를 타게 된다. 4~5세에는 스키핑, 기어오르기, 점프하기, 달리기를 할 수 있고, 5~6세에는 줄넘기, 재주넘기 등 보다 정교하고 더 발달된 소근육 놀이가 가능해진다.

〈표 2-2〉 3~5세 놀이 발달

영 역	2세	3세	4세	5세
신체운동놀이	• 감각운동놀이 • 세발자전거 놀이 • 활동을 즐김	• 능숙한 세발자전거 타기 • 소근육 발달 : 구슬 꿰기, 가위질, 퍼즐 맞추기	• 복잡한 운동 가능 • 가위질 능숙해짐 • 종이접기 가능	• 다양한 몸 움직임 가능 • 복잡한 종이접기 • 오리기 가능
언어놀이		• 우스갯소리나 말놀이를 즐김	• 자기중심적 수수께끼 가능	• 수수께끼를 즐김
사회적 놀이	• 단독놀이가 가능함	• 상상놀이를 즐김	• 조직화는 되지 않았으나 연합놀이 가능 • 친구와 지내기를 즐김	• 조직화된 협동놀이 가능
블록놀이	• 5~7개 블록을 쌓을 수 있음	• 균형 잡힌 쌓기 가능	• 끼우기 블록 가능	• 복합적인 건축 가능

4 놀이와 정서발달

유아들이 소꿉놀이를 하고 있다. 엄마, 아빠, 아기 역할을 맡아서 이행하고 있다.

지수 : 나는 엄마야. 너는 아기 해, 혜림아.
혜림 : 싫어, 나는 아기 역할은 싫어. 아기 아니고 다른 역할 할래.
현규 : 나는 아빠 할게. 우리 아빠는 무서워.
혜림 : 나는 친구 할게.
지수 : 그래, 너는 친구 하고.
교사 : 그러면 아기 역할은 누가 하니?
현규 : 우리 아빠는 내가 떼쓰면 화를 내요.

유아들은 자신의 경험에 나오는 엄마, 아빠의 역할을 이행하면서 부정적 정서를 정화시키는 기회를 가진다.

1) 정서와 행동의 자기조절

영유아들은 놀이에서 부정적 정서를 재연하여 정서조절하는 연습을 하게 된다. 이는 긍정적 자기조절을 위한 기초가 될 수 있다. 2세에는 내면적 사고가 가능해져 놀이 시 행동을 조절할 수 있게 된다. 기억된 정보를 근거로 하여 사회적으로 바람직한 행동으로 조절하는 연습을 한다. 놀이를 통한 자신의 정서와 행동을 내적으로 조절하는 능력이 가능해진다. 영아는 행동을 스스로 조절할 수 없으나, 토들러 시기가 되면 자기조절과 타인의 요구(compliance)를 수락할 수 있게 된다. 또한 유아기에는 지연된 만족(delayed gratification)을 학습할 수 있다(정옥분, 2012).

2) 정서의 표현

유아는 마음껏 뛰고 놀이하면서 놀이 시 자신의 부정적 정서를 놀이에 표출하여 정서적 만족, 정화효과를 갖는다. Freud와 Erikson은 유아들은 불안, 갈등을 놀이로 표현하고 감소시킬 수 있다고 하였다. 다양한 역할놀이에서 역할이행 시 그 역할의 입장, 감정 및 상황을 경험하여 다양한 감정을 수용하고 경험하는 연습을 하게 된다.

5 놀이와 사회성 발달

유아들이 쌓기놀이 영역에서 신발가게 놀이를 하고 있다.

인수 : 나는 신발가게 사장이야.
윤주 : 나는 신발 사러 갈 거야. 손님이야.
현규 : 나는 역할이 없어.
교사 : 자, 신발가게에는 어떤 역할들이 있을까? 말해보자.
윤주 : 내가 양보할게요. 네가 손님 해.
현규 : 고마워, 신난다! 나는 손님이다. 신발을 많이 살 거야.
교사 : 또 필요한 역할이 있을 것 같아.
인수 : 돈 받는 역할도 있어야 해요.
교사 : 그렇구나. 그럼 누구에게 돈 받는 역할을 맡길까? 양보를 한 윤주가 해볼까?
윤주 : 좋아요.

유아기는 원만한 미래 생활을 위해서 사회적 관계의 삶의 기초를 발달시킬 필요가 있다. 놀이는 사회적 상황을 반영하고 사회적 차원을 고려해야 한다. 유아는 놀이에 참여하면서 집단의 역동성과 사회적 능력을 향상시킬 수 있다. 또한 놀이의 측면은 사회적 측면과 인지적 측면이 반영되어 있다(Sutton-Smith, 1979a).

영유아는 놀이를 통하여 사회적 역할과 관계를 알게 되고, 연습하며, 이해하게 된다. 상상놀이를 통해 역할을 분담하고, 조직적인 전개를 하기 위해 협동하며, 동시에 타인의 생각을 이해하고 존중할 수 있게 된다. 따라서 사회적 인간관계에 적절하게 반응하고 숙달할 수 있는 기회를 부여한다.

놀이를 하면서 여러 가지 역할을 이행하다 보면 자신과 타인의 생각을 알고 존중하며, 여러 문제에 직면하고 해결해 나가는 과정에서 자기중심성에서 벗어나는 탈중심화된 사고가 가능해진다. 이러한 탈중심화는 타인의 관점을 조망하는 조망수용능력을 발달시키고 사회인지능력을 향상시킨다.

또래와의 쌓기놀이는 유아에게 친사회적 행동을 실제로 해보는 기회를 주어 친사회적 지식을 습득하게 한다. 또한 또래와의 협력적 상호작용 속에서 새로운 지식과 기술을 학습하고, 또래와의 아이디어를 공유하고 토론하는 과정을 통해 자신의 생각을 재구성하며, 사회적 상호작용능력을 발달시켜 나가게 된다.

03
CHAPTER

놀이의 종류

1. 영아기의 놀이 : 감각운동기 영아의 놀이

2. 유아기의 놀이 : 전조작기 유아의 놀이(3~5세)

CHAPTER

03 놀이의 종류

놀이와 발달은 서로 상호적인데 놀이가 유아의 발달에 지대한 영향을 미치는 것은 인지발달단계이론의 단계별 특성을 보면 이해할 수 있다. 놀이가 잘 일어나면 발달도 잘 일어난다는 것은 모두가 동의하는 내용이다. 따라서 이 장에서는 영유아의 놀이가 연령에 따라 어떻게 발달하는지 알아보고자 한다. 영유아의 놀이를 구분할 때 인지발달단계에 따른 분류가 용이하다(Piaget, 1969). 영아기는 감각운동기에 해당되며, 감각운동놀이, 사물놀이, 상징놀이로 분류된다(Hughes, 1999).

1 영아기의 놀이 : 감각운동기 영아의 놀이

1) 0~1세

(1) 1세(0~1세)의 발달적 특징

출생에서 생후 1년은 발달의 기초가 이루어지고 매 개월 현저한 발달의 차이를 보인다.

출생 시 고개를 못 가누지만 생후 1개월에는 고개 들기, 2개월경에는 가슴 들기, 3~4개월경에는 뒤집기, 7개월경에는 혼자 앉기, 10개월경에는 기기, 12개월경에는 붙잡고 서기가 가능하다(정옥분, 2012).

반사행동으로 환경을 탐색하고 점차 사물로 관심을 보이며 의도적 행동을 시작한다. 울음, 옹알이, 얼굴표정 및 몸짓으로 의사를 표현하고, 양육자와의 유대감인 애착을 형성하는 시기이다. 12개월경 1개의 단어를 사용하는 일어문의 시기가 시작된다.

(2) 1세(0~1세)의 놀이 특징

이 시기에는 감각운동기적 능력과 기능을 형성하기 위해 놀이를 한다. 놀잇감을 흔들고, 부딪치고, 입에 넣어 빨기 등 감각놀이, 반복놀이 및 연습놀이를 한다. 9개월이 되면 반복놀이는 놀잇감의 특성을 살피고 다양한 방법으로 놀잇감을 다루는 놀이로 변화한다. 신생아의 경우 자신의 신체 움직이기, 만지기 등의 놀이행동이 탐색과 구별되지 않는다(곽혜경 외, 2010).

2) 2세

(1) 2세(1~2세)의 발달적 특징

걷기 시작하면서 뛰기를 좋아하고, 장소이동이 가능하며, 타인 인식이 가능하여 사회적 관계를 맺을 수 있다. 손, 다리의 근육 발달로 도움 없이 서고 걸을 수 있으며, 16~17개월경에는 뒤로 걷기가 가능하다.

다양한 상황에서 스스로 문제를 해결하려 하고, 정신적 표상능력의 발달로 지연모방이 가능해져 상징놀이의 시초를 가능하게 한다. 언어발달에서는 2개의 단어를 사용하는 이어문의 시기로, 과잉확대, 과잉축소 현상이 나타난다(정옥분, 2012).

(2) 2세(1~2세)의 놀이 특징

걷기를 통한 감각과 근육을 이용하는 감각운동적 놀이를 즐긴다. 몸의 자유로운 이동으로 주변을 적극적으로 탐색하기 시작하며, 근육, 감각을 이용한 감각운동놀이를 즐긴다. 반복 · 연습놀이가 나타나며, 18개월에는 공 던지기, 24개월에는 공 차기가 가능하다. 1세는 활발한 움직임을 통해 주변의 사물을 탐색하고, 사물 영속성(사물을 기억했다가 사라진 위치를 확인)이 나타나 지연모방의 놀이행동이 시작된다. 또한 지연모방의 한 형태인 초보적인 가작화 활동(컵으로 물 마시는 행동)도 시작된다. 이때는 주변의 또래(곁에 있는)를 인식하는 상호작용이 시작되지만 사람보다는 사물에 집중하는 대상 중심적 단계를 보인다(objective-centered stage, Miller & Lucas, 1975).

- 짝짜꿍, 까꿍놀이 : 단순, 모방적 놀이
- 역할놀이 : 단순모방, 지연모방
- 컵으로 물 마시기, 빗으로 머리 빗기, 전화기 귀에 대기

3) 2~3세

(1) 2세(1~2세)의 발달적 특징

2세가 되면 신체적 성장과 근육운동이 분화되어 신체기술을 시험해 보고 숙달하려고 노력한다. 따라서 걷기와 뛰기의 능력이 정교해지고 소근육 능력이 매우 빠르게 발달하여 가위로 종이 오리기, 블록 쌓기, 몸의 균형잡기, 세발자전거 타기가 가능하다. 자기중심성, 상징적 사고, 물활론적 사고 및 직관적 사고의 시기이다. 어휘발달이 폭발하면서 문자 만들기, 노래 부르기, 정확하게 율동 따라 하기가 가능하다(정옥분, 2012).

(2) 2세(1~2세)의 놀이 특징

이 시기에는 대 · 소근육이 발달되어 신체조절, 통합이 요구되는 세발자전거 타기를 즐기고, 친숙한 사람 흉내 내기, 일정한 음 흥얼거리기가 시작되어 제한

적인 상상놀이가 나타난다. 혼자놀이를 좋아하고, 다른 사람의 놀이에 관심을 보이는 단순한 병행놀이를 하지만 의사소통이나 협동은 일어나지 않는다(곽혜경 외, 2010).

- 블록 쌓기(5~7개 정도)
- 종이 한 번 접기, 가위질(정교한 선 따라 오리기는 혼자서 어려움)
- 크레용 잡을 때 머리를 잡음
- 감각운동놀이 즐김 – 찰흙, 밀가루, 물 등
- 멜로디 따라 노래 부름
- 챈트
- 친숙한 사람 흉내 내기
- 병행놀이
- 놀이친구보다 환경, 놀잇감에 더 관심

2 유아기의 놀이 : 전조작기 유아의 놀이(3~5세)

1) 발달적 특성

전조작기에 해당되는 유아기(3~5세)는 인지와 언어가 괄목하게 발달되는데, 특히 4세는 전환의 시기로서 3세와 4세 간의 차이와 4세와 5세 간의 차이를 비교하면 3~4세 간의 차이가 더 크다. 따라서 2~4세는 전조작기 전기로, 4~7세는 전조작기 후기로 구분된다(Davidson, 1973). 발달된 상상놀이(fantasy play)가 나타나는데, 상징과 언어로 자신의 생각을 표현하고 상상하게 된다. 기억능력, 분류개념, 계열화, 유목포함(부분과 전체) 및 보존과제에서는 인지적 능력의 제한으로 시행착오와 오류를 나타낸다(서봉연 · 곽금주 공역, 1989). 이 과제들은 구체적 조작기에 들어서서 가능해진다. 따라서 자기중심적 사고와 직관적 사고 및 물활론적 사고의 특성을 나타낸다.

언어발달은 3세경에는 2~4개 어휘를 사용하고, 4세경부터는 3~7개 어휘를 사용하여 문장을 구사하고 성인과 의사소통할 수 있다(신유림, 2007).

2) 놀이 특성

(1) 3세의 놀이

주의집중력이 짧고 혼자놀이와 반복놀이를 즐기며 탐색을 한다.

- 능숙한 세발자전거 타기
- 소근육 발달
- 구슬 꿰기
- 가위질
- 퍼즐 맞추기
- 우스갯소리나 말놀이 즐김
- 상상놀이 즐김
- 균형 잡힌 쌓기 가능
- 말하기/ 듣기를 자극하는 교구

(2) 4세의 놀이

단순하고 구체적인 놀이에서 점차 복잡하고 다양한 놀이를 시도하고, 또래와 상호작용하게 된다(박찬옥 외, 2020).

- 복잡한 운동 가능
- 가위질 능숙해짐

- 종이접기 가능
- 자기중심적 수수께끼 가능
- 조직화되지 않았으나 연합놀이 가능
- 친구와 지내기를 즐김
- 끼우기 블록 가능
- 언어발달- 수수께끼
- 분류활동
- 일상생활 용품 정리활동

(3) 5세의 놀이

또래와 상호작용이 증가하고, 놀이지속시간과 주의집중력이 길어지며, 사회 · 인지적 수준이 높아져서 놀이역할을 조직적으로 전개하여 역할을 분담하는 협동놀이가 나타난다.

- 다양한 몸 움직임 가능
- 복잡한 종이접기와 오리기 가능
- 수수께끼 즐김
- 조직화된 협동놀이 가능
- 복합적인 건축 가능
- 이야기 꾸미기–동시감상, 동시짓기 등 읽고, 쓰기의 기초활동 할 수 있는 동화책
- 끈 꿰기, 바느질, 상징놀이 교구(직업, 역할), 일상생활 훈련교구

〈표 3-1〉 연령별 유아 발달 특성과 놀이

연령	신체발달	언어발달	인지발달	정서발달	사회성 발달
3세	눈과 손의 협응이 증가, 두 발 모아 점프하기, 선위 걷기 등 이동운동을 자유롭게 할 수 있음. 원 그리기 가능	단어 수 1,000여개 사용, 사물의 특징을 말할 수 있음. 세 가지 정도의 지시어 사용, 문법에 맞지 않는 불완전한 문장 사용	인과관계를 알고 결과를 예견하는 능력이 나타남. 실제와 가상을 구별하지 못함. 단순하고 구체적이며 감각적인 사고를 함	자기중심적, 부정과 반항의 표시가 많고, 감정의 변화가 심함. 자아정체감과 자아개념 형성, 성인과 또래의 인정과 칭찬에 관심이 많음	또래와 상호작용 가능, 물건을 공유하는 것이 어려움. 친숙한 사람의 일에 관심을 보임. 병행놀이가 많이 나타남
4세	한 발로 서서 균형을 잡을 수 있음. 소근육 통제력이 정교함(연필을 바르게 잡고 직선, 곡선 등을 가위로 자름). 자전거를 익숙하게 탐	사물을 세는 단위 인식, 거의 모든 단어를 정확하게 발음, 자신의 감정과 느낌을 말로 표현, 6~8개 단어로 이루어진 문장을 말함	상상과 가상을 구별하며 현실을 인식, 한 가지 특성으로 사물 분류, 탐색력이 증가하며 논리적으로 사고력 발달, 1~10까지 바르게 셈	자신의 감정표현을 통제, 주변 세계에 관심 나타내고 자립심이 생김. 좌절감에서 오는 공격적인 행동이 많이 나타남	공공장소에서 바른 행동을 보임. 또래친구와 협동놀이를 함. 이성에 흥미를 보이고 성차를 인식, 친구와 물건을 나누어 씀
5세	신체적 균형 유지 가능, 대근육 활동이 활발하고 협응능력과 소근육 발달이 정교하며 자조기술이 발달	언어표현력이 발달, 성인과 유사하게 의사소통 가능, 동시에 글자의 이름, 소리, 단어의 변별이 가능, 읽기와 쓰기의 기본 기술 습득	논리적 사고력이 나타나기 시작, 주변 탐색을 즐김. 사물의 속성과 기능에 따라 분류하고 범주화, 보존개념, 시공간 개념	스스로 감정을 표현하고 자신감이 증가, 현실세계에 대한 두려움을 나타냄. 정서규제능력을 익히기 시작	4세보다 덜 자기중심적, 또래와 놀잇감을 공유하고 사회적 기술과 사회화의 역할을 인식, 사회적 상호작용에 관한 지식 발달

출처 : 지성애 외(2012), p. 81.

3) 놀이 유형

놀이의 유형은 유아의 인지발달단계에 따라 동일하게 발달한다. 유아의 놀이를 관찰하다 보면 유아의 인지발달단계를 추론할 수 있다. 놀이의 발달방향은 단순한 것에서 복잡한 것으로, 구체적인 것에서 추상적인 것으로, 일반적인 것에서 특별한 것으로의 순서로 발달한다. 이와 같이 놀이의 유형은 학자에 따라 여러 가지로 설명되는바, 이 절에서는 대표적 놀이의 유형인 인지놀이와 사회놀이로 구분하여 기술할 것이다.

(1) 인지놀이

① Piaget의 인지놀이 유형

• 연습놀이

감각운동기에 하는 놀이로 오감각을 이용하여 주변 세계를 탐색하는 놀이이다.

• 상징놀이

유아의 생각, 사고를 상상을 통해 표상하는 것이다. 감각운동기 말기에 지연모방능력과 표상능력이 발달함에 따라 눈에 보이지 않는 자신들의 생각을 상상하여 표상하는 놀이이다. 이러한 상징을 사용한다는 것은 매우 인지적 능력의 신호로 볼 수 있다. 가상놀이, 가작놀이, 역할놀이, 극놀이, 환상놀이 등이 있다.

• 규칙 있는 게임

게임을 할 때 규칙을 만들거나, 이미 만들어진 규칙을 지켜가면서 놀이를 하는 것이다. 6~7세에 시작되고 형식적 조작기까지 계속해서 일어난다. 예를 들면, 카드게임, 보드게임, 말뚝박기, 빙고게임, 주사위게임 등을 들 수 있다.

② Smilansky의 놀이 유형

• 기능놀이(functional play)

감각운동기의 반복적, 단순한 행동을 되풀이하고 기능적 즐거움 얻으려 한다. 요람에 누운 아기가 우연히 손을 움직이다가 딸랑이를 건드려 소리가 나게 되면 그 소리가 나는 결과를 얻기 위해 반복적으로 행동을 반복하게 된다. 특별한 기술, 상징성이 없으며 연습게임(practice game)으로 칭한다.

- 제1단계(출생~1개월): 빨기, 잡기 등 선천적 반사행동, 생존을 위한 욕구 충족
- 제2단계(1~4개월): 즐거움 위해 반복적 행동 시작. 탐색, 학습을 위한 행동과 반복행동을 통한 숙달, 환경에 영향 미치는 능력 과시 즐거움
- 제3단계(4~8개월): 진정한 놀이 시작, 동화작용(딸랑이 손으로 흔들기)
- 제4단계(8~12개월): 연습한 것을 활용하는 단계, 사물 영속성 획득 시작, 물건 찾는 행동 자체를 즐김
- 제5단계(12~18개월): 결과를 보기 위해 실험 시도, 시행착오 발생
- 제6단계(19~24개월): 외부 세계 현상을 내적으로 표상화시켜 사고할 수 있는 능력 가짐

• 구성놀이(constructive play)

사물을 이용하여 무언가를 만들어 구성해 내는 놀이이다. 예를 들어, 블록을 이용하여 무언가를 만들고, 목공놀이 시 만들기, 미술재료를 이용하여 그리거나 만들기이다. 구성놀이는 3~4세 놀이 중 약 40%, 4~6세 놀이 중 약 50%를 차지한다(박찬옥 외, 2021).

• 역할놀이(dramatic play)

역할놀이는 사건, 상황 및 역할을 모방하여 놀이한다. 어떤 역할을 생각하여 상상으로 그에 해당하는 말, 태도 등을 연기하듯이 놀이하는 것이다. 다양한 역할을 놀이하면서 자신의 중심성에서 벗어나 타인의 조망을 이해하게 되고, 여러 문제상황 직면 시 문제해결능력을 키울 수 있으며, 다양한 감정을 경험하는 감정이입 능력이 증가하고, 여러 유아들과 상호작용하면서 협동과 배려 등의 사회적 기술을 익힐 수 있다(지성애 외, 2012). 전쟁놀이, 소꿉놀이, 경찰놀이, 군인놀이, 병원놀이, 시장놀이, 음식점 놀이 등이 있다.

• 규칙 있는 게임(game with rules)

새로 만든 규칙이나 이미 만들어진 규칙을 지키며 하는 놀이이다. 신체게임(달리기, 과녁 맞추기), 인지게임(바둑, 장기, 체스 등), 우연게임(빙고, 카드게임, 주사위게임) 등으로 나뉜다.

Smilansky(1968)의 사회적 역할놀이를 정의하는 다섯 가지 준거

- 가상전환(make-believe transformation) : 사물의 용도, 행동, 상황을 실제와는 다르게 상상하여 언어, 행동으로 표현하거나, 다른 사물로 대치하는 행동을 의미한다.
- 역할모방(role playing) : 모방적 행동이나 언어를 통해 가상적 역할(요리사, 엄마 · 아빠, 우체부, 운전기사, 슈퍼맨)을 수행하고 표현하는 행동을 의미한다.
- 지속성(persistence) : 한 가지 놀이 주제를 일정 시간 동안, 즉 10분 이상 지속되게 유지해야 한다. 유아들이 10분을 지속하는 것은 쉽지 않다. 따라서 교사의 놀이지도가 반드시 요구된다.
- 사회적 상호작용(social interaction) : 놀이상황을 연결하여 2명 이상이 서로 의사소통한다.
- 언어적 의사소통(verbal interaction) : 놀이 주제와 관련하여 놀이자들 간에 언어를 사용한 의사소통이 일어나는데, 이때 두 가지 형태의 의사소통이 요구된다.
  - 메타 커뮤니케이션(Meta communication) : 놀이에 관한 해설 예 너는 환자가 되고 나는 의사가 될 거야.
  - 가상 커뮤니케이션(pretend communication) : 역할에 해당되는 적절한 언급 예 자, 나는 아기에게 주사를 주어야 해요. 아가야 빨리 우유를 먹어라.

출처 : 지성애(2006), p. 54 재인용.

〈표 3-2〉 인지놀이의 유형

발달단계	Piaget(1962)	Similansky(1968)	Hughes	Kostelink	Forst & Klein	Johnson 등
감각운동기(0~2)	연습놀이	기능놀이	감각운동놀이	탐색행동 사물놀이	기능놀이	동작놀이
전조작기(2~7세)	상징놀이	구성놀이	상징놀이	상징놀이	구성놀이 상징놀이	상징놀이
구체적 조작기(7~12세)	규칙 있는 게임	사회적 놀이 규칙 있는 게임			사회극놀이 규칙 있는 게임	사회적 놀이

출처 : 지성애 외(2012).

(2) 사회적 놀이

① Parten의 놀이 유형

• 몰입하지 않는 행동

0~1.5세 시기에 나타나며, 놀이에 참여하지 않고 다른 유아를 쳐다보며 놀이자 주변을 돌아다닌다.

• 쳐다보는 행동

1.5~2세 시기에 나타나며, 놀이에 참여하지 않고 다른 유아를 쳐다보는 행동이다. 놀이를 관찰, 모방하기 위해 놀이에 참여하는 것에 어려움이 있거나, 소극적인 유아의 경우에 해당한다. 발달수준에 적합하지 않은 놀잇감이 교실에 있을 경우 쳐다보기만 할 수 있다. TV를 많이 시청하는 유아의 경우 적극적으로 놀이에 참여하지 못하고 상상놀이를 하지 않는 것으로 연구된 바 있다(박성연 역, 1996). 비디오게임, 상업화 게임을 많이 한 유아는 남의 놀이를 쳐다보는 경향이 있다.

• 비참여 행동(unoccupied behavior)

엄밀한 의미에서 놀이가 아니며, 순간적 흥미에 따라 바라보는 것이다. 흥미가 없을 경우 자신의 몸을 만지작거리거나 의자에서 앉았다 일어났다 하는 행동을 반복한다. 우두커니 서 있거나 따라다니기도 한다.

• 방관자적 행동(onlooker behavior)

다른 친구 지켜보기, 가끔씩 자신이 구경하는 친구에게 말 걸기, 질문, 제안하기의 형태로 나타난다. 놀이에 직접 참여하지 않으며, 비참여 행동과의 차이는 특정 집단 유아를 바라보거나 가까운 거리에서 말을 걸기도 한다는 점이다.

• 단독놀이(solitary play)

말할 수 있는 거리에서 친구가 사용하는 놀잇감과 다른 놀잇감을 가지고 혼자서 독자적으로 놀이한다. 곁에 친구가 있어도 가까워지려고 하는 시도를 하지 않는다. 2~2.5세에 나타난다.

• 병행놀이(paralledplay)

평행놀이라고도 하며, 친구들 주변에서 놀이한다. 동일한 장난감을 가지고 놀이하나 상호작용이 없고 혼자서 놀이한다. 2.5~3.5세에 나타난다.

• 연합놀이(associative play)

다른 유아와 함께하는 집단놀이의 일종이다. 놀이 내용에 대해 이야기하기, 놀잇감 주고받기, 빌려주기 행동이 나타지만, 역할분담, 조직적 전개는 나타나지 않는다. 3.5~4.5세에 나타난다.

• 협동놀이(cooperative play)

1~2명의 유아가 지휘권을 가지고 역할을 서로 분담하여 공동의 목표달성을 위해 조직적 놀이를 전개하는 것으로, 함께 놀이를 계획하거나 역할을 분담하며 놀이의 완성을 위해 함께 진행한다. 4.5세 이후 나타난다.

4) 놀이 영향 요인

어떤 유아는 놀이를 잘하고, 어떤 유아는 놀이가 적게 또는 일어나지 않는 것을 볼 수 있는데, 이러한 현상의 이유는 무엇일까? 이러한 현상은 놀이에 영향을 미치는 요인이 있기 때문으로 해석된다. 개인적 · 환경적 · 문화적 요인으로 나누어 설명할 수 있다.

(1) 성별

놀이 시 성차가 나타나는데, 남녀에 따라 다른 놀이를 선호하게 된다. 남자는 주로 공격적 · 호전적 · 탐색적 놀이를 하는 반면, 여아는 사회역할놀이, 조용한 놀이를 선호한다. 영유아의 성별에 따라서 차이가 있다는 것을 〈표 3-3〉과 같이 정리할 수 있다(방은영, 2016).

〈표 3-3〉 성별에 따른 유아의 놀이

구 분	여아	남아
놀이 형태	조용한 놀이	적극적 · 탐색적 놀이
놀잇감	인형, 미술재료	블록, 자동차
놀이 선호도	사회, 정서, 인지, 언어, 신체놀이 순	신체, 인지, 사회, 언어놀이 순
놀이 종류	극놀이, 소꿉놀이	상상놀이/ 군인, 경찰, 자동차, 교통
상호작용 정도	상호작용 많이	상호작용 덜함/ 단독놀이
집단 역동성	협동적	경쟁적
신체적 공격성	낮음	높음
성인과 근접성	가까움	멂

(2) 연령

연령이 높아짐에 따라 인지 · 사회적 발달수준이 증가하면서 더욱 진전된 놀이가 나타나고, 놀이지속시간이 길어지며, 복잡한 규칙을 사용할 수 있게 되고, 상징놀이가 발달함에 따라 한층 수준 높은 놀이가 나타난다. 또한 연령이 증가함에 따라 사실놀이에서 상상놀이로 발전하고, 감각을 사용하는 놀이에서 상상놀이로, 점점 놀이의 조직적 전개에 필요한 조직화, 협력 및 규칙을 사용하게 된다.

(3) 지적 능력

유아의 지적 능력은 놀이 유형, 수준과 관련성이 높다. 지적 능력이 높을수록 인지 · 사회적 수준이 높은 놀이가 나타나는데, 지적 능력이 우수한 유아는 사고 능력을 요하는 놀이, 조용한 놀이, 상상놀이, 창의적 놀이에 더 집중하고 자기보다 나이 많은 유아와 놀이를 즐기는 반면, 지적 수준이 낮은 유아는 자기보다 어린 유아와 놀이하길 즐기고, 단순하고 반복적인 놀이를 많이 한다(방은영, 2016; 이숙재 2004).

(4) 부모

부모와 안정애착이 형성된 유아는 사회적 기술이 높아서 또래와 잘 어울리고 놀이를 활발하게 한다(박찬옥 외, 2020). 권위적 양육태도의 자녀는 놀이 시 공격성을 표출하고, 허용적 양육태도의 자녀는 상상놀이가 증가한다. 이 부모들은 자녀에게 격려를 잘하고, 스킨십 등의 애정표현을 잘하므로 놀이를 더 많이 하게 된다(지성애, 2000).

상상놀이의 부모 역할은 중요한데, 부모와 놀이 시 상상놀이 다양성이 증가하므로 부모의 관심이 중요하다. 애정적 부모의 자녀는 또래와 협력을 하여 놀이 행동이 증가하고, 반대로 통제적이고 체벌을 하는 부모의 자녀는 공격성을 보이고, 상상놀이를 덜 한다는 보고도 있다(박정연 · 이성희, 2009).

부모에 따라 놀이참여 방법에 차이가 있는데, 모는 언어적이고 인지적인 놀이를 많이 하고, 부는 신체적 · 활동적이며 예측 불가능한 놀이를 많이 하는 것으로 나타났다. 요약하면 놀이 발생을 위해서는 부모의 적절한 지지와 격려가 매우 필요함을 나타낸다(신지연 외, 2021).

(5) 놀이공간

인간의 행동은 공간에 영향을 많이 받는다. 1인당 적정한 공간의 확보는 다양한 놀이행동을 증가시키고, 놀이공간이 넓으면 갈등요인이 감소하여 공격행동이 감소한다(Jonson, Christie & Yawkey, 2001). 실내외 놀이공간에 따라 놀이 유형이 다르게 나타나는데, 실내놀이 공간에서는 구성, 조작놀이가, 실외놀이 공간에서는 대근육 놀이가 일어난다. 따라서 개정 누리과정에서는 1일 1시간 이상을 실외놀이를 통해 신체를 여러 방향으로 충분하게 움직이고 뛰며 놀이할 수 있도록 하고 있다.

사회적 밀도가 높으면 공통놀이 주제가 발생하여 상상놀이가 일어날 수 있다. 유아당 충분한 놀이공간이 확보되어야 하고, 모든 유아가 선택할 수 있는 충분한 놀잇감과 정리가 편리해야 하며, 혼잡스러움이 허용되어야 하고, 교사의 감독이 가능하며, 청결유지가 되어야 하고, 새로움과 자극을 주는 공간이어야 한다(Jonson, Christie & Wardle, 2005).

(6) 놀잇감

놀잇감의 유형에 따라 나타나는 놀이행동이 서로 다르다. 어떤 놀잇감을 제공하는가에 따라 사회인지 놀이수준이 높게 또는 낮게 나타날 수 있다. 놀잇감 수가 많으면 대근육놀이와 다양한 놀이가 나타난다. 반면에 놀잇감 부족 시에는 공격성 행동이 나타나고, 비참여 행동, 신체운동이 증가한다. 그러나 때에 따라 놀잇감이 없으면 생각을 많이 하여 놀이해야 하므로 창작놀이가 증가할 수 있다.

놀잇감의 구조성 정도에 따라 놀잇감 용도가 정해져 있는 구조적 놀잇감은 한정된 놀이행동이 나타나는 반면, 놀잇감의 용도가 다양한, 즉 블록, 모래, 물, 점토 등과 같은 융통성이 높은(구조성이 낮은) 놀잇감은 유아로 하여금 다양하게 생각하고 가상전환을 하게 하여 탐색, 구성, 상상놀이, 사회극놀이에 참여하게 한다(Jonson, Christie & Wardle, 2005). 또한 구조성이 낮은 놀잇감은 유아의 창의성과 사회적 행동을 높이고, 반면 구조성이 높은 놀잇감은 언어능력과 조망수용

능력 향상에 효과적이라 하여 놀잇감의 구조성 정도에 따라 유아 발달에 차이가 있다고 하였다(지성애, 2013). 따라서 교사는 구조성이 높은, 중간 정도 및 낮은 다양한 놀잇감을 제공하여 유아로 하여금 다양한 놀이경험을 하게 해야 한다(Prescott, 1994).

소근육 놀잇감은 단독, 병행놀이가, 대근육 놀잇감은 연합놀이가 많이 일어난다.

〈표 3-4〉 놀잇감의 구조성 정도에 따른 분류

놀잇감의 구조성 정도	구조화 높음(폐쇄적)	구조화 중간수준	구조화 매우 낮음 (융통성 높음, 개방적)
놀잇감	직소퍼즐, 비행기, 모형 장난감, 인형	레고블록, 틴커 장난감	모래, 물, 흙, 점토
놀이방식	한정된 방식으로 사용	놀잇감 사용에 대한 물리적 특성이 있음(예 블록은 굴릴 수 없으나 다양하게 융통성 있게 사용할 수 있음)	무엇이든지 될 수 있는 놀잇감의 융통성으로 인해 다양하게 자신의 생각을 놀잇감에 반영함

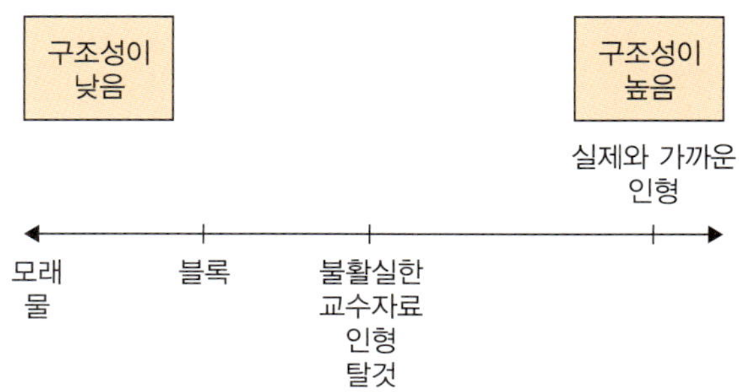

[그림 3-1] 놀잇감의 구조성 정도

〈표 3-5〉 놀잇감 유형

모형 장난감	교육용 놀잇감	구성놀잇감
• 생물체 장난감(사람, 동물, 생물체를 표상한 플라스틱 소재 장난감, 인형, 봉제동물인형, 7세까지 유아에게 인기 많음) • 교통수단 장난감(기차, 자동차, 트럭, 짐차, 배 등 모형) • 극놀이 소품(극놀이용 모자, 옷, 신발, 부엌도구, 소품가구, 유아가 끄는 유모차, 요람, 장난감 전화, 다양한 인형)	• 특정 교육목표를 달성하도록 고안된 장난감 – 사회적 목표(신발끈 묶기 등 자조 기술) – 신체적 목표(구슬 끼우기 등 소근육 기술) – 인지적 목표(대문자와 소문자 있는 카드 짝 맞추기를 통한 일대일 대응) – 정의적 목표(감정에 대한 학습) • 퍼즐, 글자카드, 블록, 책, 보드게임, 줄꿰기, 놀잇감 쌓거나 상자 안에 작은 상자 넣기, 지퍼 잠그기, 끈 매기	• 유니트 블록, 레고블록, 속이 빈 큰 블록, 폼블록과 플라스틱 상자 • 재활용 놀잇감
대근육 놀잇감	**게 임**	**실제 놀잇감**
• 밀고 당기는 장난감 • 그네, 고정놀이기구, 탈 수 있는 것, 미끄럼틀, 자전거, 줄넘기, 미끄럼틀, 레일, 사다리, 정글짐, 계단, 스케이트, 평균대, 농구대, 배구네트, 축구골대	• 빙고, 카드 짝 맞추기, 주사위 놀이, 보드게임, 도미노, 서양장기	• 모래, 물, 미술재료, 문해재료, 목공놀이재료

출처 : Johnson, James Christie & Wardle(2005).

(7) 교육과정과 프로그램

유아가 반응할 수 있는 여지가 적은 구조화된 프로그램과 교육과정을 경험한 유아는 판에 박힌 목적지향적인 놀이를 하며 놀이 반응이 낮은 반면, 구조화 정도가 낮아서 유아의 반응이 자유로운 교육과정을 경험한 유아는 상상놀이와 가상놀이를 많이 한다(Johnson & Ershler, 1982, 지성애, 2000 재인용). 또한 놀잇감의 구조성 정도에 따라 놀이양상이 달라지는바, 비구조적 놀잇감은 사용하는 방법이 제한이 없어서 유아 스스로 변형과 가상전환이 가능하고 유아의 해석이 첨가되어 다양한 놀이가 나타난다(조은진, 2000).

(8) 교사

교사의 놀이에 대한 인정수준이 높으면 유아는 놀이를 많이 발생시킨다. 개정 누리과정에서도 교사의 놀이지원 유형을 예시하며 놀이상황에 따른 다양한 놀이 지원을 해야 함을 강조하고 있다(교육부 · 보건복지부, 2019). 또한 유아의 다양한 놀이를 일으키는 성향인 교사의 놀이성은 유아의 놀이성, 놀이교수효능감, 놀이 신념에 긍정적 영향을 주므로, 교사가 놀이에 적절하게 개입하고 참여하리라고 예측할 수 있다(김미란 · 서현아, 2021). 이와 관련하여 유아의 놀이성과도 관련성이 높으므로 효과적으로 놀이를 지도할 수 있다. 2019 개정 누리과정에서도 교사와 유아가 함께 만들어 가는 교육과정을 강조하였듯이, 서로 상호보완적으로 작용하는 교사와 유아의 놀이성은 놀이중심의 교육과정을 운영하는 교사의 중요한 자질 중의 하나이다(교육부 · 보건복지부, 2019).

04
CHAPTER

놀이지도

1. 놀이지도의 교육적 의의
2. 놀이지도 시 교사의 역할
3. 놀이를 촉진하는 상호작용
4. 놀이개입의 유형
5. 놀이지도 방법

CHAPTER

04 놀이지도

영유아의 놀이지도 시 교사의 역할은 중요하다. 단순하고 빈약한 놀이로 끝이 날 수 있는 놀이를 교사의 지도와 개입으로 지속시켜 더욱 풍부하고 교육적인 놀이로 이끌 수 있다. 이 장에서는 놀이의 교육적 의의, 놀이를 풍부하게 지속시켜 주는 교사의 놀이지도 시 역할과 방법을 제시하고자 한다.

1 놀이지도의 교육적 의의

놀이지도를 어떻게 하느냐에 따라 놀이의 복잡성, 풍부함이 달라진다. 교사는 놀이를 관찰하여 놀이가 풍부하게 지속되도록 적절한 시기, 방법 등을 알아서 지도해야 한다. 교사의 놀이지도는 놀이개입, 놀이중재 등으로 쓰인다. Johnson, Christie 및 Yawkey(2001)는 놀이지도의 의의를 다음과 같이 제시하고 있다.

- 놀이인정 : 직접 놀이에 참여하지 않으나 유아 자신이 참여하는 놀이가 가치롭다는 생각을 교사가 주는 것이다. 예를 들면, 교사가 놀이하는 유아 곁에 있어주기, 웃어주기를 통하여 놀이를 인정하고 격려하는 것이다.
- 친밀감 형성
- 놀이지속
- 정교한 놀이로 발전

2 놀이지도 시 교사의 역할

1) 자유놀이 지도

주로 놀이지도는 자유놀이 시간에 많이 일어난다. 이 시간은 하루 일과 중 가장 왕성한 유아의 놀이행동이 일어난다. 교사는 다른 활동의 준비시간으로 보내는 경우가 많은데, 자유놀이 시간은 교사가 가장 유아들과 일대일 상호작용, 능동적이고 자율적 · 통합적인 학습의 시간이므로 유능한 교사라고 한다면 이 시간을 적절하게 활용해야 한다. 예민한 관찰력과 순발력 및 민첩성으로 놀이시간을 계획하고, 놀잇감을 준비해 주며, 적절한 공간 및 다양한 경험을 제공해야 한다. 자유놀이 시간에 놀이지도 시 교사의 역할은 다음과 같다.

첫째, 이 시간은 유아들이 자율적으로 중심이 되어 운영되므로 교사가 주도적으로 개입하지 않도록 유의한다.

둘째, 유아가 각각의 흥미영역을 고루 선택하여 놀이가 일어나게 지도한다. 간단한 메모를 할 수 있는 수첩과 필기도구를 지참하여 놀이상황에서 발생하는 여러 문제를 빠뜨리지 않고 기억하여 지도에 활용한다.

셋째, 놀이 시 상호작용이 활발하게 일어나도록 지도한다. 유아-유아 간, 유아-놀잇감 간, 유아-교사 간의 상호작용이 활발하게 일어나도록 자유와 허용적인 분위기를 제공한다.

넷째, 사회적 역할놀이를 장려하여 사회적 상호작용, 언어적 의사소통이 많이 일어나게 한다. 특히 사물의 용도, 행동 및 상황을 실제와는 다르게 다양한 것으로 상상하여 표현하는 가상전환(make-believe transformation)이 가능한 역할을 모방하여 이행하는 놀이를 격려한다. 이는 협동하기, 공유하기, 문제해결능력을 증가시켜 사회기술을 학습하게 한다.

다섯째, 놀이 시 일어나는 갈등상황을 중재하기 위해서는 사전에 규칙을 정해야 하며, 이때 교사가 일방적으로 정해주는 타율적인 규칙보다는 유아가 스스로 정하는 자율적인 규칙이 교육적 효과가 높다.

여섯째, 유아들의 놀이 유형에 따라 교사는 함께놀이하기, 평행놀이하기 등의 역할을 수행할 수 있다.

2) 놀이지도 시 준비

유아들이 놀이를 풍부하게 일어나게 하기 위해서 교사는 적절한 환경을 제공해야 한다. 놀이공간의 적절한 구성 여부가 놀이행동에 큰 영향을 미친다.

유아들로 하여금 다양한 경험과 사회적 기술을 학습할 수 있는 놀잇감을 제공해야 한다. 또한 스스로 하루 일과를 계획하고 실천하고 평가하게 한다. 놀이지도 준비 시 시간, 공간, 놀잇감 및 사전경험을 들 수 있다(Johnson et al., 2005; Ward, 1999).

첫째, 유아가 놀이를 시작하고 계획하고 실행 및 평가하는 데는 적절한 시간이 요구되는데, 약 30~50분 정도 필요하다. 시간이 길거나 짧거나 하면 놀이행동이 중단되고 발달수준이 높은 사회 · 인지적 놀이가 일어나기 어렵다. 따라서 충분한 시간을 주는 것은 중요하다. 이때 교사는 적극적으로 유아의 놀이를 관찰하고 참여해야 한다. 그래서 유아들 스스로 놀이가 단절되지 않고 풍부하게 일어나면 점진적으로 놀이상황에서 후퇴할 수 있다.

둘째, 자유롭고 창의적인 놀이가 일어나도록 정돈되고 계획된 공간의 구성이 요구된다. 놀이공간은 교육과정 운영에 따라 각각 설치되는데, 각 영역 간 통합적인 발달이 일어나도록 설치한다(제5장 놀이환경에서 자세하게 다루도록 한다).

셋째, 놀잇감은 각각의 흥미영역에 적절한 교수자료(instructional material), 실제자료(real material), 구성자료(constructional material) 및 장난감(toy)으로 분류하여 제공한다.

- 교수자료 : 퍼즐, 배열자료, 끼워 맞추기 자료, 게임자료, 몬테소리 교재

• 실제자료 : 모래, 물, 흙, 점토, 식품, 목공자료 및 도구
• 구성자료 : 유니트 블록, 우레탄 블록, 종이벽돌블록, 레고블록 등
• 장난감 : 소꿉놀이 자료, 만화 주인공 모형, 교통수단 연관자료

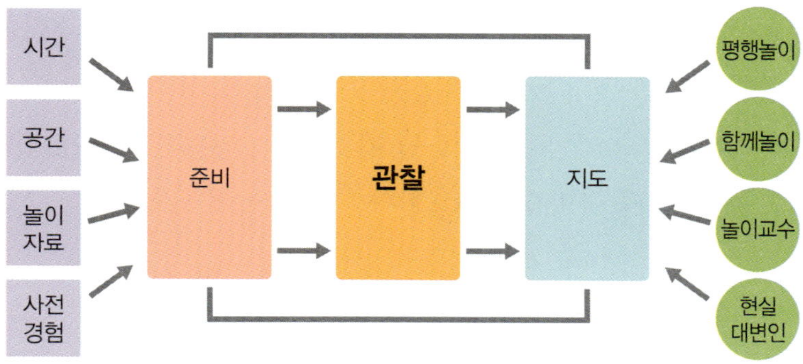

[그림 4-1] 놀이지도에서 관찰의 중요성

출처 : 지성애 외(2012), p. 195.

3 놀이를 촉진하는 상호작용

1) 유아와 놀이할 때와 놀이하지 않아야 할 때

• 주의 깊은 관찰을 통해 개입시기와 방법을 결정해야 한다.
• 유아와 개별적 접촉을 통해 모든 것을 면밀하게 파악하고 있어야 한다.

2) 언제 개입하는가?

(1) 놀이를 하지 않을 때

• 혼자서 놀이할 때, 소외된 유아의 사회적 참여를 촉진하기 위해

(2) 놀이에서 지원이 필요할 때

- 다른 유아와 협동적으로 상호작용하지 못하는 경우 : 놀이지도를 통해 교사는 친사회적 행동, 또래와 긍정적 상호작용을 강화시켜야 한다.
- 놀이활동을 지속하지 못할 때(관심이 빠르게 바뀌고 쉽게 주의가 산만해지는 경우) : 놀이교사의 놀이 참여가 놀이지속시간을 연장시켜 놀이경험이 정교해지게 한다.
- 단순하고 반복적 놀이행동이 계속될 때 : 사회 · 인지적 발달이 일어나지 못하므로 놀이수준을 높이도록 지도한다. 사회극놀이, 구성놀이를 고무한다.

(3) 학습의 결정적 순간이 발생할 때

- 새로운 방식, 개념을 배우게 되는 기회가 발생할 때 교사는 주의 깊게 질문하고, 제안하고, 격려해야 한다.
- 탐색을 통한 새로운 정보를 첨가하고, 문제해결을 도와줄 수 있는 힌트를 주고, 사고를 안내할 수 있는 질문을 해야 한다.

(4) 유아가 교사를 놀이에 초대할 때

유아와 따뜻한 개별적 접촉을 가지며 애정, 웃음, 환상을 가진다. 유아와 함께 놀이하는 즐거운 일이며, 교사 자신도 활기를 얻고 유아와의 관계를 강화시켜 따뜻한 상호작용을 나누게 된다.

3) 놀이상황에서 들어가고 나오는 법

(1) 들어가기

- 놀이상황 관찰 : 놀이 종류, 사려 깊고 깨우침을 주는 놀이친구 자격으로 조용히 들어간다. 힘과 권위를 사용해서는 안 된다.

- 놀이개입의 타이밍 : 이상적인 타이밍을 기다린다. 유아가 자신의 생각에 몰입, 가작화가 활발하게 일어나면 교사는 물러난다.
  * 놀이가 전이되는 순간(가작화 역할에서 벗어나 있을 때, 문제해결을 위해 놀이가 중단되었을 때, 다음에 무엇을 할지 유아끼리 의논할 때) 개입하는 것이 좋다.

(2) 나오기

유아 스스로 상호작용할 수 있으면 뒤로 물러서는 것이 좋다. 유아에게 통제권을 돌려주고 독립심과 자신감을 증진시킬 수 있도록 돕는다.

- 교사가 물러나는 단계를 계획적으로 실시한다.
- 교사는 유아에게 집중적으로 상호작용할 수 있도록 격려하고 동시에 놀이에서 점진적으로 빠져나온다.
- 유아가 놀이에 몰두할 때 아무 말 없이 나오는 경우
- 유아가 반대할 때는 점진적 후퇴가 좋다(직접적 설명, 토론이 필요).

예 다른 아이를 도우러 가야 함. 또는 "잠깐 미술영역에 다녀올게 집짓기를 계속하고 있어라."

〈표 4-1〉 놀이개입의 목적

목 적	내 용
놀이참여와 사회적 참여를 증진하기 위해	교사 : (유아들과 음식점 놀이를 하면서 혼자 놀고 있는 유아에게 이야기한다) 희진아, 우리 같이 점심 먹자. 감자 샐러드가 맛있겠다. 유아 : 좋아요. (놀이에 참여한다)
놀이기술을 증진시키기 위해	교사 : (혼자 앉아 블록 자동차를 가지고 시끄럽게 소리 내어 놀고 있는 유아에게) 경수야, 여기 불이 났어요, 도와주세요. (상상의 호스를 가리키며) 여기 호스가 있어요. 여기 호스 끝 좀 잡아 줄래요? 유아 : 좋아요. 물을 뿌릴게요. (가작화를 한다)

학습을 위한 결정적 순간을 이용하기 위해	교사 : (흔들거리는 블록 구조물 위에 큰 블록을 얹으려는 유아에게) 네가 그 큰 블록을 위에 놓으면 어떤 일이 일어날까? 유아 : 쓰러질까요? (블록을 위에 놓았고 구조물이 무너진다) 교사 : 어머나! 어떻게 되었니? 유아 : 제 생각엔 너무 큰 것을 놓아 그런 것 같아요.
유아와의 개별적인 접촉을 갖기 위해	유아 : (소꿉 영역에 있는 교사에게) 자, 이제 우리는 이혼 놀이 한다고요. 선생님은 우리하고 따로 사는 아빠예요. 선생님은 어린 딸을 보려고 먼 데서 왔어요. 교사 : (이 역할을 수행하며 유아의 놀이에서 표현되는 염려와 불안에 대해 주의 깊게 듣는다)

4 놀이개입의 유형

1) 병행놀이

교사는 단순히 옆에 앉아서 흥미 있는 정교한 방법으로 병행놀이를 함으로써 놀이를 촉진한다.

2) 함께놀이하기

교사는 직접적으로 유아와 상호작용하면서 극놀이 인물이나 참여자로서 유아와 놀이를 함께 적극적으로 할 수 있다. 교사는 유아가 놀이 방향을 주도하게 하고 단지 함께 놀이해야 한다.

질문과 이야기하기를 통해 호기심을 자극하여 가작화 수준을 높이고 언어획득을 촉진해야 한다.

3) 놀이교수

놀이에 직접적으로 개입하여 유아가 놀이를 통제하며 흥미를 추구하고 원하는 주제를 바꾸고 끝낼 수 있다.

4) 놀이효과를 높이기 위한 교사와 유아 간 상호작용

놀이를 지도할 때 가장 고려해야 하는 점은 언제, 어떻게 상호작용하여 개입할 것인가의 시기와 방법을 결정하는 일이다. 놀이상황은 늘 예측할 수 없는 상황에서 즉각적으로 이루어져야 효과적이므로 교사는 항상 적극적 관찰과 통찰력을 통해 놀이를 풍부하게 촉진하는 역할을 수행해야 한다. 예를 들어, 한 놀이에서 다른 놀이로 전이되는 순간 또는 놀이가 잠시 중단되었을 때가 개입의 좋은 시기가 될 수 있다. 개입하여 상호작용했을 때 놀이가 활발하게 이루어지면 교사는 그 상황에서 후퇴하여 나와야 한다.

(1) 놀이지도 시 적절한 언어적 상호작용

① 현재 놀이상황, 관찰한 바를 자유롭게 이전의 경험과 관련시켜 보게 한다.

② 교사의 말보다는 유아가 더 많이 이야기하도록 한다.

③ 놀이가 풍부하게 일어나도록 상황에 적절한 여러 유형의 질문을 사용한다.

- 정보 관련 질문 : "나는 샌들을 사려고 하는데 있나요?" 또는 "이 신발의 사이즈는 어떤가요?", "운동할 때 신을 신발을 사려고 해요."
- 교수 관련 질문 : "이 샌들을 어떻게 착용하나요?", "이 신발의 끈을 어떻게 매나요?", "이 구두는 어떻게 닦아야 하나요?"
- 유아들의 행동과 질문에 반응하기 : "예쁜 샌들을 권해주어서 고맙습니다!", "아주 편한 운동화네요."(Wood et al., 1980)

④ 정보제공과 질문하기

단순하게 유아가 원하는 정보를 제공하기도 하고 유아로 하여금 그 사실에 대해 생각해 보게 하는 질문을 하는 것이 효과적일 수 있다.

〈예〉

유아 : (콩깍지를 들고서) 이것이 뭐예요?
교사 : 그것이 뭐라고 생각하니?
유아 : 제 생각에는 나무에서 나온 거예요.
교사 : 어떻게 알았니?
유아 : 글쎄요. 이걸 보세요. 이건 나무에서 자라는 거예요. 씨앗이 보이죠?

출처 : Jeffrey Trawick-Smith, J.(1994), 송혜린 · 신혜영 · 신혜원 · 조혜진 역(2007) 재인용.

⑤ 놀이상황에 따라 지시적 질문(폐쇄형)과 확산적 질문(개방형)을 적절하게 사용하여 놀이를 지속시킨다. 질문유형에는 주로 개방형의 질문과 폐쇄형의 질문이 있다. 개방형은 질문의 답이 여러 개이며 보다 융통적이다. 폐쇄형 질문은 하나의 답만을 요구하는 것이다. 교사는 상황에 따라 적절하게 질문의 유형을 선택하여 사용해야 한다. 여러 학자들은 질문의 유형을 다음과 같이 제시하고 있다.

(2) 질문의 유형

① Gallagher & Aschner(1963)

• 인지기억질문 : 알고 있던 지식이나 경험, 기억하고 있는 내용들을 정의, 정형화하기 위해서 알고 있는 것들을 다시 생각해 내도록 하는 질문이다.
• 수렴적 질문 : 알고 있는 지식이나 경험들을 기억하게 하고, 기억한 지식이나 경험을 바탕으로 이와 관련된 자료나 정보 등을 통합하고 분석하도록 하는 질문이다.

- 확산적 질문 : 주어진 상황, 경험, 지식, 정보를 토대로 새로운 지식, 정보, 생각을 할 수 있도록 하는 질문으로, 주어진 주제를 새로운 각도에서 인식하게 하는 질문이다.
- 평가적 질문 : 판단, 가치, 선택을 요구하는 질문이다.
- 일상생활에 관련된 질문 : 일상생활을 원활히 할 수 있도록 하기 위해 규칙이나 질서 등을 강조하는 질문이다(신수영, 1990 재인용).

② Siegel & Saunders(1979)

- 정보제공 대신 질문하기 : 단순하게 정보를 주기보다는 질문을 함으로써 유아로 하여금 다시 한번 생각해 보게 하는 기회를 준다. 즉, 자기발견을 촉진한다.
- 개방형 질문하기 : 교사와 유아 간의 의미 있는 양방향 상호작용을 위해 정답이 여러 가지로 발산할 수 있도록 개방적 질문을 한다.
- 인지적으로 도전할 수 있는 질문하기 : 인지적 갈등을 통한 개방형 질문은 지적 성장을 도와주고 발전된 사고를 가능케 한다. 예측, 양 측정, 인과관계 등의 질문을 할 수 있다.
- 대답에 반응하기 : 유아를 격려하고 사고를 자극할 수 있도록 질문하고 반응해 준다.

또한 교실에서 언어적 상호작용을 사고의 폭에 따라 다음과 같이 질문할 수 있다.

- 제한형 질문 : 단순한 암기, 간단한 사실적 대답을 기대하는 질문으로, 질문 자체가 매우 구체적이며 기대되는 대답이 제한되어 있고 대답을 예측할 수도 있다.
- 확장형 질문 : 다양한 대답을 하게 하는 질문으로, 대답을 예측하기 어렵다.

이는 유아에게 정답을 요구하지 않고 사물에 대해 역동적으로 탐색할 수 있게 한다(Trawick-Smith, 1994 재인용).

③ Almy & Genishi(1979)

- 지시적 질문 : 일정한 하나의 정답을 요구하며 유아는 교사가 요구하는 사물의 특징만을 대답하는 질문 형태이다.
- 비지시적 질문 : 일정한 정답을 요구하지 않는 질문으로, 유아는 질문에 대답하기 위해서 사물을 역동적으로 탐색하여야 한다. 이 질문은 유아의 경험을 재구성하고 새로운 흥미를 갖게 하여 발견학습으로 이끌어 학습 증진을 이루게 한다. 이런 질문은 유아 주도적으로 일어난다(신수영, 1990 재인용).

④ Ross(1982)

- 개방형 질문 : 유아의 사고를 자극하고 촉진하여 새로운 발견이나 창의적인 사고를 확대하는 언어적 상호작용이다.

〈예〉

"이것(연필)은 어떤 것이니?"
"이 네모 모양으로 만들 수 있는 것은 무엇일까?"
"이것은 왜 이렇게 되었을까?"
"만약 태양과 지구가 가까워진다면 어떤 일이 일어날까?"
"조개껍데기가 어떻게 다르니?" – 예측, 양 측정, 인과관계에 관한 질문
"블록을 물에 떨어뜨리면 무슨 일이 일어날까?" – 예측 관련 질문은 유아로 하여금 자신의 도식을 사용해서 양에 관한 판단을 하도록 해준다.
"누가 가장 많은 건포도를 가졌니? 너는 그것을 어떻게 알았니?" – 자신의 도식을 사용하여 양을 측정하고 판단하게 해준다.
"너의 블록빌딩이 왜 무너졌니?" – 행동과 결과의 관계를 구성하게 돕는다.

출처 : Jeffrey Trawick-Smith, J.(1994), 송혜린 외 역(2007) 재인용.

• 폐쇄적 질문 : 교사가 계획, 실시, 결과를 미리 예측하고 유아에게 그대로 따르게 지시하는 언어적 상호작용이다. 또는 하나의 답 또는 '예', '아니요'로만 답하도록 요구하는 질문이다.

〈예〉
"이것은 연필이니?"
"이것은 네모 모양이니?"
"이 동화가 재미있었니 없었니?"
"아빠가 좋으니 엄마가 좋으니?"

• 창의성을 증진하는 질문 : 확산적 질문과 비지시적 질문은 유아들로 하여금 역동적인 탐색을 하게 하고, 유아들의 생각을 재구성하여 새로운 창조를 할 수 있게 한다.

(3) 효율적 언어적 상호작용

적절한 언어적 상호작용은 놀이를 가장 효과적으로 지도하는 방법이다. 적절한 질문은 유아의 사고를 촉진하여 놀이를 풍부하게 하고 문제해결을 유도한다. 그러나 질문하는 것이 항상 놀이를 풍부하게 하는 것은 아니다. 교사는 항상 상황에 맞는 적절한 질문의 유형을 사용해야 한다. 이를 익숙하게 숙달하는 길은 자신의 상호작용을 미리 수업에 맞게 예측하여 유아의 반응과 그에 따른 교사의 반응과 질문을 적어보고, 그에 따라 논리적인 전개를 해나가는 훈련을 지속적으로 하여 자신에게 그 논리적 전개에 익숙해지도록 훈련하는 것이다. 처음부터 훈련하지 않으면 점점 더 어려워져서 결국에는 상호작용에 자신감을 잃게 된다. Reggio Emilia 접근법에서는 다음의 상호작용을 강조하고 있다(김은희, 2000).

① 교사중심적 상호작용

교사가 질문하면 한 유아가 반응하고 다른 질문에 다른 유아가 반응함으로써 유아 간의 언어적 상호작용이 제한되어 있다. 또한 이미 정답을 가지고 하는 질문으로 예, 아니요 식의 반응으로 제한된다.

예 "이것은 연필이니?"
"(어떤 활동 후에) ㅇㅇ를 하니까 좋아요, 나빠요?"

② 유아 간의 산발적 상호작용

유아들 간에 산발적으로 질문이 오가나 내용 전개가 부족하다.

예 유아 1 ↔ 유아 3
유아 2 ↔ 유아 4

③ 협의, 논의가 내재된 상호작용

문제해결을 위한 유아들 간의 협의와 논의가 되어 타협안을 도출하는 상호작용이다.

예 교사 ↔ 유아 1 ↔ 유아 2 ↔ 유아 1 ↔ 유아 3 ↔ 유아 4 ↔ 유아 1 ↔ 타협안

④ 효과적인 질문하기

- 예/ 아니요 반응 이상을 요구하는 질문을 한다.
- 사실적 질문과 사고촉진 질문의 균형을 이루고 단순한 질문과 어려운 질문을 함께하여 우수한 유아와 그렇지 못한 유아가 함께 참여하도록 한다.
- 질문에 대해 생각할 충분한 시간을 준다.
- 유아의 수준에 맞고 정확한 문장으로 질문하여 재질문이나 반복을 피한다.
- 유아가 반응하지 못하거나 잘못된 답을 하였을 때 다른 말로 질문하거나 다시 말해준다.

- 질문하기 전에 지명하지 않는다.
- 유아의 반응이 옳다 해도 항상 첫 번째 반응을 받아들이지 않는다. 여러 유아의 반응을 고루 얻어야 한다.
- 질문이 연속되게 한다.
- 질문의 반복을 피한다.
- 유아로 하여금 계속 손을 들게 하는 것은 피한다. 다른 유아가 먼저 손을 드는 것을 보면 계속 생각하고 싶은 마음이 없어질 수 있기 때문이다.

5) 영아와 놀이 시 상호작용

영아를 지도하는 교사는 유아와는 달리 애착형성에 더 시간을 할애해야 한다. 교사는 애착과 관련된 지식, 기술, 태도를 형성시켜 영아들과 안정애착을 형성해야 한다.

첫째, 교사는 애착에 관련된 개념을 인지하여 상호작용에 활용해야 한다.

둘째, 일상생활에서 영아와 개별적으로 함께 상호작용한다.

셋째, 눈 맞춤, 애정표현, 스킨십, 이름 불러주기, 부드럽고 따뜻한 목소리로 말하기, 즉시반응하기, 영아의 행동 모방하기 등을 활용한다.

넷째, 하루 일과를 일관성 있게 운영한다.

다섯째, 반응할 시간을 충분하게 주기, 영아의 관심에 동조하기, 영아에게 주도권 주기, 친숙하고 새로운 놀잇감의 균형유지 등을 활용한다.

여섯째, 모델, 참조자로서 교사의 역할을 인식한다(전우경, 2002).

(1) 0~4개월 영아

- 영아와 상호작용 시 베이비 토크(baby talk)나 과장된 어투를 사용한다. 영아의 쿠잉(cooing)을 유도하기 위해 끊임없는 대화를 시도한다. 또한 영아의

쿠잉이나 소리 등을 모방하여 웃게 한다. 수유, 기저귀 갈 때, 안아줄 때 같은 영아와 접하는 모든 상황에서 대화를 시도해야 한다. 이때 조용하게 머무르는 기회도 필요하다.

- 노래 불러주기 : 허밍, 자장가를 불러주면서 영아를 열심히 바라보면 영아는 적극적으로 반응을 보인다.
- 소리 만들어 주기 : 영아가 듣고 반응을 보이게끔 소리를 다양하게 또는 과장되게 내게 되면 영아는 스스로 소리를 만들고자 한다. 이때 누군가 자신의 소리를 들어주지 않고 반응이 없으면 점차 소리가 감소하게 된다.
- 대화 시도하기 : 양육자가 먼저 말을 건네며 대화를 시작한다. 영아는 듣기를 할 것이고 양육자는 지속적으로 이 행동을 한다.

(2) 4~8개월 영아

- 대상 영속성 개념이 발달하도록 매력적인 장난감을 눈앞에서 감추었다가 나타나게 한다. 이때 "○○가 어디 있을까? 여기 있었네."라고 말해준다.
- 까꿍놀이를 통해 다양한 상호작용을 시도한다. 아기의 눈을 가리면서 "○○ 얼굴은 어디 있나? 요기" 하며 영아의 얼굴을 가리켜 준다. 거울 앞에 세워 놓고도 할 수 있다.
- 영아가 만들어 낸 소리(쿠잉, 옹알이 등)를 경청하고 모방해 준다. 그 결과 적극적인 상호작용이 가능해진다.

(3) 8~12개월 영아

- 사물이나 행동을 단어와 연결하는 것을 배운다. "의자는 어디 있니? 의자에 앉아보자."라고 상호작용해 준다.
- 말하지 못하더라도 그림책을 읽어주며 사물, 특정 행동을 가리키며 말해주어 어휘를 획득하게 한다. 이때 그림책 속의 행동, 말을 영아의 경험과 연관

시킨다. "ㅇㅇ도 곰인형이 있지?", "ㅇㅇ는 ㅁㅁ를 좋아하지?" 또는 그림책 속의 동물을 가리키며 "멍멍이는 어떤 소리를 낼까?", "야옹이는 어떤 소리를 낼까?"라고 물으며 상호작용한다.

- 그림책을 고르게 하거나 긁적거리게 종이, 연필을 제공하여 자유롭게 팔을 움직여볼 수 있게 한다.
- 음절, 단어 및 자신의 이름 등을 반복적으로 불러주어 반응하게 한다. 예를 들면, '안녕'이라고 말하여 손을 흔들고, 자주 하는 행동에 이름을 붙이거나 반응해 준다.

(4) 12~24개월 영아

소리, 옹알이 빈도가 감소하고 단어 사용이 증가한다. 유사단어의 사용시기로 단어의미의 융통성이 있다.

① 친숙한 그림이 있는 책을 손으로 가리키며 읽어준다. 어휘력이 증가되고 듣기와 말하기가 원활해진다. 예를 들어, 현재 상황과 그림책 상황을 연결시켜 말해준다. "곰은 어디 있을까? 곰을 찾아보자. 곰은 어디를 가고 있을까? 유치원에? 동물원?" 등이다.

② 책읽기를 통해 쓰기 준비를 하였으므로 연필과 종이 같은 쓰기 도구를 내어주어 경험하게 한다. 예를 들어, 자연스럽게 대화하듯이 친숙한 사물이나 사람의 이름을 불러주고 적어준다. 그런 다음 영아가 이를 보고 긁적거리기 시작한다.

③ 말하기를 못하더라도 여러 가지 질문과 지시에 반응하게 한다. 영아에게 친숙한 경험과 관련한 질문과 지시를 말해주어 의미를 이해하도록 한다. "옷을 입어라." 또는 물놀이 시 용기에 물 담기를 통해 "어느 쪽 물이 더 많니?" 등으로 상호작용한다.

④ 영아의 행동을 관찰하여 손, 고개로 가리키는 곳, 사물을 반복적으로 말해준다. "ㅇㅇ는 어디 있을까?", "ㅇㅇ를 찾아보자."라고 상호작용한다.

⑤ 신체를 이용한 놀이, 노래를 적극적으로 한다. 등, 무릎, 배 등을 이용하여 영아를 태워 다양한 신체활동을 한다. '코코코', '엄지 어디 있니', '머리 어깨 무릎 발', '호키포키' 등이다.

5 놀이지도 방법

교실에서 발생하는 놀이를 지도하는 방법으로는 '교사지도연속모형(TBC)', 'Wood 등의 놀이지도 방법' 및 'Spidell의 놀이지도 방법' 등이 있다. 놀이상황 속에서 구체적으로 살펴보고자 한다.

1) Wolfgang과 Sanders의 교사지도연속모형(TBC)

놀이를 의미 있게 지속하려면 적절한 시기의 교사 개입이 필요하다. 유아중심의 방법에서부터 교사중심의 방법까지 일련의 연속적인 개입을 통하여 놀이가 지속되도록 6단계의 상호작용으로 나눌 수 있다. 이러한 놀이지도의 모형으로 Wolfgang과 Sanders(1982)는 TBC(Teacher Behavior Continium) 모형을 제시하였다.

〈표 4-2〉 가게놀이에서 TBC 적용의 사례

적극적 관찰하기	교사는 유아들의 놀이상황을 적극적으로 관찰한다.
비지시적 진술하기	교사는 유아에게 말로 놀이행동과 상황을 그대로 옮겨 언급한다. 예 ○○는 신발을 사려고 하는구나. ○○는 빨간색 신발을 들고 있구나.
질문하기	교사는 가게놀이가 확장되도록 유아의 기억을 자극하고, 사고를 촉진하는 질문을 한다. 예 신발가게 놀이에 필요한 사물, 역할은 무엇일까? 이것은 무엇이니? 저것은? 신발가게 주인은 무엇이라고 말해야 하니?
지시적 진술하기	구체적으로 유아의 행동을 지시하거나 역할을 정해준다 예 신발가게 주인, 손님 역할을 정해보자. 거스름돈을 내어주자.
모델링하기	교사는 놀이자료의 사용을 실제로 보여준다. 예 100원을 지불했으니 50원을 거스름돈은 주어야지. 내가 하는 것처럼.
물리적 중재하기	새로운 놀이자료를 첨가하여 환경을 흥미롭게 조성한다. 예 새로운 색깔의 블록을 이용하여 다양한 색과 크기의 신발이 있음을 말해준다.

2) Wood, McMahon과 Cranstoun의 놀이지도 방법

교사는 놀이에 직간접으로 참여하여 구성원이 되어 놀이하는 역할을 맡는다. 놀이지도의 유형으로는 평행놀이하기, 함께놀이하기, 놀이교수 등이 있다.

(1) 평행놀이하기(parallel-playing)

교사가 같은 공간에서 같은 놀잇감을 가지고 놀이하나 서로 상호작용하지 않는다.

(2) 함께놀이하기(co-playing)

교사가 유아 주도 아래 진행되는 놀이에 참여하여 의견제시, 질문을 할 수 있으나 놀이를 주도하지 못한다.

(3) 놀이교수(play tutoring)

놀이교수 또는 훈련은 교사가 직접 놀이를 시작하고 주도적 역할을 하는 등 적극적인 역할을 수행하며 지도하는 것을 의미한다. 교사의 놀이참여 방식에 따라 외적 중재, 내적 중재로 구분된다. 적극적인 놀이교수를 통해 유아의 사회·인지적 놀이수준을 높일 수 있다(Smilansky, 1968).

① 외적 중재(outside intervention)

교사는 놀이장면 밖에서 논평(comment)와 제안(suggestion)을 통해 놀이의 시작을 제시하고 주도적 지시를 하며 새로운 놀이로 유도한다. '논평'은 놀이에 관심이 없는 유아의 관심수준을 알아보고자 사용되며, '제안'은 유아가 경험했던 것을 기초로 놀이행동과 사회적 극놀이가 연결되도록 교사의 의견을 제안하는 것이다. 놀이에 참여하는 것이 아니라 간접적으로 놀이과정을 이끌어가는 역할을 한다. 요약하면 사회적 상호작용과 대화를 이끌거나 놀이과정, 역할 및 진행에 도움을 준다.

② 내적 중재(inside intervention)

유아와 같이 놀이에 참여하는데 직접 교사가 역할을 맡아서 이행한다. 시범을 통하여 새로운 놀이행동을 보여주고 다양한 언어적 상호작용과 놀이과정을 교수하기도 한다. 외적 개입과 비교할 때 보다 적극적으로 개입하는 방법이며, 교사의 개입 정도가 외적 개입보다 큰 것이 특징이다. 교사는 적극적인 관찰을 통해 개입의 시기와 종류를 결정하여 놀이를 지도해야 한다. 교사의 성공적인 개입전략은 아래와 같다.

첫째, 같은 놀이공간에 있는 것만으로도 그 유아로 하여금 놀이가 가치 있고 의미 있는 활동이라는 인상을 줄 수 있다. 따라서 교사는 늘 놀이상황에 민감해야 하고 놀이공간에 직간접으로 참여해야 한다.

둘째, 교사가 놀이에 참여했을 때 놀이지속시간이 길어져서 사회 · 인지적 양상이 높은 수준으로 나타난다(이숙재, 1984).

셋째, 놀이상황에 따라 적절한 개입의 방법을 사용한다. 이를 결정하기 위해서는 지속적이고 객관적인 관찰에 의한 통찰력이 요구된다.

간접적 참여하는 놀이개입 → 질문 → 제안 → 행동의 분류 → 놀이자 간 접촉 → 방향 제시 → 직접적 참여하는 놀이개입

[그림 4-2] Similansky의 놀이개입 방법과 적용순서

출처 : Similansky(1968).

〈표 4-3〉 놀이적용 예

상황 : 자유롭게 발생된 병원놀이 상황에서 유아들이 놀이를 반복하거나 중단하려 할 때		
	개입방법	**사 례**
외적 중재	간접적 참여하는 놀이개입	교사는 놀이를 관찰하며 간접적으로 개입을 시작한다.
	질문	"너의 아기는 오늘 건강이 어떻니?"라고 질문하며 놀이에 관심을 갖게 한다.
	제안	"네 아기를 병원에 데리고 갈까?"라고 교사의 생각을 말해본다.
	행동의 분류	"나는 아기였을 때 아프면 병원에 갔었어."라고 말한다.
	놀이자 간 접촉	(간호사 역할을 하는 유아에게) "간호사! 아픈 아기를 도와주세요."라고 말을 하여 친구들과 사귈 수 있는 접촉의 기회를 마련한다.
	방향제시	"네 아기가 어디가 아픈지 간호사에게 모두 말해. 그리고 어떻게 해서 아프게 되었는지 간호사에게 설명해 줄 수 있니?"라고 말한다.
내적 중재	직접적 참여하는 놀이개입(모델과 시범)	교사가 놀이에 직접 참여하여 모델과 시범을 보인다.

출처 : 이현순(1990).

3) Spidell의 놀이지도 방법

Spidell은 자유놀이 시간에 이루어지는 극놀이에 교사가 사용하는 놀이지도의 유형을 분석한 결과 〈표 4-4〉와 같은 8개의 유형으로 분류하였다. 각각에 다른 구체적 놀이사례를 제시하면 다음과 같다(Spidell, 1986).

〈표 4-4〉

개입 유형	사 례
1. 교수(instruction)	유아들에게 사실이나 개념을 가르치는 것
2. 대화(conversation)	유아가 놀이에 대해서 가지고 있는 흥미수준의 탐색방법으로써, 교사와 유아 간의 의견교환을 가리킴
3. 유지(maintenance)	유아의 현재 진행되는 놀이가 계속되도록 격려하는 방법
4. 칭찬(praise)	바람직한 행위 또는 결과를 강화하는 방법
5. 환경의 수정 (environmental modification)	놀이환경에 변화를 주는 방법, 즉 놀이재료를 첨가하거나 놀이영역의 자리를 옮기는 방법을 말함
6. 방향제시(redirection)	유아의 놀이가 변화되도록 대안적 활동이나 행동을 제시하는 것
7. 참여(participation)	진행되고 있는 놀이활동에 교사가 직접 참여하는 것
8. 시범(demonstration)	유아에게 적절한 놀이절차를 소개하는 방법

출처 : Spidell(1986).

05
CHAPTER

놀이관찰

CHAPTER

05 놀이관찰

1 놀이관찰 시작하기

유아의 놀이를 관찰해야만 교사로서 적절한 놀이지원을 할 수 있다. 유아들은 익숙한 놀이상황에서 언제나 놀이를 만들어 낸다.

1) 놀이관찰 시작

(1) 놀이에 대한 궁금증

유아놀이를 관찰할 때 필히 파악해야 할 내용은 누가(구성, 성별, 연령, 수), 언제(시간, 빈도, 지속시간), 어디서(놀이 유형), 어떻게(자발성, 놀잇감, 상호작용, 주도성, 또래/ 성인과 상호작용, 규칙), 왜(이전 경험, 발달욕구, 심리상태) 하는가를 관찰하는 것이다.

(2) 놀이관찰 지침

- 영유아 자신의 놀이 능력을 최대한 발휘하도록 환경을 구성한다.
- 관찰자와 유아 간에 친밀감을 갖고 라포를 형성할 수 있도록 시간을 갖는다.
- 일주일에 여러 번으로 분산하여 2~3회 관찰한다.

- 인지 · 사회적으로 복잡한 놀이까지 진행될 수 있도록 시간을 주면서 관찰한다. 의미 있는 놀이관찰이 없다면 놀잇감과 시간이 부족했을 수 있다.
- 가능한 한 실내외 놀이공간에서 관찰한다(Henninger, 1985).
- 동일 또래 간에 놀이가 일어날 때 더 높은 수준의 의미 있는 놀이가 관찰될 수 있다. 다연령 집단의 놀이도 놀이자 간에 의미 있는 결과가 있을 수 있다.

2 놀이관찰방법

1) 일화기록법

일화기록법은 한 가지 에피소드를 놀이 맥락적으로 기술하고, 설명을 제공한다. 비구조적인 방식이며 놀이장면 그대로 기술한다는 점에서 시간이 걸리는 방법이다. 예를 들어, 유아의 '공격적 행동'을 관찰할 때 유아에게서 그 행동이 나타날 때 기록한다. 여러 번의 일화기록은 수집을 통해 영유아의 성격, 발달 특징을 알 수 있으므로 개별 지도에 유용하며, 현장에서 가장 많이 사용하는 방법이다.

〈표 5-1〉 일화기록지

관찰대상	○○○(ㅁㅁ반)	관찰자	
생년월일		관찰일시	
장 면	쌓기영역에서 나무블록으로 도로를 만들고 있다. 철수와 남희는 떨어져 앉아서 블록을 늘어놓고는 고속도로를 만들고 있다.		
관찰내용	쌓기영역에서 직사각형 블록을 연결하여 도로를 건설한다. A유아가 자동차 모형을 올려놓고 "도로를 달리고 있어. 더 빨리 달려야 해."라며 자신이 쌓은 고속도로를 자랑스러워하며 신나서 놀이하고 있다. 옆에 B유아가 있었으나 서로 놀이하려고 하지 않는다. "내가 더 많은 길을 차지해야 해." B유아가 같이 놀이하다가 A의 차로 인해 길에서 밀려났다. "너 때문에 내 차가 길에서 밀려났어." 서로 잘못했다면서 탓하다가 B유아가 그 자리를 떠난다.		

해 석	• 평행놀이를 한다. • 관찰대상 유아는 공격적이고 협동하는 데 어려워한다. • 혼자서 블록영역을 독점하려고 한다.

출처 : 곽혜경 외(2010).

2) 평정척도법

행동목록법이라고도 하며 특정 놀이행동이 나타났는지를 단계적 · 질적으로 알아보는 관찰방법이다. 3점, 4점, 5점, 7점 척도가 가능하여 다양한 놀이행동을 평가할 수 있다.

평정척도는 사용하기 쉬우나 관찰자의 신뢰도로 인해 오차가 발생할 수 있다. 관찰하는 사람 간의 일치도가 높다면 정확한 관찰이라 할 수 있으나 관찰자 간의 신뢰도가 낮다면 정확한 관찰보다는 오류가 있는 결과이다. 관찰자 간 신뢰도가 낮게 되는 이유로는 관대함의 오류, 집중 경향치의 오류, 후광효과 등이 있다(박찬옥 외, 2020 재인용).

- 관대함의 오류 : 친숙한 사람을 관대하게 평가하는 경향
- 집중 경향치의 오류 : 아주 높거나 낮은 점수를 피하려는 경향
- 후광효과(halo effect) : 부적절한 정보가 판단에 영향을 미치는 경향

〈표 5-2〉 평정척도 행동 관찰지 : 유아놀이 척도

문항	내 용	매우 그렇다	그렇지 않다	보통이다	그렇다	매우 그렇다
인지놀이						
1	놀이를 계획하여 목표지향적 놀이를 한다.					
2	놀이를 위한 충분한 탐색을 한다.					

3	놀잇감에 적합한 특성을 인식한다.					
4	놀이가 전개되는 상황에 대해 이해한다.					
5	놀이하는 동안 선택한 과제를 완수하고자 한다.					
6	놀이에서 나타나는 문제의 원인을 파악하여 해결하고자 한다.					
7	놀이 도중 잘못된 것을 스스로 바꾸고 재시도해 본다.					
8	놀이 시 한 역할을 하면서 동시에 다른 역할도 잘 수행한다.					
	언어놀이					
1	놀이에서 역할의 특성을 언어로 적절하게 표현할 수 있다.					
2	놀이에서 새로운 단어나 어휘를 자주 만들어 내는 편이다.					
3	제스처를 대신하여 언어로 표현할 수 있다.					
4	놀이 이야기를 만들어 낼 수 있다.					
5	놀이 내용을 이해하고 설명할 수 있다.					
6	놀이에서 자기의 감정을 적절한 언어로 표현한다.					
7	놀이상황에 맞는 어조를 표현한다.					
8	다른 사람의 말을 이해하여 대화로 연결시킨다.					
	사회놀이					
1	교사의 개입 없이 4~5명의 유아와 함께 협동놀이를 할 수 있다.					
2	놀이자료를 함께 공유하면서 놀이한다.					
3	놀이 상대 또래를 돕고 놀잇감을 서로 교환하고 차례를 지키는 행동이 놀이에서 자주 발생한다.					
4	놀이규칙을 만들어서 또래에게 제시하기도 하며 규칙을 지키면서 놀이한다.					
5	다른 또래와 놀이 내용을 수용하고 놀이 상대에 동조한다.					
6	이미 활동을 시작한 놀이 그룹에 합류할 수 있다.					
7	혼자 놀고 싶을 때 적절한 장소를 선택할 수 있다.					
8	놀이를 지속하기 위하여 방해 요소를 해결한다.					
	정서놀이					
1	놀이 결과에 집착하지 않고 놀이를 즐긴다.					
2	놀잇감을 좋아하고 소중하게 다룬다.					
3	놀이 상대방의 감정을 공감한다.					

4	놀이 참여 시 안정감을 유지하는 편이다.					
5	놀이 참여 시 다른 사람의 감정을 파악한다.					
6	놀이 참여 시 자기 감정을 조절하는 편이다.					
7	놀이 시 발생한 갈등상황을 해결하고 적응한다.					
8	놀이하는 동안 화, 기쁨, 슬픔을 표현한다.					
	운동놀이					
1	신체 움직임과 활동 동선, 속도와 빠르기를 조절하여 놀이를 잘하는 편이다.					
2	자신의 감정과 생각을 자유롭게 신체로 표현한다.					
3	놀이 상대의 동작을 보고 정확하게 따라 하며 놀이를 할 수 있다.					
4	놀이 시 두 가지 이상의 신체 움직임을 자유롭게 한다.					
5	눈과 손, 그리고 소근육과 협응력이 뛰어나 조작놀이를 잘하는 편이다.					
6	게임 시 사물을 정확하게 던질 수 있는 편이다.					
7	역할놀이 시 자신이 맡은 역할에 맞는 몸짓을 한다.					
8	다양한 놀이 기구를 사용한다.					
	비놀이					
1	애완동물, 식물 돌보는 등의 활동을 놀이보다 더 좋아하는 편이다.					
2	교사에게 자주 책을 읽어 달라고 한다.					
3	무관심하게 다른 또래의 놀이를 쳐다본다.					
4	한 가지 놀이에 몰입하지 못하고 이리저리 방황한다.					

출처 : 지성애 외(2012).

3) 행동목록법(체크리스트)

행동목록법은 구조적이고, 무엇을 관찰하고, 어떻게 정보 기록하는지를 구체적으로 빠르고 쉽게 사용하는 장점이 있다. 이것은 관찰하고자 하는 특정한 놀이행동이 나타나는지 여부를 관찰하는 방법으로 간편하고 체계적인 방법이다. 체크리스트상에 나타나는 놀이행동목록의 나열이므로 행동목록법이라고도 한다.

〈표 5-3〉 행동목록법 관찰지

관찰대상		관찰자	
생년월일		관찰일시	
다음의 행동이 관찰되면 '예', 관찰되지 않으면 '아니요'에 표시하시오.			

문 항	예	아니요
1. 다른 유아들과 놀이나 활동을 주도한다.		
2. 다른 유아들의 이야기를 잘 들어준다.		
3. 다른 유아들에게 인기가 많다.		
4. 다른 유아들에게 자신의 의견을 명확하게 표현한다.		
5. 다른 유아와 갈등을 경험할 때 타협을 잘한다.		
6. 다른 유아들이 이 영유아를 좋아한다.		
7. 다른 유아들에게 효과적으로 자기 주장을 한다.		
8. 다른 영유아에게 양보를 한다.		
9. 다른 영유아들이 이 영유아와 함께 놀고 싶어 한다.		
10. 다른 유아들과의 놀이를 재미있게 이끌어 간다.		
11. 장난감이나 교구를 다른 유아들과 사이좋게 나누어 쓴다.		
12. 여러 유아들과 고루 친하게 지낸다.		
13. 다른 영유아들이 따라 할 만한 놀이나 활동을 제안한다.		
14. 어려움에 처한 영유아를 잘 도와준다.		
15. 다른 영유아에 비해 친구가 많다.		

출처 : 강은선(2010).

4) 사건표집법

사건표집법은 어떤 사건(행동) 발생을 관찰하여 기록하는 방법으로, 특정 행동을 관찰하는 방법이다. 행동의 발생 유무를 체크하는 시간표집법과는 달리 관찰하고자 하는 행동이나 사건이 발생하기를 기다렸다가 발생할 때 기록한다(지성애, 2012). 이 방법은 Dawe가 취학 전 유아의 다툼 200회를 분석하여 다툼 지속시간, 횟수, 원인 및 대상자 특성을 파악하여 이 다툼이 일어난 사건의 전후 맥락을 기록하게 됨으로써 행동의 원인을 알 수 있게 한다. 사건표집법은 빈도 사건표집법, ABC서술식 사건표집법으로 구분된다(김지은, 2014).

〈표 5-4〉 ABC서술식 사건표집법

대상 : ○○반 ○○○(남) 날짜 : 2024. 5. 7. (세 개월) 시간 :	놀이영역 : 관찰의 초점 :	관찰자 : □□□
장면 : 자유놀이 시간에 종이상자 블록으로 혼자 쌓기 놀이를 한다. 그 옆에서는 나영이와 덕현이가 각각 블록을 쌓고 있다.		
사건 전	사건	사건 후
선생님에게 다가와 얼굴에 미소를 띠며 “선생님 이거 집이에요.” 라고 말한다. 그때 옆에서 울타리를 만들어 놓은 벽돌 울타리 안으로 한 발을 들여 놓으며 들어가려고 한다.	옆에 있던 노란색 레고 자동차를 집어 나영이에게 던진다. 옆에서 놀고 있던 덕현이에게도 초록색 큰 레고를 던진다.	다시 자기가 쌓아놓은 벽돌집으로 돌아가 블록놀이를 계속한다.
해석 : 자기가 만든 집을 인정받고 싶었다. 친구가 자신의 놀이를 방해하지 않았는데도 옆에서 놀고 있던 다른 친구들에게 놀잇감을 던졌다. (나영이가 만든 울타리가 완성되자 관심을 빼앗길 것 같은 생각에 질투가 났는지도 모르겠다.)		

출처 : 황해익 외(2003), p. 97 재구성.

5) 시간표집법

시간표집법은 1926년 '유아의 신경증 행동 빈도' 연구에서 나타난 증상, 즉 손가락 빨기, 깨물기, 코 후비기, 코 긁적거리기, 머리카락 당기기, 잡기, 눈 비비기, 깜박거리기, 귀 잡아당기기, 누르기, 성기 만지는 행동을 관찰하기 위해 시작되었다. 주요한 시간표집법으로는 사회 · 인지놀이 척도가 주로 사용된다.

(1) 사회 · 인지놀이 척도(Piaget/ Parten 척도)

Kenneth Rubin과 그 동료들이 Parten(1932)의 사회적 참여 척도와 Piaget(1962)의 인지적 놀이 척도를 통합하여 동시에 두 차원을 평가하도록 해준다. 이 두 범주의 놀이를 통합하여 12가지 놀이목록이 구성되었다.

① 사회 · 인지놀이 관찰목록의 정의

가. 인지놀이

- 기능놀이 : 사물을 가지고 혹은 사물 없이 운동의 움직임을 계속 반복하는 놀이 예 뛰기, 모으고 부수기, 사물 또는 자료들을 조작하기
- 구성놀이 : 사물, 놀이자료를 가지고 무엇을 만드는 놀이 예 블록, 모래, 점토, 물감
- 역할놀이 : 역할이행 예 부모, 아기, 영웅, 괴물 역할, 가상전환, 운전하는 척, 연필로 주사 놓는 척
- 규칙 있는 게임 : 미리 정해진 규칙을 확인하고 그것을 인식하고 놀이 예 말뚝박기, 카드놀이, 과녁 맞추기

나. 사회놀이 종류

- 혼자놀이 : 접촉 없고 혼자서 하는 놀이
- 평행놀이 : 근접거리에 다른 유아가 있으나 상호작용 없음

• 집단놀이 : 다른 유아와 상호작용하며 각자 역할 할당

다. 개요

1. 관찰자는 행동관찰척도목록 개념정의를 숙달한다.
2. 개인당 1장의 관찰기록지를 사용한다.
3. 관찰시간은 15초이다.

라. 방법

1. 유아 이름, 날짜, 연령을 기입한다.
2. 관찰순서는 처음 놀이를 시작하는 유아부터 관찰을 시작하는데, 1회 관찰에서 정해진 순서는 그대로 유지하여 기록한다.
3. 15초(15초 관찰, 5초 기록) 동안 관찰한다.
4. 1분 동안 3명 관찰이 가능하다.
5. 개인당 20~30회 관찰 시 놀이 특성이 나타난다.

② 사회 · 인지놀이 관찰목록 12가지

인지놀이 / 사회놀이	기능놀이	구성놀이	역할놀이	규칙 있는 게임
혼자놀이	혼자-기능놀이	혼자-구성놀이	혼자-역할놀이	혼자-규칙 있는 게임
평행놀이	평행-기능놀이	평행-구성놀이	평행-역할놀이	평행-규칙 있는 게임
집단놀이	집단-기능놀이	집단-구성놀이	집단-역할놀이	집단-규칙 있는 게임

〈표 5-5〉 사회 · 인지놀이 척도 관찰기록지

유아 이름 :　　　　　　　　관찰날짜 :

인지놀이 / 사회놀이	기능놀이	구성놀이	역할놀이	규칙 있는 게임
혼자놀이				
평행놀이				
집단놀이				

비놀이	① 몰입하지 않은 행동/ ② 쳐다보는 행동/ ③ 전환			④ 활동

출처 : 곽혜경 외(2010).

〈사회 · 인지놀이 연습하기〉

다음의 놀이상황을 보고 사회 · 인지놀이 유형을 적용해 봅시다.

1. 3명의 유아들이 미장원놀이를 하고 있다. 각각 미용사 역할, 손님 역할을 이행하고 있다. 서로 상호작용하면서 역할놀이를 하고 있다. (집단-역할)
2. 한 유아가 전화기로 전화 거는 흉내를 내면서 말하고 있다. 주변에 다른 유아가 있으나 서로 인식하지 않고 있다. (평행-역할)
3. 5명의 유아들이 블록영역에서 마술의 성을 쌓고 있다. 서로 역할을 분담하여 조직적으로 성을 쌓고 있다. (집단-구성)
4. 5명의 유아들이 '무궁화꽃이 피었습니다' 놀이를 하고 있다. (집단-게임)
5. 3명의 유아들이 각자 유니트 블록으로 고속도록를 건설하고 있다. 가까이에 있는 유아와 서로 상호작용하지 않고 자신의 블록만 쌓고 있다. (평행-구성)
6. 4명의 유아들이 병원놀이를 하는데, 서로 역할을 맡아서 역할놀이를 이행하고 있다. (집단-역할)
7. 혼자서 한 유아가 컵으로 물을 마시는 시늉을 하며 음료를 주문하는 말을 한다. (혼자-역할)

8. 1명의 유아가 수족관(어항)에 물고기 먹이를 주고 있다. (비놀이–활동)
9. 2명의 유아가 공을 바닥에 튕기고 있다. 서로 상호작용은 하지 않는다. (평행–기능)
10. 한 유아가 책보기 영역에서 책을 보고 있다. (비놀이–활동)
11. 6명의 유아들이 함께 레고블록과 종이상자블록을 가지고 마을을 협동하여 구성하고 있다. (집단–구성)
12. 한 유아가 어떠한 행동도 하지 않고 놀이하는 유아들 주변을 맴돌고 있다. (몰입하지 않는 행동)
13. 5명의 유아가 음식점에서 역할을 맡아서 이행하고 있으며, 서로 상호작용을 활발하게 한다. (집단–역할)
14. 한 유아가 바닥에서 자동차를 굴리고 있다. 주위에 친구가 있으나 상호작용하지 않는다. (혼자–기능)

(2) Smilansky의 사회적 역할놀이 척도

Smilansky는 인지적으로 발달된 놀이형태로서 사회적 역할놀이(Sociodramatic Play Inventory)를 만들었고, 평가기준으로 다음과 같은 사회적 역할놀이 조건을 들고 있다(지성애, 2000).

- 모방적 역할이행
- 가상전환
- 사회적 상호작용
- 언어적 의사소통
- 놀이의 지속성

사회적 역할놀이 관찰 척도를 사용할 때 다음과 같은 사항을 유의해야 한다(곽혜경 외, 2010).

- 놀이가 지속되는 정도를 판단하기 위해서는 5~10분 정도의 시간이 필요하므로 관찰하는 유아와 놀고 있는 2~3명의 유아들의 놀이를 관찰하는 것이 용이하다.
- 사회적 역할놀이를 하는 집단을 대상으로 유아당 1분 정도 관찰한 후에 관찰지에 기록하고 다음 유아를 관찰한다.

- 여러 차례 관찰횟수를 증가시켜 보다 정확한 놀이관찰 자료를 얻도록 한다. 1회보다는 3~5회, 즉 횟수가 증가할수록 더 유아의 놀이관찰을 명확하게 할 수 있다.
- 유아들 간에 사회적 상호작용(2명 이상의 유아가 언어적/ 비언어적)이 나타나면 체크하고, 아닌 경우는 체크하지 않는다.
- 사물이나 역할을 모방하며 역할놀이를 이행할 때 체크한다.
- 사물(예 볼펜을 주사기로), 행동(예 우리는 배를 움직이기 위해 노를 저어야 해) 및 상황(예 우리는 지금 바다에 있어)을 가상적으로 이행 시 체크한다.
- 언어적 상호작용은 메타 커뮤니케이션(놀이상황을 조직하는 데 사물, 역할을 가상함. 예 이 줄을 청진기로 하자/ 나는 고기를 잡는 어부야/ 우리는 바다로 나가야 해/ 놀이 역할에 맞지 않는 행동을 하는 유아에게 수정해 주기)과 가상 커뮤니케이션(놀이 시 역할을 이행함. 예 목이 아프니 주사를 맞고 약도 먹어야 해요)으로 구분된다.
- 놀이의 지속성은 한 놀이가 5분 이상 계속될 때 체크하고, 아닌 경우는 체크하지 않는다.
- 사회적 역할놀이는 발달적으로 어떤 행동이 일정 시간이 경과된 후에 지연모방이 시작되어야 하므로, 즉 가상전환능력이 나타나는 3세 이후이므로 이를 유의한다.

〈표 5-6〉 Slmilansky의 사회적 역할놀이 척도 관찰기록지

관찰날짜 : 년 월 일								
이름	역할 이행	가상전환			사회적 상호작용	언어적 의사소통		지속성
		사물	행동	상황		메타 커뮤니케이션	가상 커뮤니케이션	
박○○	아기	우유병	우유병으로 우유를 먹는 행동	엄마가 아기를 다독이는 상황	✓	아기는 아기 소리를 내야 해	아~ 맛있는 우유	✓
김○○	의사	주사기	볼펜으로 주사를 맞히는 행동	병원에서 진료하는 상황	✓	볼펜을 주사기로 하자	병원 진찰 후에 약을 먹어야 해요	✓
이○○	어부	그물	노를 저어 바다로 나가는 행동	바다 한가운데 배를 타고 있는 상황	✓	우리 큰 바다로 나갈 거야	물고기 사세요	✓
오○○	미용사	블록으로 파마기	파마를 말고 있는 행동	미장원에서 놀이하기	✓	나는 미용사야 너는 손님 해야 해	파마 기계가 돌아가는 소리 (웅~~)	✓

출처 : 곽혜경 외(2010).

3 개정 누리과정에서의 놀이관찰

1) 놀이관찰 항목과 기록하기

2019 개정 누리과정에서는 유아의 놀이 흐름을 따라가며 놀이를 지원하고, 놀이의 의미를 찾아서 다음 놀이지원에 반영하도록 하고 있다. 이때 교사는 놀이의 장면 중에서 관찰해야 할 항목이 있다. 놀이를 지원하기 위해 관찰하여 기록할 때 포함되어야 할 내용은 〈표 5-7〉과 같다.

〈표 5-7〉 놀이관찰 기록항목

구 분	놀이관찰
놀이 및 활동명	시작된 놀이명을 적는다(사진 추가).
놀이 및 활동내용 기입	구체적으로 시작되어 전개되는 놀이를 기록한다(시작된 이유와 상황/ 유아, 놀잇감, 상황, 결과 등).
교사의 놀이지원	교사의 놀이지원 실행활동을 적는다(일과구성의 변화/ 놀이공간 지원/ 놀이자료 변화/ 상호작용/ 기타 지원).
유아주도 놀이	유아가 주도한 놀이를 적는다.
내일의 놀이지원	내일 지원할 것, 유아요청 및 가정지원 내용을 적는다.
교사의 반성적 성찰	교사의 반성적 사고를 적고 자신의 교수활동을 평가한다.
인성 및 안전지도	놀이 시 반영해야 할 인성교육 내용과 안전교육 내용을 적는다.

출처 : 누리포털 사이트.

2) 개정 누리과정 놀이관찰과 기록하기

개정 누리과정은 유아의 흥미와 관심에 따라 놀이에 자유롭게 참여하고 즐기도록 하고 있다. 또한 놀이에 대한 평가 결과를 유아에 대한 이해와 누리과정 운영 개선을 위한 자료로 활용할 수 있도록 하기 때문에 놀이관찰과 기록은 중요하다(교육부 · 보건복지부, 2019). 유아주도의 놀이를 관찰하여 기록하는 과정은 개정 누리과정의 중요한 교수, 학습 측면이다. 교사는 유아놀이를 적절하게 관찰하여 기록하고 놀이의 의미를 발견하여 다음 놀이에 반영해야 하므로, 유아가 주도하는 놀이를 시작하여 마칠 때까지 놀이가 어떻게 전개되는지 놀이 흐름에 주목할 필요가 있다. 그래서 놀이 흐름을 따라가며 기록할 필요가 있다. 교사의 자율적인 방식으로 관찰하고 기록하는 것을 강조하나 누리포털 사이트에서 많은 실행자료들을 제공하므로 이를 참고할 수 있다. 교사들에게 도움을 주고자 다음과 같은 형식을 예로 들어 제시하고 있다. 첫째, 집단별로 놀이 기록 시 하루 일과를 기록하는 교육계획안(일지)에 놀이상황, 교육적 의미 및 놀이지원 내용을 적는 방법이 있고, 둘째, 유아 개인별 주간 단위로 유아놀이를 기록하는 방법,

셋째, 월별로 유아 개인별 놀이를 기록하는 방법 등이 있다(누리포털 사이트 〉 서울시 교육청, 2024).

(1) 교육계획안으로 통합하여 놀이 기록하기

교육계획안에 통합하여 놀이를 기록하는 방법과 형식은 다음과 같다.

<table>
<tr><td colspan="5">2024. . . ( )</td><td colspan="2">수업일수 :</td><td>180</td></tr>
<tr><td colspan="2" rowspan="5">교육과정
관련요소</td><td>신체운동건강</td><td colspan="5"></td></tr>
<tr><td>의사소통</td><td colspan="5"></td></tr>
<tr><td>사회관계</td><td colspan="5"></td></tr>
<tr><td>예술경험</td><td colspan="5"></td></tr>
<tr><td>자연탐구</td><td colspan="5"></td></tr>
<tr><td colspan="2" rowspan="6">일과시간표</td><td>시간</td><td colspan="2">활동명</td><td colspan="3">내용</td></tr>
<tr><td></td><td colspan="2"></td><td colspan="3"></td></tr>
<tr><td></td><td colspan="2"></td><td colspan="3"></td></tr>
<tr><td></td><td colspan="2"></td><td colspan="3"></td></tr>
<tr><td></td><td colspan="2"></td><td colspan="3"></td></tr>
<tr><td></td><td colspan="2"></td><td colspan="3"></td></tr>
<tr><td colspan="2" rowspan="2">교사지원
실행활동</td><td colspan="2">활동내용</td><td colspan="4">평가</td></tr>
<tr><td colspan="2"></td><td colspan="4"></td></tr>
<tr><td colspan="2" rowspan="2">유아주도
실행놀이</td><td colspan="2">내용</td><td colspan="4">교사 지원 및 평가</td></tr>
<tr><td colspan="2"></td><td colspan="4"></td></tr>
<tr><td colspan="2" rowspan="2">내일의
놀이지원</td><td colspan="2">유아요청</td><td colspan="2">교사지원</td><td colspan="2">기타 지원(가정, 전문가, 견학 등)</td></tr>
<tr><td colspan="2"></td><td colspan="2"></td><td colspan="2"></td></tr>
<tr><td colspan="2">반성적 성찰</td><td colspan="6"></td></tr>
<tr><td>번호</td><td>이름</td><td colspan="5">관찰내용</td><td>기타사항</td></tr>
<tr><td>1</td><td></td><td colspan="5"></td><td></td></tr>
<tr><td>4</td><td></td><td colspan="5"></td><td></td></tr>
<tr><td>5</td><td></td><td colspan="5">* 표를 추가하여 우리 반 유아 명단 모두 기입하여 관찰내용 및 기타 사항 작성할 수 있음</td><td></td></tr>
</table>

(2) 주간놀이 기록과 평가

유아 개인별 주간 단위로 놀이 사진을 부착하고 놀이명과 구체적 놀이 내용을 기록할 수 있다.

<table>
<tr><th colspan="2">서연이의 놀이기록　　　10월 10일~14일(1주간)</th></tr>
<tr><td rowspan="3">1</td><td>색 보자기로 낙엽 분류하기</td></tr>
<tr><td>여러 가지 색깔이 있는 색 보자기를 가지고 머리에 쓰고, 망토로 두르고 놀이하다가 마당에 떨어진 낙엽의 색깔과 비교하며 낙엽이 되어보는 신체표현 놀이를 함. 빨간색 단풍, 노란색 은행잎, 연두색 소나무잎, 갈색 낙엽 등과 색 보자기의 다섯 가지 색이 비슷하다며 그 낙엽과 잎들을 색 보자기에 일대일 대응으로 올려보며 즐거워함.</td></tr>
<tr><td></td></tr>
<tr><td rowspan="3">2</td><td>나만의 나뭇잎 만들기</td></tr>
<tr><td>마당에서 관찰하고 보았던 낙엽이 단서가 되어 실내에서 미술놀이로 나만의 낙엽을 디자인하고 만들어 봄. 여러 가지 잎의 잎맥, 구조를 관찰하면서 특징을 알아보고 나뭇잎의 잎맥을 그려보고 자신만의 잎맥도 만들어 봄.</td></tr>
<tr><td></td></tr>
</table>

(3) 월별로 유아 개인별 놀이 기록하기

월별로 유아 개인별 놀이를 기록하게 되면 한눈에 유아의 놀이 성향을 평가할 수 있다. 교사의 입장에서는 반의 모든 유아의 놀이를 볼 수 있으므로 전체적인 놀이평가를 통해 자기 반의 유아가 어떤 놀이가 부족하고, 더 많이 해야 하는지를 판단할 수 있다.

○○○○학년도 ○○○반 놀이관찰표

작성일 : 년 월 일( )

번호	이름	생년월일	전화 상담	놀이 1	놀이 2	놀이 3	놀이 4	자유놀이 관찰
1	김○○		부모의 요청, 놀이 갈등상황 중재하기	전화가게 놀이	미술 (그리기)	도미노 놀이	벽쌓기 놀이	** 같은 놀이를 한 유아들끼리 묶어서 작성 가능*
2	이○○			도미노	블록쌓기 놀이(고속도로 건설)	종이상자블록(인터체인지 건설)	책읽기	
3								
4								

(4) 동영상을 이용하여 유아 간 대화를 이용한 놀이 기록하기

유아놀이를 집단별로 기록할 때 유용한데, 유아들의 놀이 대화를 기록하고 이에 대한 교사의 대화도 기록하여 교사가 어떠한 놀이지원을 했는지를 기술할 수 있다. 교사는 한 반에서 여러 집단의 놀이를 관찰할 수 있고 유아와 유아, 유아와 교사 간의 대화, 이를 통한 교사의 놀이 분석 및 지원을 통해서 다음의 놀이 방향을 예상할 수 있으므로 용이하다. 이를 위해서는 놀이 동영상을 촬영하고 대화를 전사하여 기록해야 한다(박애경 · 서혜정, 2022). 유아 대화를 전사하기 위한 편리하고 빠른 전사용 스마트 앱을 이용할 수 있다. 이 또한 유아의 놀이 선호도를 평가할 수 있다.

유아의 놀이를 동영상으로 촬영하고 그 안의 대화를 전사하는 것은 놀이의 방향을 교사가 예측하게 하고, 놀이의 의미를 찾아 놀이지원 방법을 적용하는 것을 연습할 때 유용하다. 놀이 장면을 모두 기억하여 놀이 의미를 찾는 것은 어렵다. 또한 예비교사들이 항상 유아들의 놀이 현장에 실제로 접근하는 것은 어려울 수 있다. 이를 위한 놀이지원 연습의 대안으로 자신들이 유아가 되어서 놀이를 생성하는 것인데, 놀이의 수준은 유아 수준으로 할 수 있도록 교수자의 지도가 필요하다. 교수자가 자연스럽게 어떤 놀잇감을 가지고 놀이를 시작하자고 제안한다. 이때 놀잇감 선택은 비구조적인 것이 놀이 발생에 유용하다. 예비교사들은 그것에 반응하면서 놀이를 하게 되는데, 이를 관찰하고 있다가 놀이가 잘 일어나지 않으면 교수자는 놀이개입을 한다. 앞 장에서 배웠던 다양한 놀이개입의 방법을 적용하여 진행해 나간다. 이러한 방식으로 놀이 동영상을 촬영하면 약 긴 놀이의 경우 15분 정도, 짧은 놀이의 경우 2~3분이 될 수 있다. 예비교사들은 이 대화를 전사하고, 아래의 형식대로 놀이 시 일어난 상호작용의 의미 있는 부분을 찾아내고, 그에 맞는 놀이 의미와 연결한 후 놀이지원 유형을 적용하여 기술한다. 교수자는 이것들의 적절성 여부를 평가하여 반드시 피드백하여야 한다(박애경 · 서혜정, 2023).

놀이유아 이름		날짜	
놀이사진	상호작용(유아대화_전사)		놀이 의미 찾기
 1. 자연물 모으기	T : 친구들 다양한 모양과 색의 나뭇잎을 살펴볼까요? C2 : 우와 이 잎은 초록색이네. C1 : 저 잎을 봐봐. C3 : 나는 빨간색 모았어. T : 빨간색 단풍잎은 어떤 모양일까? C2 : 우와 불가사리 같아. C4 : 너 몇 개 모았어? 너 한 개밖에 못했네. 나 네 개나 모았어! T : 우리 바닥에 떨어져 있는 거 말고도 더 넓게 볼까?		1. 자연탐구-탐구과정 즐기기-주변 세계와 자연에 대해 지속적으로 호기심을 갖는다. 2. 의사소통-듣기와 말하기-자신의 경험, 느낌, 생각을 말한다.

		놀이지원 유형
	C4 : 어? 솔방울이다. 주워야지! C2 : 우와 이것도 초록색이네! 나 초록색 두 개나 있네! 우리 위에 있는 것도 같이 보러 갈래? 저거 정말 예쁘다. C4 : 나 갖고 싶어! C2 : 키가 작으니까 여기서 할게! T : 높은 곳에 있는 건 어떻게 구할 수 있을까? C3 : 내가 더 키가 크니까 내가 해줄게! T : 그늘에서 말고 햇빛 아래서도 봐봐. 나뭇잎이 다르게 보일 거야! C2 : 햇빛을 받으니까 너무 예쁘다!	1. 놀이공간 찾기 – 유아가 자연물을 찾으러 야외로 나간다. 2. 놀이자료 새롭게 보기– 햇빛 아래서 나뭇잎이 다르게 보이는 것을 확인한다. 3. 상호작용 유–유
 2. 물물교환	C3 : 너는 솔방울도 있네! C4 : 은행잎도 있어! C2 : 은행잎 어디서 찾았어? C4 : 바닥에서 주웠어! C2 : 나도 주울래! T : 친구들 이번에는 모은 잎들을 친구들과 자유롭게 바꿔도 좋아요! C : 네! C2 : 은행잎 못 찾겠는데 그냥 주면 안 돼? 나 갖고 싶어. 바꿀래? C4 : 그러면 나 단풍잎 줘. C2 : 바꾸자! C4 : 그래! C1 : 나랑 바꿀래? C3 : 그래! C1 : 이거 줘! C3 : 내가 더 크잖아! C1 : 근데 이게 더 귀여워! T : 친구들 싸우지 않아요! C3 : 알겠어, 그럼 그거 줘! C1 : 그래 고마워! C2 : 나랑 바꿀 사람! C3 : 나 그거 이걸로 바꿀래. C2 : 바꿔줄게. 기다려 봐. 하나만 뜯어서 주는 거 아니지? C3 : 이거! (하나만 뜯어서 줌) C2 : 아..그래..(똑같은 거 하나 줌)	1. 의사소통–듣기와 말하기–말이나 이야기를 관심 있게 듣는다. 2. 사회관계–더불어 생활하기–친구와의 갈등을 긍정적인 방법으로 해결한다. **놀이지원 유형** 1. 놀이공간 확장–학교 운동장–정자 공원 2. 놀이자료–자료활용 격려–여러 가지 나뭇잎들을 볼 수 있게 사진이나 영상을 제공해 준다(교사가 모은 것을 보여주고 가지고 있는 사진과 영상을 보여주면서 유아가 다른 나뭇잎에도 관심을 갖게 해준다). 3. 상호작용 유–유

	C4 : 두 개 같은 거잖아! (C1이 C2의 은행잎을 뺏어가려 함) C2 : 아니야 아니야! C3 : 너 왜 뺏어가! C1 : 나는 아무것도 안 바꿨는데... T : □□아 친구의 잎이 가지고 싶으면 물어보는 게 어떨까? C1 : 네... C3 : 너 이거 초록색 줄게! C1 : 고마워!	
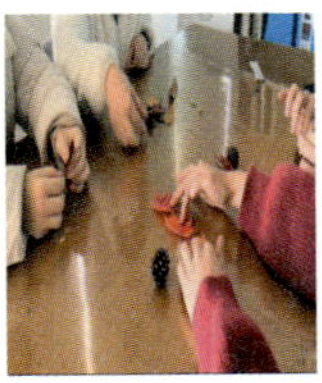 3. 물건가치 매기기	T : 친구들 우리 이번에는 교실에 들어가서 이야기해 볼까요? C : 네~~ C4 : □□아 네가 가지고 있는 거 예쁘다. 나랑 바꾸자. C3 : 나도 갖고 싶어 탐나. C1 : 안 돼, 이거 바꿀 거 없어. T : 그럼 자신이 가지고 있는 예쁜 것들을 다 □□에게 보여 줄까요? C : 여기요!! (다들 자신이 가지고 있는 예쁜 것들을 내민다) C : □□아 이거 어때??? C3 : 내 거가 젤 예뻐. 그래서 □□아 너 이쁜 거 나랑 바꾸자. C1 : 이거는 백만 원 정도 해야 할 거 같은데... T : 그럼 이거랑 바꿀 만한 거 뭐가 있을까요? C1 : 그러면 다 나한테 주는 건 어때요?? 친구들아 바꿔줄게. C : 싫어!! T : 그럼 다 같이 값어치 비슷한 거 한번 모아볼래요? (다들 이쁜 걸 모아서 가치를 매긴다) C4 : 이거는 천 원 정도 하는 거 어때? C2 : 그럼 나 이거 만 원 정도 할래! T : 좋아 그럼 이제 돈을 만들어 볼까요? C : 네!!	1. 자연탐구-자연과 더불어 살기-생명과 자연환경을 소중히 여긴다. 2. 의사소통-듣기와 말하기-자신의 경험, 느낌, 생각을 말한다. 놀이지원 유형 1. 놀이자료-놀이자료 새롭게 보기(나뭇잎에 가치를 매기며 물건을 새롭게 본다) 2. 상호작용 유-유
 4. 화폐만들기	T : 얘들아 돈이 이렇게 생겼어! 그럼 종이랑 펜을 줄테니까 만들고 싶은 돈을 만들어 봐요. C3 : 내가 오만 원짜리 만들게. C1 : 그럼 내가 천 원짜리 만들게. C2 : 나는 오천 원짜리 만들래. C3 : 그래 어? 근데 그럼 □□이꺼 백만 원짜리 못 만들잖아. C1 : 그럼 백만 원 하나 만들자 제일 큰 종이로. C4 : 내가 가위 가져왔어. (종이를 접고 가위로 오리면서 지폐를 만든다)	1. 자연탐구-생활 속에서 탐구하기-일상에서 모은 자료를 기준에 따라 분류한다. 2. 의사소통-듣기와 말하기-말이나 이야기를 관심 있게 듣는다.

		놀이지원 유형
	C3 : 근데 그거 숫자 말고 한글로 적으면 안 돼? C1 : 좋아. C4 : 넌 무슨 색으로 쓸 거야? C3 : 나는 파란색. C4 : 오백 원도 있어야 하지 않아? C2 : 맞아, 있어야 해. C4 : 그럼 내가 오백 원짜리 만들게. C1 : 저 하얀색(쓰레기)은 얼마야? C4 : 저게 값어치가 있을까? C1 : 그럼 마이너스 할래? C2 : 아니야 하나 사면 하나 더 주는 걸로 하자. C3 : 너 그게 뭔지 알아? C2 : 그게 뭔데? C3 : 원 플러스 원이라는 거야. C2 : 우와 너 똑똑하다.	1. 놀이공간 확장-야외-교실 2. 상호작용 유-교유-유 3. 놀이자료 새롭게 보기
 5. 시장놀이	T : 모두들 지폐 다 만들었나요? C : 네, 다 만들었어요! T : 그럼 이제 자신이 가지고 있는 물건을 스스로 가치를 만들어서 서로 알아가는 시간을 가지는 시장놀이를 해볼까요? C : 네 좋아요!! C1 : 우리 이제 시장을 열어보자. C2 : ○○아 솔방울 얼마야? C1 : 이거 만 원이야. C3 : □□아 이거 얼마야? C4 : 있는 거 다 줘. C2 : □□아 이거 줘. C4 : 있는 거 다 줘. C4 : 이거 가지고 갈래요. 얼마인가요? C3 : 오천 원. C4 : 여기. C3 : 고마워. C3 : 나 오천 원이 생겼어! 매직 살래! C1 : 매직 사, 여기. C3 : 좋아!! T : 친구들 오늘은 다양한 물건들을 가지고 시장놀이를 해봤는데 어땠어요? C : 재밌었어요. T : 그럼 다음에는 오늘 가져왔던 나뭇잎 말고 다른 자연물들도 가져와서 시장놀이 해봐요.	1. 의사소통-듣기와 말하기-상황에 적절한 단어를 사용하여 말한다. 2. 예술경험-창의적으로 표현하기-극놀이로 경험이나 이야기를 표현한다. 놀이지원 유형 1. 놀이자료 - 일상자료 활용 2. 상호작용 유-유유-환경

(5) 놀이의 5개 영역별 평가

개정 누리과정에서는 구성의 중점으로 유아의 전인적 발달과 행복을 추구하고 신체운동 · 건강, 의사소통, 사회관계, 예술경험, 자연탐구의 5개 영역을 중심으로 통합적인 놀이가 만들어지도록 하고 있다. 따라서 놀이를 관찰할 때 그 놀이에서 5개 영역의 발달이 통합적으로 일어났는지를 평가할 필요가 있다.

〈5개 영역별 평가〉

<table>
<tr><th colspan="2">놀이명 : 나만의 나뭇잎 사전 만들기</th><th>5개 영역</th></tr>
<tr><td rowspan="3">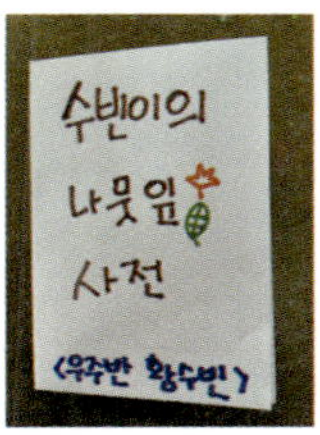

</td>
<td rowspan="3">C : 선생님! 여기 나뭇잎들의 모양이 다 달라요.
C: 나뭇잎들 색도 다 달라요!
C : 이 나뭇잎은 끝이 뾰족해요.
T : 우와, 정말 친구들이 말한 대로 나뭇잎들이 다르네요?
C : 그런데 우리가 본 나뭇잎들의 이름이 뭔지 궁금해요.
T : 그러면 이번 시간에는 주워 온 나뭇잎으로 나만의 나뭇잎 사전을 만들어 보면서 나뭇잎의 이름도 알아보고 친구의 나뭇잎과 비교하면서 뭐가 다른지 알아보는 거 어떤가요?
C : 좋아요!
C : 선생님! 사전 만들기를 하는데 자리가 너무 좁아서 불편해서 밑에 내려가서 하고 싶어요.
T : 그럼 자유롭게 자신의 사전을 만들 수 있도록 책상과 의자를 밀어두어 공간을 마련해 줄게요. 이곳에서 자유롭게 나만의 사전을 만들어 보아요~
C : 선생님 제 나뭇잎 사전을 저기 독서영역 책장 위에 올려놓고 싶어요!
T : 좋은 생각이다~ 독서영역 책장 위에 올려두면 다른 친구들도 더 다양한 나뭇잎을 알 수 있겠네!</td>
<td>〈자연탐구 영역〉
탐구과정 즐기기–주변 세계와 자연에 대해 지속적으로 호기심을 가진다.
생활 속에서 탐구하기–물체의 특성과 변화를 여러 가지 방법으로 탐색한다.
〈의사소통 영역〉
책과 이야기 즐기기–책에 관심을 가지고 상상하기를 즐긴다.</td></tr>
<tr><td>놀이지원하기</td></tr>
<tr><td>놀이자료–일상자료 활용. 다양한 굵기의 펜과 여러 가지 꾸미기 재료 제공.
놀이공간–놀이공간을 확장하여 자유로운 놀이공간 찾기.
놀이공간–유아에게 배치 주도권 주기</td></tr>
</table>

06 CHAPTER

놀이환경과 놀잇감

1. 실내놀이환경
2. 실외놀이환경
3. 놀잇감
4. 놀이와 안전

CHAPTER

06 놀이환경과 놀잇감

영유아를 위한 놀이환경을 어떻게 계획하고 조성하는가에 따라 놀이의 양상과 질은 달라지게 된다. 교사로서 자신의 교실을 구성함에 있어 이 장에서는 실내놀이환경, 실외놀이환경, 놀잇감으로 나누어서 알아보고자 한다.

1 실내놀이환경

유아에게 발달에 적합한 놀이환경의 제공은 놀이의 질, 양, 형태 및 놀이지속시간에 영향을 주어 전인적 발달을 일어나도록 돕는다(Dempsey & Frost, 1993). 유아교육기관의 물리적 환경은 실 · 내외놀이로 구분되는데, 실 · 내외놀이가 균형 있게 제공되어야 하며 안전하고 적합한 환경에서 다양한 유형의 놀이행동이 풍부하게 일어나도록 해야 한다(Susa & Benedict, 1994).

Frost는 놀이 시 흥미영역을 크게 네 가지로 구분하였는데, 첫째, 조용하고 건조한 곳, 둘째, 활동적이고 건조한 곳, 셋째, 조용하고 물이 있는 곳, 넷째, 활동적이고 물이 있는 곳으로 다음과 같다(지성애, 2000 재인용).

- 조용하고 건조한 곳 : 책보기, 듣기와 쓰기, 동화, 게임과 소집단 활동
- 활동적이고 건조한 곳 : 대근육활동, 쌓기놀이, 목공놀이, 역할놀이, 음률놀이
- 조용하고 물이 있는 곳 : 요리하기, 미술영역
- 활동적이고 물이 있는 곳 : 물놀이, 모래놀이, 과학실험

1) 영아를 위한 실내놀이환경

Mueller와 Lucas(1975)는 영아에게 또래와의 상호작용은 세 단계로 발달하는데 대상중심 단계(object-centered stage)-단순 상호작용 단계(simple interactive stage)-상보적 상호작용 단계(complementary interactive stage) 순서로 일어난다고 보았다. 영아의 관심이 인형 같은 대상물에서 시작하여 또래의 행동에 반응, 규제의 시도에서 복잡한 사회적 상호작용 순으로 발달하므로, 이러한 발달순서에 입각하여 환경을 구성하는 것이 중요하다(김난실, 2004). 또한 영아기는 Piaget의 인지발달단계 중 감각운동기에 해당하는 시기이므로, 감각기관인 눈, 코, 입 등을 통하여 사물과 환경을 탐색하며 이를 가능하게 하는 공간이 필요하고, 실제적 · 구체적 놀잇감을 제공하며, 조작할 수 있는 공간이 요구된다. 영아의 경우 수유, 급식, 이유, 기저귀갈기 및 낮잠자기 등의 기본생활이 이루어지고, 기어다니기, 걸음을 시작하는 시기이므로 보다 넉넉한 공간이 필요하다. 이를 위해 미국의 유아교육협회(NAEYC)는 1인당 1평(35평방피트)의 공간이 필요함을 제안하고 있다. 특히 보육실 바닥은 부드럽고 날카로운 모서리는 없게 하고 창문을 통해 밖을 볼 수 있게 하면 효과적이다. 또한 보육실 분위기도 가정과 같은 안락함을 주기 위해 커튼, 블라인드를 활용하기도 한다. 놀잇감 종류로는 탐색과 조작 놀잇감으로 한 조각 퍼즐, 나무 못 박기, 모양 끼우기, 물과 모래놀이대, 누르면 튀어나오는 놀잇감과 대 · 소근육 발달을 위한 놀잇감과 함께 여러 가지 크고 부드러운 블록, 낮은 미끄럼틀, 작은 적목, 다양한 공 등이 갖추어져야 한다. 또한 천장에는 모빌 등을 달아주어 누워있는 영아에게 시각적으로 탐색이 가능하게 한다. 특히 촉감을 자극하는 헝겊으로 만들어진 장난감, 인형 및 소리 나는 놀잇감과 그림책이 필요하다.

영아 놀이터

출처: EBS아기성장보고서DVD

2) 유아를 위한 실내놀이환경

교사는 실내놀이환경에서 유아의 놀이가 원활하게 일어나게 하기 위해 적극적으로 놀이환경을 계획하고 구성해야 한다. 환경 또는 공간은 제3의 교사라고 할 정도로 공간이 주는 의미는 매우 중요하다(Edwards et al., 1993). 또한 교사는 주제 또는 단원에 따라 환경을 재구성해 주는 노력이 필요하다. 이상에 기초하여 놀이환경을 흥미영역으로 구분하여 알아보고자 한다.

(1) 쌓기놀이 영역

한 유아가 자신의 키보다 높게 탑을 쌓고 있고, 다른 유아는 고속도로를 건설하고 있는 광경은 건축가, 엔지니어가 된 그들의 모습을 보는 듯하다. 커다란 세계로 들어가기 위해 준비하고 계획하는 위대한 영유아들의 모습은 마치 미래의 모습을 보고 있는 듯한 경험을 준다.

이 영역에는 여러 가지 종류의 블록이 제공되는데, 개별 또는 협동하여 블록을 쌓고, 부수고 하면서 공간구성력, 분류능력, 어휘발달 및 사회성 발달이 이루어진다. 또한 쌓기영역은 좋은 유아교육기관을 선별하는 기준에 들어갈 정도로 중요한 영역이다. 교육적 가치는 다음과 같다.

● **쌓기놀이는 인지발달을 촉진한다.**

블록은 유아의 생각대로 무엇이든지 될 수 있는 매우 융통성이 높은 비구조화된 놀잇감의 대표적인 예이다. 따라서 다양한 시도를 통해 여러 인지개념의 발달, 즉 블록을 쌓으면서 균형을 맞추기 위해 측정, 수개념, 공간관계, 연속과 길이개념 등을 학습한다.

● **쌓기놀이는 사회성과 언어발달을 촉진한다.**

처음에는 혼자서 블록을 쌓다가 보다 정교하게 발달하면서 다양한 협동과 연합이 일어난다. 서로의 생각을 공유하고, 규칙을 정하고, 나누어 사용하면서 사회적 기술을 학습하게 된다. 또한 성공과 실패의 시도를 통해 좌절과 자신감을 경험하면서 자신감을 갖게 되고, 이것은 유아로 하여금 긍정적 자아개념을 갖게 하고 정서정화의 효과를 갖게 한다. 이런 과정에서 여러 언어적 상호작용이 일어나 어휘 확대를 통해 언어발달을 이루게 된다.

● **쌓기놀이는 정서발달을 촉진한다.**

블록은 매우 비구조적이고 융통성이 높아서 유아의 생각을 구현하기 쉽다. 따라서 자신의 구성물에 대해 자신감, 성공감을 갖기 쉬워서 정서적으로 안정감, 만족감을 준다. 또한 다 쌓은 것을 한번에 무너뜨리면서 타인에게 피해를 주지 않으면서 쾌감을 느끼는 등 에너지를 발산하고 부정적 정서를 해소하는 효과를 준다.

● **쌓기놀이는 신체발달을 촉진한다.**

블록을 집어 들어서 쌓고, 나르고, 무너뜨리고 하며 어떤 형태의 물건, 건물을 만드는 과정에서 대 · 소근육 운동능력이 발달되고, 정확한 위치에 블록을 위치시킬 때 눈과 손의 협응능력과 신체조절능력이 향상된다. Cartwright(1988)는 또래와의 쌓기놀이는 유아에게 친사회적 행동을 실제로 해보는 기회를 주어 친사회적 지식을 습득하게 한다고 하였다. 또한 또래와의 협력적 상호작용 속에서 새로운 지식과 기술을 학습하며 또래와의 아이디어를 공유하고 토론하는 과정을 통해 자신의 생각을 재구성하며, 사회적 상호작용능력을 발달시켜 나가게 된다. 쌓기영역의 설치를 위해서는 3~5명이 들어가는 2평 정도의 공간이 필요하다. 빈번하게 쌓기놀이가 확장되어 많은 소품이 필요하므로 역할놀이와 근접하여 배치하면 효과적이다.

① 쌓기영역 놀잇감 종류

유니트 블록, 우레탄 블록, 종이벽돌블록, 레고블록, 와플블록 등과 각종 소품(교통기관과 표시)

② 교사 역할

- 블록을 조작하다 보면 소음이 심하므로 바닥에 카펫을 깔아준다. 이것은 영역을 구분하게 하여 효과적이다.
- 왕래가 많은 곳은 피하여 다른 방해를 최소화한다.
- 많은 조각을 포함하는 블록을 정리할 수 있도록 문이 없는 개방된 형태의 블록장과 그 블록장에 각 칸의 바닥면에는 명칭표를 부착하여 손쉽게 정리하게 돕는다.
- 쌓기영역은 블록을 쌓을 수 있는 공간이 충분해야 하므로 책상이나 다른 의자를 배치하지 않는다.

쌓기놀이 영역

③ 쌓기놀이의 발달단계

Johnson(1974)은 블록구성의 발달단계는 자연적으로 전이되고 각 단계는 인지적 수준을 표상한다고 보았으며, 다음과 같은 쌓기놀이의 발달단계를 제시하였다.

- 1단계(2세 이하) : 블록 자체에 흥미는 보이나 목적 없이 1개 또는 2개 정도의 블록으로 단순한 탐색활동을 한다. 실제적 구성능력은 보이지 않는다.
- 2단계(2~3세) : 실제적인 구성을 시작하는데 수평적 열이나 수직적 탑을 구성한다.
- 3단계(3세) : 구성의 특징은 '다리 만들기'처럼 2개의 블록을 간격을 두어 놓은 후 제3의 블록으로 연결을 한다.
- 4단계(2, 3, 4세) : 구성의 특징은 '울타리 만들기'이다. 4개의 블록으로 폐쇄공간을 만들어 내부공간과 외부공간을 만든다.
- 5단계(4세) : 폐쇄공간을 구성하면서 패턴, 구성물의 균형이 나타나지만 구성물의 이름을 명명하지 못한다.
- 6단계(4~6세) : 구성물에 이름을 붙이고 역할놀이를 하며, 구성물의 이름은 그 구성물의 기능과 직접 연결된다.
- 7단계(5세 이상) : 블록을 이용하여 실제를 표상하는 상징활동이 나타난다.

쌓기놀이를 확장시키는 상호작용(사례 1)

놀이상황 : 영유아들이 성에 친구들을 초대하기 위해 여러 가지 블록으로 성을 만들고 성 안과 밖을 구체적으로 꾸며나가는 과정이다(친구들이 모두 들어오는 크기로 성 만들기, 성 안에 빌딩 만들기, 손님들에게 대접할 케이크 만들기, 화단 만들기, 화장실 만들기, 자동차 만들기 등).

1. 쌓기놀이 확장 질문

인지발달	**측정/ 수**	• 빌딩이 계속 무너지는 상황에서 안 무너지고 균형 있게 쌓으려면 어떻게 해야 할까? • ~개 블록으로 빌딩 말고 또 무엇을 만들 수 있을까? • ○○이 키만큼 쌓으려면 종이블록(블록 이름 구체적으로 제시)을 몇 개 쌓아야 할까?
	공간관계	• 성 안/ 밖에는 또 다른 어떤 공간이 있을까? • 친구들이 모두 성 안에 들어가려면 얼마만큼 넓게 만들어야 할까?
	길이개념	• 단위블록 중 긴 블록과 같은 길이를 만들려면 이 짧은 블록이 몇 개가 필요할까? (길이 대조/ 블록 이름 구체적으로 제시) • 같은 길이의 블록만 사용하여 무엇을 만들 수 있을까? (유아가 같은 길이의 블록을 직접 나열하도록) • 친구들이 안 보이게 하려면 빌딩을 얼마나 높게 쌓아야 할까? • 여기서 가장 높은 곳(낮은 곳)은 어디니?
언어발달	**어휘 확대 (협동, 규칙 정하기, 공유, 비교급, 최상급 등의 어휘 사용) 말하기/ 듣기/ 읽기, 쓰기 기초**	• 이것들 중에서 가장 긴(짧은)/ 두꺼운(얇은)/ 큰(작은) 블록은 무엇일까? (최상급) • 가장 작은(짧은, 얇은 등) 블록부터 큰(긴, 두꺼운 등) 블록 순서대로 빌딩을 세워볼까? (최상급) • 성 안에 자기 자리를 정해서 이름표를 붙여보자. (읽고 쓰기) • 한 명씩 번갈아 가면서 성을 쌓아보자. (규칙) • 만든 것들 중에 가장 ~것은(크기, 넓이, 부피, 길이 등) 뭘까? (비교) • 성 이름을 정하면 친구들이 성을 찾기 쉽지 않을까? (스스로 창작할 수 있도록) (메모지 제공)(읽고 쓰기) • 우리 다 같이 성 안을 더 높이, 넓게, 길게/ 주방이나 방을 더 많이 만들어 볼까? (협동)
정서발달	긍정적 자아개념 자신감	• 우와~ ○○이가 아주 다양한 색의 블록을 사용해서 알록달록한 성을 만들었구나~ • ○○이가 만든 레고집에 말이 사는 곳을 넣어주어서 멋진 집이 완성됐네~ 선생님도 들어가 보고 싶은 걸? • ○○이가 성을 튼튼하게 만들어 줘서 친구들을 초대할 수 있겠다! • 선생님도 성에서 살고 싶다~ (유아가 자신감과 뿌듯함을 느낄 수 있도록) • 마치 왕자님과 공주님이 사는 멋진 성 같구나. • ○○이는 빌딩을 아주 높게 표현했구나! 너무 멋지다~

		(유아가 만들고 싶은 것을 블록으로 만들어 내며 스스로가 더 잘할 수 있겠다는 자신감이 생기도록 도와줌) • 우와 ○○이는 나무성을 안 쓰러지게 잘 쌓고 있네! 멋지다. 대단한 걸? • 선생님은 ○○이가 만든 것을 보고 싶어! (자신감) • ○○이가 만들어서 선생님이랑 친구들에게 보여줄래? (자신감)
	쾌감, 발산	(아이들이 다 놀고 정리하는 시간에) • 성에 괴물이 나타났다! 다 같이 하나 둘 셋 하면 성을 무너뜨려 볼까? (유아가 쌓은 블록을 해체하고 부수는 과정에서 쾌감을 느낄 수 있음) (선생님이 이야기를 더 풍부하게 제시)
신체 발달	**눈과 손의 협응 대 · 소근육 발달**	• 우리 성에 문을 두들겨 보자! (똑똑똑!) + 문을 열어주자! • 같은 모양의 블록을 모아볼까? • 소나무를 만들기 위해 블록을 가져와 보자. • 바퀴가 필요하네! 우리 한번 바퀴를 찾아볼까? • (가벽) 블록이 부족하니 가져와 보자. (필요한 블록을 발견하고 가지고 와서 쌓는 과정) • (변기 만들 때) 레고통에서 변기 모양 레고를 찾아 조립해 보자. • 우리 블록을 위로 쌓아볼까? (블록을 위로 쌓을 때 쓰러지지 않게 하기 위해 정교하게 쌓는 과정)

2. 구조를 확장시키는 질문하기

규모	• 성 안에 우리반 7명 모두가 들어가려면 얼마나 쌓아야 할까? • (유아가 만든 레고집) 소가 들어가려면 어떤 크기로 만들어야 할까? • 우리 성을 어느 정도 크기로 만들어 볼까? • 성 주변에 뭘 더 만들면 우리가 좀 더 재밌게 놀이할 수 있을까? (유아의 블록놀이 규모를 확대시키는 것)
정교함/ 복잡성	• 성 안에는 어떤 사람들이 살고 있을까? • 화단에 어떤 꽃을 심어볼까? • 친구들에게 어떤 음식을 대접할 수 있을까? • 빌딩을 몇 층으로 만드는 게 좋을까? • 빌딩에는 무엇이 있을까? 그것도 함께 만들어 볼까? • 가벽 사이사이 빈틈을 뭘로 더 채울 수 있을까? • 어떤 모양으로 차를 만들까? + 다양한 용도의 차를 만들자. (선생님이 자세히 아이들의 생각을 풍부하게 제시, 캠핑을 할 수 있는 캠핑카, 엄청 빠른 스포츠카, 많은 짐을 옮길 수 있는 트럭 등)

쌓기놀이를 확장시키는 상호작용(사례 2)

1. 쌓기놀이 확장 질문

인지발달	측정/ 수 공간관계 길이개념	• 나무 블록으로 범퍼카 놀이기구를 만들려면 기둥으로 몇 개가 필요할까? • 여기 빈 공간에는 어떻게 채우는 것이 좋을까? • 이것보다 더 큰 블록으로 터널을 늘려보자.
언어발달	어휘 확대(협동, 규칙 정하기, 공규, 비교급, 최상급 등의 어휘 사용) 말하기/ 듣기/ 쓰기, 읽기 기초	• 네가 만든 것 중 가장 긴 막대와 가장 짧은 막대는 무엇이니? • 어디서부터 출발하는 것이 좋을까? • 놀이공원에 갔을 때 다른 놀이기구가 있었니?
정서발달	긍정적 자아개념 자신감 쾌감, 발산	• 이 블록이 욕조인데 이것으로 롤러코스터 열차를 만들었구나. 정말 대단하다! • 이 블록들로 균형을 맞추기 어려웠을 텐데 균형을 잘 맞춰서 세웠네! 균형 감각이 정말 좋구나!
신체발달	눈과 손의 협응 대 · 소근육 발달	• 친구들과 함께 기차를 붙여서 떨어지지 않게 이어서 한 바퀴 돌아볼까?

2. 구조를 확장시키는 질문하기

규모	• ○○이가 탔던 범퍼카 기구도 만들어 보면 재미있겠다.
정교함/ 복잡성	• 일자 롤러코스터 길만 만든 유아에게 롤러코스터를 타본 경험을 이끌어 내어 경사가 있는 길을 만들도록 유도

쌓기놀이를 확장시키는 상호작용(사례 3)

1. 쌓기놀이 확장 질문

인지발달	측정/ 수 공간관계 길이개념	• 놀이터에 동그라미(모양)가 몇 개 있을까? • 미끄럼틀 옆에는 뭐가 있니? • 미끄럼틀에 사용된 블록이랑 시소에 사용된 블록 둘 중에 어떤 게 더 짧을까?
언어발달	어휘 확대 (협동, 규칙 정하기, 공유, 비교급, 최상급 등의 어휘 사용) 말하기/ 듣기/ 읽기, 쓰기 기초	• 유치원 내부(안)에는 뭐가 있는지 얘기해 볼까? • 유치원에서 가장 높은 곳은 어디니?
정서발달	긍정적 자아개념 자신감 쾌감, 발산	• 우와 우리 ○○가 창문을 잘 만들어 주었구나. • 예쁜 커튼도 달았네! • (정리할 때) 우리 다 같이 블록을 무너뜨려 보자.
신체발달	눈과 손의 협응 대 · 소근육 발달	• 구름다리 위에 사람이 놀고 있으면 좋을 것 같은데 ○○가 다리 위에 사람 모양 블록을 얹어볼 수 있을까?

2. 구조를 확장시키는 질문하기

규모	• 여기 유치원 이름이 뭐예요? 유치원 간판도 있으면 알아보기 좋을 것 같아요~ • 교실 안에 또 뭐가 있을까? 아이들이 놀 수 있게 교실 안쪽도 꾸며주자!
정교함/ 복잡성	• 유치원 문을 어떻게 열고 닫을 수 있을까? • 창문이 커서 햇빛이 너무 들어올 것 같은데 창문에 커튼을 어떻게 만들어 줄까?

(2) 역할놀이 영역

유아들은 소꿉놀이에서 엄마, 아빠 역할을 맡아서 놀이하는 것을 볼 수 있다. 아마 어린 시절 거울 앞에서 엄마의 화장품을 바르거나, 엄마, 아빠의 옷을 입고, 엄마의 높은 굽의 구두를 신고 또각또각 걸어 본 경험을 추억할 수 있다. 마치 어른이 되어 그 세계에 빠져서 즐거워했던 기억, 조금 어른들에게 혼도 났지만 비밀스러운 경험을 한 듯 마냥 행복한 시간을 영유아들에게도 선물해 보면 어떨까 한다.

이렇듯 유아는 자신의 경험, 본 바를 재현하기를 즐기는데, 이런 다양한 주제를 가지고 자유롭게 역할을 맡아서 이행하는 놀이를 역할놀이라 한다. 흔히 '소꿉놀이', '상징놀이', '가상놀이', '사회극놀이'로 불리는데, 영유아가 경험한 바를 주제로 시작하는 것이 좋으며, 역할에 관련된 다양한 정보를 제공하여 활발한 언어적 상호작용과 역할이행이 일어나게 돕는다.

역할놀이 영역

① 역할놀이 놀잇감 종류

• 부엌가구 : 여러 가지 주방용품, 그릇, 접시, 모형음식, 냉장고, 싱크대 등
  가구류 : 인형침대, 의자, 옷장, 소파(안락하고 편한), 인형의 집
  특히 영아용 소꿉놀이로서 헝겊으로 만들어진 주방용품은 위생적이고 안전하여 영아용 놀잇감으로 좋다.

• 여러 가지 직종의 유니폼과 어른용 옷 : 의사, 간호사, 우체부, 기사, 소방관, 운전기사 등의 유니폼
• 여러 소품들 : 가족인형, 신발, 모자, 가방류, 넥타이, 스카프, 장식용 액세서리, 화장품, 미용실 소품
• 여러 역할의 인형

헝겊가족인형

영아용 헝겊 소꿉놀이 용기

영아용 헝겊음식모형 1

영아용 헝겊음식모형 2

② 교사 역할

모든 놀이에서 교사의 역할은 중요하다. 그중에서도 다양한 이야기 나누기를 함으로써 영유아로 하여금 자신의 감정, 생각을 타인에게 전달하고, 또한 타인의 이야기를 듣고 입장을 이해하는 기회를 가짐으로써 역할이행을 활발하게 일어나게 할 수 있다. 이야기 나누기의 내용은 역할에 대한 언급, 주인공의 대사,

소품 및 환경에 대한 이야기를 나눔으로써 역할을 정확하고 풍부하게 이어 나가게 한다. 간혹 역할을 어떻게 이어 나갈지 몰라서 놀이가 중단되는 경우가 많다. 이럴 때 교사는 주의 깊은 관찰을 통해 적절한 시기에 알맞은 방법으로 개입하여 놀이가 단절되지 않고 풍부하게 상호작용이 일어나게 해야 한다.

역할놀이 영역에서의 교사의 적절한 상호작용은 다음과 같다.

- 상황에 맞는 적절한 이야기를 나누어 놀이가 지속되게 한다. 예를 들면, 대사를 말해주기, 적절하게 질문하기, 언급하기 등의 방법을 사용할 수 있다.
- 역할놀이 계획 시(놀잇감 선택, 환경설정, 소품) 유아를 참여시킨다. 소품과 환경을 설정할 때 가상전환을 할지, 실물을 할지에 대해 이야기를 나누고 참여하게 하여 진행하게 한다. 처음에는 저조한 참여를 보이나 반복해서 하다 보면 자발적으로 놀이를 계획 · 진행하게 된다.
- 교사는 계속해서 칭찬과 격려를 하여 열심히 노력하고 참여하는 것의 가치를 말해준다.
- 놀이진행을 지켜보며, 때로는 적극적으로 참여하여 놀이가 중단되지 않게 개입해야 한다.

역할놀이를 확장시키는 상호작용 1

〈피자가게놀이 1〉

<table>
<tr><td colspan="3">놀이 요약 : 웃음꽃피자가게놀이 – ○○이가 좋아하는 피자를 먹으러 웃음꽃피자가게에 들렀습니다. 피자를 주문하여 먹으며 ○○이 가족은 웃음꽃이 피었습니다.</td></tr>
<tr><td colspan="3">교사의 역할놀이 지도하기</td></tr>
<tr><td>지도 방법</td><td>세부내용</td><td>기술하기</td></tr>
<tr><td rowspan="3">함께 놀이 하기</td><td>정보 관련 질문하기</td><td>• ‘어떤 토핑이 들어가나요?’
• ‘저는 버섯이나 햄 토핑이 들어간 피자를 원해요.’
• ‘치즈 종류는 무엇인가요?’
• ‘저는 두꺼운 피자보다는 얇은 피자를 원해요.’
• ‘저는 핫소스를 좋아하는데, 소스는 어떤 걸 제공해 주시나요?’
• ‘저는 R사이즈와 L사이즈 중에 L사이즈로 주세요.’</td></tr>
<tr><td>교수 관련 질문하기</td><td>• ‘이 소스통 어떻게 열어서 소스를 뿌려 먹나요?’</td></tr>
<tr><td>유아의 행동, 질문에 반응하기</td><td>• ‘와~ 피자가 너무 맛있어요!’
• ‘저는 야채 많은 피자를 좋아하는데 너무 맛있게 잘 먹었어요.’
• ‘어우~ 감사합니다. 다음에 또 오세요.’</td></tr>
<tr><td rowspan="3">외적 중재</td><td>제안하기</td><td>• ‘피자를 포장하거나 배달해 보는 건 어떨까?’</td></tr>
<tr><td>행동의 분류</td><td>• ‘A유아는 피자 만들고, B유아는 계산해 주고, C유아는 배달하고, D유아는 피자를 주문해 먹는 손님을 맡았구나.’</td></tr>
<tr><td>방향 제시하기</td><td>• ‘우리 간단하게 또띠아 피자나 식빵 피자로 요리활동 해볼까?’
• ‘(요리 후) 다시 피자가게놀이로 돌아오는 거 어때?’</td></tr>
<tr><td>내적 중재</td><td>교사의 놀이 참여하기</td><td>(교사가 피자가게 사장 역할을 직접 맡아 들어간다.)
• ‘어서오세요~ 웃음꽃피자입니다.“
• ‘어떤 걸 주문하시겠어요?’</td></tr>
<tr><td>비고</td><td colspan="2"></td></tr>
</table>

외적 중재 : 좀 더 도전적, 의미 있는 놀이활동 유도 목적으로 제시, 암시하기
내적 중재 : 교사가 놀이활동에 참여하여 역할 담당, 놀이에 참여하면서 교사는 지도하고자 하는 놀이 행동과 기술의 시범을 보임

역할놀이를 확장시키는 상호작용 2

〈피자가게놀이 2〉

교사의 개입유형	기술하기
소극적으로 관찰하기	• 교사는 아이들을 관찰한다. (A유아는 주문을 받고 있다. _ 몰입하여 역할을 수행하고 있다. B유아는 어슬렁거리고 있다. _ 몰입하지 않는 행동 또는 쳐다보기만 하는 모습을 보인다.)
상상놀이를 통한 환경 재구성하기	• '피자가게 간판을 달아볼까?' • '배달용 피자 상자를 만들어 볼까?' • '배달용 피자 상자가 여기 있네! 여기다 피자를 담아 배달해 보자.' • '피자 그림을 벽에 붙여볼까?'
다른 유아 개입시키기	(놀이가 잘 이루어지지 않아, 아래와 같은 역할을 맡은 다른 유아를 개입시킨다.) • 포장 주문하러 온 유아 '저 여기 포장하러 왔는데, 주문 어디서 해요?' • 전화로 주문하신 손님의 전화를 받은 유아 '(따르릉따르릉) 네 웃음꽃피자입니다.' • 배달 주문하신 손님이 가게에 배달 현황을 물어보는 상황 '저 배달시켰는데, 기사님 언제 오시나요?' • 배달 기사님이 유아에게 질문 '배달 요청 왔는데, 이 피자 가져가면 될까요?'
유아가 시작한 행동, 표현을 상상놀이 형태로 전환하기	(유아가 클레이점토를 원형으로 만들고 있다.) • '우리 피자가게 상상놀이를 해볼까?'
소품을 사용하도록 격려하기	• '메뉴판 여기 있습니다. 찬찬히 보시고 말씀해 주세요.' • '핫소스 추가는 300원입니다. 드릴까요?' '네! 동전도 될까요?' '네 동전으로 주셔도 되어요.' • '영수증 필요하세요?' '영수증 괜찮아요.' • '저 쿠폰 가져왔어요. 도장 찍어주세요.' • '저 여기에 주차했는데 주차권 있나요?' (직접 만들었던 소품 활용 : 간판, 메뉴판, 쿠폰, 주차권, 영수증, 카드, 지폐, 동전 등)

역할놀이를 확장시키는 상호작용 3

<table>
<tr><th colspan="3">교사의 개입유형</th><th>기술하기</th></tr>
<tr><td colspan="3">소극적으로 관찰하기</td><td>유아들이 과일주스를 고를 때나 계산을 할 때 매끄럽게 진행되는지 지켜본다.
(유아들이 거스름돈 계산을 잘 하는지 관찰한다.
유아들 간 상호작용이 잘 일어나는지 관찰한다.)</td></tr>
<tr><td colspan="3">상상놀이를 통한
환경 재구성하기</td><td>과일주스가게에 여행객들이 찾아왔는데 자리가 없다는 가정을 한 후 과일주스가게를 넓혀보도록 유도한다.
(공간 재구성하기)</td></tr>
<tr><td colspan="3">다른 유아 개입시키기</td><td>직접 골라 만든 주스 외에 친구에게 선물할 과일주스 재료를 골라서 과일주스를 서로서로 선물해 보도록 유도한다.
• (다른 유아를 데리고 오며) 오늘 OO이가 생일이네?! OO이를 위한 주스를 만들어줄까?</td></tr>
<tr><td colspan="3">유아가 시작한 행동, 표현을
상상놀이 형태로 전환하기</td><td>유아 : 우와! 나 딸기 정말 좋아하는데!!
교사 : 그럼 딸기주스가게놀이를 해볼까?</td></tr>
<tr><td colspan="3">소품을 사용하도록
격려하기</td><td>유아 : 어? 저 현금이 없어요.
교사 : 우리 친구들 딸기주스에 지불할 신용카드가 필요할 것 같은데 만들어 볼까요?
유아 : 할인은 없나요?
교사 : 할인 쿠폰을 만들어 보는 건 어떨까?
유아 : 저 음료를 들 손이 부족해요!!
교사 : 많은 주스를 담을 수 있는 장바구니를 만들어 보는 건 어때?</td></tr>
<tr><td rowspan="4">상상놀이
유지와
확장시키기</td><td rowspan="3">함께 놀이하기</td><td>정보 관련
질문하기</td><td>• 이 수박은 원산지가 어디인가요? 국내산인가요?
• 요즘 제철 과일은 뭔가요?
• 이 포도는 어떤 포도인가요? 일반 포도인가요? 거봉인가요?
• 이 파인애플은 유기농인가요? 무농약인가요?</td></tr>
<tr><td>교수 관련
질문하기</td><td>• 과일 건더기는 어떻게 먹으면 되나요?
• 과일은 어떻게 갈아야 하나요?
• 믹서기는 어떻게 사용하나요?
• 칼질은 어떻게 하나요?</td></tr>
<tr><td>유아의
행동과
질문에
반응하기</td><td>유아 : 당도는 괜찮나요?
교사 : 적당히 달아서 정말 맛있어요!
유아 : 주스 포장도 되나요?
교사 : 당연하죠! 주스 캐리어에 담아드릴게요!</td></tr>
<tr><td colspan="2">제안하기</td><td>• 여기에 과일과 채소 종류가 무척 많구나! 맛있는 과일 채소 주스를 만들어 보는 게 어때?</td></tr>
</table>

방향 제시하기	• 우리 과일주스가게니까 샌드위치도 같이 팔아보는 건 어떨까? • 우리 과일주스 사서 소풍을 떠나볼까?
행동의 분류	• (유아가 거스름돈 계산을 어려워함) • 교사 : 500원을 거슬러 줘야 하는데 네 손에 얼마가 있니? 어떤 걸 내야 할까?
교사의 놀이참여	• (놀이 속 손님이 되어서) : 안녕하세요! 여기 제일 잘 나가는 과일 주스로 한 잔 주세요! • (놀이 속 사장님이 되어서) : 요즘은 딸기가 제철인데 신선한 딸기가 들어간 주스는 어떠세요? • (놀이 속 사장님이 되어서) : 주스는 4000원인데 5000원을 주셨네요? 1000원 거슬러 드릴게요!

(3) 목공놀이 영역

마당 한켠에서 유아들이 땀을 흘리며 헌 나무 책상에 못을 박고, 두드리고, 톱으로 자르고, 사포질하는 모습은 우리의 상황에서는 상상하기 어렵다. 그러나 교사로서 너무나 몰입해서 마치 목수가 된 듯 열중하는 유아들을 상상하는 것만으로도 즐거운 일이다. 이런 즐거움이 상상이 아니라 실제에서 일어나도록 해야겠다.

유아들은 무언가 만들고 해체하고 조립하기를 즐긴다. 그 재료가 나무인 목공놀이는 유아에게 교육적이고 흥미로운 놀이이므로 활발하게 제공되어야 한다. 유아들은 나무를 만지고 다듬고 두드리고 망치질하면서 큰 성취감과 자유로움을 느낀다. 나무를 다루고 냄새 맡고 질감을 느끼면서 인지발달, 신체발달, 사회성 및 정서발달을 도모할 수 있다. 특히 공격적인 유아 또는 반대로 내성적인 유아에게 매우 교육적인 치료의 기회도 부여한다. 안전에 주의하여 제공된다면 대단히 인기 있는 영역이 될 것이다. 이런 장점에도 불구하고 현장에서 교사들이 기피하는 활동으로 여겨지는 이유는 준비의 어려움과 목공도구 다루는 것에 익숙하지 않아서이다.

목공놀이를 지도하는 유의점은 교사는 항상 목공도구의 정확한 사용법을 알려주고 시범을 보인 다음 사용하게 하며, 그 영역에는 항상 슈퍼바이저(교사, 보조자)가 상시 있어야 한다. 실시해 본 결과 생각했던 것 이상으로 신중하고 사려 깊게 목공도구를 사용하는 것을 볼 수 있었다.

목공놀이의 교육적 가치는 다음과 같다.

● **목공놀이는 인지발달을 촉진한다.**

나무를 여러 조각으로 자르고, 이들을 다시 결합하고 하면서 인과관계, 전체와 부분과의 관계에 대한 이해를 연습하게 된다. 또한 다양한 물체에서 나는 소리의 비교, 물리적 특성 등을 구별하는 기회를 갖는다. 놀이 도중 발생하는 다양한 문제를 해결하고, 창의적으로 해결방법을 의논하기도 한다.

● **목공놀이는 사회 · 정서발달을 촉진한다.**

목공도구를 나누어 쓰기, 순서를 기다리기, 질서 지키기 등의 행동을 통해 사회적 기술을 연습하게 된다. 과다행동아 또는 공격적 유아에게 목공놀이 경험을 통해 자신의 에너지를 해소하고 투사하게 하여 정서적 안정감을 갖게 한다. 또한 힘들게 작업을 한 후 느끼는 자기 충만감은 긍정적 자아개념을 갖게 한다.

● **목공놀이는 신체발달을 촉진한다.**

활발하고 적극적으로 목공도구를 사용하면서 에너지를 발산하고 대 · 소근육의 조절과 손과 눈의 협응을 연습하게 하여 신체발달을 고무한다.

① 목공영역 놀잇감 종류

- 목공작업대 : 상품화된 작업대가 있으나 고가이므로 대부분은 폐책상(나무로 된)을 활용할 수 있다. 높이는 약 55~60cm이면 적당하다. 오히려 처음에 시작할 때는 작업대보다는 폐책상을 사용하는 것이 유아의 부담을 덜 수 있다. 책상에 못을 박아도 되고 톱질할 때도 편할 수 있다.

• 목공도구

– 망치 : 망치의 머리가 넓은 것으로 유아가 손으로 잡기 편한 규격으로 준비한다.

– 톱 : 초기단계에는 실톱이나 손으로 잡기 편한 규격의 톱으로 길이는 40~50cm로 준비한다.

– 사포 : 모래종이의 결에 따라 다양한 종류가 있다. 2~3종류로 준비한다.

– 못, 나사 : 다양한 규격의 못과 나사를 준비하는데 못의 머리가 넓적한 것이 못박기에 편하다. 또한 나사는 자체에 홈이 파져 있으므로 박기가 수월하다.

– 제도용품 : 자, 접자, 연필

– 나무 : 다양한 규격의 나무를 제공한다. 특히 재질이 부드러운 소나무, 백송, 포플라, 참피가 적절하다. 합판, 베니어판 등도 유아들이 다루기에 편리하다.

• 목공보조자료 : 접착제, 스티로폴, 작업장갑, 작업복, 철사 등

• 보관상자 및 창고 : 목공도구는 부식이 쉽고 날카롭기 때문에 안전한 상자나 장소에 보관되어야 한다.

② 교사 역할

• 목공도구의 정확한 사용법을 지도하여 안전사고에 유의한다. 어린 유아라 할지라도 자세하고 세심한 안내로 지도한다면 안전하게 활동을 진행할 수 있다.

• 목공영역에는 항상 교사의 감독이 요구된다. 교사가 할 수 없을 땐, 자원봉사자, 실습학생들을 활용하여 늘 지켜보아야 한다.

• 목공도구를 사용할 때 서두르지 말고 심리적으로 안정감을 갖게 하며 진행한다.

• 영역 참여인원을 적정하게 유지하여 혼잡함을 피한다.

• 사고가 발생했을 시 안전하게 응급처치를 하고 병원의 도움을 청한다.

목공놀이 작업대

(4) 물 · 모래놀이 영역

> 한낮의 햇빛 아래에서 물과 모래놀이에 집중하는 유아들은 모래를 파내어 수돗물을 끌어다 웅덩이를 만들기도 하고, 물을 받아놓은 욕조 주변에 모여 인형옷을 빨기도 하며, 다양한 크기의 용기에 붓고 따르고 하면서 다양한 시도를 하는 모습을 볼 수 있다.

물, 모래는 자연물로서 촉감과 느낌이 뛰어나다. 그리고 일상생활 어디서나 볼 수 있으며 특별한 놀잇감이나 방법이 필요하지 않아서 더욱 편안하게 놀이할 수 있다. 물, 모래를 탐색하면서 다음과 같은 교육적 효과를 들 수 있다.

● **물 · 모래놀이는 인지발달을 촉진한다.**

물, 모래를 다양한 부피와 크기의 용기에 붓고 따르면서 측정, 보존개념을 획득하고, 다양한 탐색과 시도를 통한 동화와 조절로서 여러 인지개념을 학습해 나간다.

● **물 · 모래놀이는 정서발달을 촉진한다.**

물, 모래를 쏟고 두드리고 만지면서 정서적 안정감을 느끼고, 그 안정감은 치료적 효과를 수반한다. 또한 물, 모래는 유아의 생각대로 무엇이라도 될 수 있고 만들 수 있어서 유아로 하여금 정신적 융통성을 준다.

- **물 · 모래는 사회성 발달을 촉진한다.**

물 · 모래영역에서는 다양한 역할놀이가 일어나는데, 이를 통해 자신의 느낌과 생각을 표현하고 또래들과 협동하면서 보다 높은 사회성을 키워나간다.

- **물, 모래는 언어발달을 촉진한다.**

또래와 의사소통을 통한 역할놀이로 많은 대화를 하게 되고, 그와 관련된 어휘가 확장되어 언어발달을 이루어간다.

- **물, 모래는 신체발달을 촉진한다.**

물, 모래를 만지면서 충분하게 대 · 소근육을 움직이게 되고, 손과 눈의 협응이 활발하게 고무된다.

물 · 모래놀이 작업대는 실내외 모두 설치가 가능하다. 겨울에는 실내에 설치 가능하다. 물이나 모래를 담고 나르고 혼합하고 하면서 부피, 양 등의 보존개념을 실험하고 탐구한다. 왕래가 적은 장소가 좋고 청소하기 편리한 바닥재를 깔아준다.

실내모래놀이상자 1

실내모래놀이상자 2

① 물 · 모래놀이 영역 놀잇감 종류

물(모래)놀이 작업대, 다양한 규격의 주방용품 및 용기, 깔때기, 호스, 저울, 다양한 굵기의 체, 플라스틱 스포이드, 다양한 모양과 크기의 그릇, 스펀지와 솔, 숟가락, 삽, 다양한 사물(물에 뜨는 것과 가라앉는 것)

② 교사 역할

- 물, 모래를 이용하여 보존개념 실험을 놀이로 진행한다. 이때 다음 페이지에 나오는 〈물놀이를 확장시키는 상호작용〉을 참조하여 상호작용한다.
- 스포이드(플라스틱), (다양한 크기와 넓이의) 재활용품, 깔때기 등을 준비하여 물놀이에 넣어준다.
- 모형을 찍을 수 있는 여러 가지 용기를 가지고 (뭉쳐지는, 왁스가 들어간) 매직모래 또는 젖은 모래를 이용하여 형태를 만들고 나뭇가지, 꽃잎, 낙엽 및 풀 등을 이용하여 꾸며본다.
- 소꿉놀이와 인접시키면 활동이 더욱 풍부해진다.
- 미끄럼틀, 큰 나무 아래에 설치하면 지나친 햇빛으로부터 보호할 수 있다.
- 계절별로 다양한 놀잇감을 첨가해 준다.
- 물 · 모래 작업대는 유아용 욕조나 플라스틱 통으로 대체하여 사용할 수 있고 깊이가 30cm 이내가 좋다.
- 모래는 1년에 한 번은 보충, 교체해 주어야 위생적이다. 특히 모래의 경우 놀이가 끝난 후에는 동물의 배설물로부터 안전하게 하기 위해 덮개를 사용하여 덮어준다.
- 모래놀이터 가까운 곳에 수도시설이 있다면 물을 끌어다가 호수, 만, 섬 등을 만들어 자연스럽게 지리학적인 개념을 학습할 수 있다.
- 모래놀이 시 자율적 규칙을 정하여 모래로 인한 위험한 일들을 방지한다.

실외모래놀이영역 1

실외모래놀이영역 2

실외모래놀이영역 3

실외모래놀이영역 4

모래놀이 1

모래놀이 2

모래놀이 3

물놀이를 확장시키는 상호작용

〈보존개념 놀이하기〉

	항 목	지 침	언어적 상호작용
1-1. 보존개념 (연속적인 양)	1단계 2개의 똑같은 크기의 투명한 컵에 똑같은 양 채우기	2개의 컵에 똑같은 양의 물을 넣기 전에 말한다.	• 첫 번째 컵 속의 물과 두 번째 컵 속의 물이 같으니? 많으니? 또 어느 컵의 물이 많으니? • (만약 어느 한쪽이 많다고 하면) 그러면 우리 물을 똑같이 만들어 보자. • 선생님이 첫 번째 컵의 물을 조금 두 번째 컵에 붓는다. • 상호작용 • 교사 : (2개의 컵에 똑같은 양의 물을 넣기 전에 말한다)

	2단계 2개의 양이 다르게 물 채우기	한쪽에 물을 더 많이 붓는다.	• 선생님이 무엇을 하는지 잘 보아라. • 두 번째 컵 속에 물을 더 붓는다. • 자 이제 첫 번째 컵 속의 물과 두 번째 컵 속의 물이 같으니? 다르니? • 왜 그렇게 생각하니? (왜 이 컵 속의 물이 많다고 생각하니?)
	3단계 컵과 넓고 납작한 그릇	컵 속의 물을 납작한 그릇에 부으며 말한다.	• 선생님이 무엇을 하는지 잘 보아라. • 이제 이 컵과 그릇 속에 물이 같으니? 다르니? 어느 것이 더 많니? • 왜 그렇게 생각하니?
	4단계 1개의 컵과 작은 5개 컵	오른쪽 컵의 물을 작은 5개 컵 속에 옮겨 부으며 말한다.	• 선생님이 무엇을 하는지 잘 보아라. • 자 첫 번째 컵 속의 물과 두 번째 작은 컵들 속의 물이 같으니? 다르니? 어느 쪽이 더 많니? • 왜 그렇게 생각하니?
1–2. 보존 개념 (비연속적인 양)	2개의 똑같은 크기의 컵	2개의 컵에 같은 양의 물을 넣으며 말한다.	• 2개의 컵 속의 물이 같으니? 다르니? • (만일 한쪽이 많다고 하면) 그러면 두 컵의 물을 같게 만들어 보자. • 첫 번째 컵 속의 물을 조금 두 번째 컵 속에 넣어보자.
	(밑면적이 다른) 컵 대 길고 좁은 컵	오른쪽 컵 속의 물을 길고 좁은 컵에 옮겨 부으며 말한다.	• 두 번재 컵 속에 있는 물을 좁고 긴 컵으로 옮겨 붓는다. • 첫 번째 컵 속의 물과 두 번째 컵 속의 물이 같으니? 다르니? 아니면 어느 컵 속의 물이 많니? • 왜 그렇게 생각하니?
	컵 대 5개의 작은 컵	오른쪽 컵 속에 있는 물을 작은 5개의 컵에 부어 배열 후 말한다.	• 큰 컵의 물과 작은 5개 컵의 물이 같니? 다르니? • 어느 쪽이 더 많니? • 왜 그렇게 생각하니?
2. 측정하기	계량컵, 큰 컵을 준비	계량컵으로 큰 컵에 옮겨 담기	• 계량컵으로 몇 개면 이 병이 가득 찰까? • 이 병의 물은 계량컵으로 몇 개 정도 될까?
3. 수압실험	3개의 구멍을 뚫어본다(상/ 중/ 하)	구멍을 손으로 막고 예상하게 한 다음 손을 놓아본다.	• 어느 병의 구멍이 가장 물이 멀리 나갈지 말해보자. • 구멍이 몇 개인 병의 물이 가장 멀리 나갈지 말해보자.

4. 뜨는 것과 가라앉는 것	여러 가지 사물을 준비	물에 띄우기 전에 예상해 보게 한 다음 띄워 본다.	• 물에 뜨는 것과 가라앉는 것을 분류하여 놓아보자.
5. 컵(병) 크기대로 놓아보기	4개의 밑면적과 길이가 다른 병을 놓는다.	예상하게 한 다음 실험한다.	• 컵(병) 크기대로 왼쪽에서 오른쪽으로 놓아보자. • 물이 가장 많이 들어가는 것부터 놓아보자.

(5) 미술놀이 영역

유아들이 풀물감을 손에 묻혀 서로의 얼굴에 색을 칠하는 모습, 영아가 동그란 원으로 된 전지에 가운데가 뚫린 곳에 앉아서 붓을 쥐고 색을 칠하는 모습, 햇살이 조용히 쪼이는 창가에서 햇살을 받으며 심각하게 이젤에 그림을 그리는 모습, 점토를 마음껏 두드리고 모양을 만들어 내는 모습들은 우리가 이상적으로 생각하는 영유아들의 창의적 표현의 세계이다. 이를 가능하게 하는 머릿속의 생각을 창의적으로 표현하는 영역이 바로 이 영역이다.

다양한 재료(점토, 물감, 창작재료)를 이용하여 창의적인 사고를 표현하기 위한 공간으로 활용되어야 한다. 여러 자료를 붙이고 오리며 구성하면서 자신의 생각과 느낌을 표현하고, 자유로운 탐색과 실험을 통하여 발견의 기회를 주어야 한다.

미술놀이 영역의 교육적 가치는 다음과 같다.

● **미술놀이는 다양한 인지발달을 촉진한다.**

여러 가지 미술재료를 탐색하며 그것의 특성과 관련 개념을 알게 되고 구별한다. 또한 창의적 표현에서 오는 문제상황을 해결함으로써 자신감과 창의성을 기를 수 있다.

● **미술놀이는 정서발달을 촉진한다.**

색, 형태, 특징 탐색을 통한 감각적인 즐거움과 자신의 느낌을 형식에 구애 없이 자유롭게 표현함으로써 정서정화의 효과를 갖는다.

● **미술놀이는 사회성 발달을 촉진한다.**

재료를 친구들과 나누어 사용하며 자신의 욕구를 조절하고 친사회적 행동을 연습할 수 있다. 또한 자유로운 표현을 통해 성취감을 느끼고 긍정적 자아개념을 갖는다.

● **미술놀이는 신체발달을 촉진한다.**

가위로 자르기, 색칠하기, 붙이기, 맞추기 등을 통해 손과 눈의 협응 등의 소근육 발달을 도모할 수 있다.

① 미술영역 놀잇감 종류

- 각종 종이류(색종이, 색도화지, 셀로판지, 신문지, 포장지 등)
- 채색도구(크레파스, 템파라파우더, 색연필, 사인펜, 연필, 유성매직, 네임펜 등)
- 물감그림을 하는 이젤, 붓, 물감
- 문방용품(가위, 풀, 스카치테이프, 펀치)
- 각종 점토류(밀가루점토, 지점토, 찰흙)
- 각종 폐품류(빨대, 휴지말이속, 작은 플라스틱병과 상자, 잡지, 천조각, 실과 바늘, 털실, 단추, 동물의 뼈)
- 환경구성 후 남는 색상지 등 자투리 재료
- 작품 진열대

재활용 폐품정리함 1

재활용 폐품정리함 2

재활용품 전시 사진

② 교사 역할

- 생활폐품을 모아두는 보관장을 설치하여 유아들로 하여금 가져오게 하여 폐품들을 활용하여 작업하게 한다. 매우 창의적인 표현들이 나올 수 있다. 정리장은 투명하게 하면 밖에서도 구별이 가능하여 유아들이 찾아 쓰기 편리하다.
- 물감 등의 사용으로 바닥, 벽 등의 청소를 위하여 비닐을 깔아준다.
- 수돗가 가까이에 배치하면 용이하다. 만약 그렇게 하지 못한다면 양동이에 물을 담아 놓으면 유아들이 사용하기 편리하다.
- 여러 자료와 재료들이 있으므로 정리정돈은 필수적이며, 유아들이 스스로 할 수 있게 구조화시켜 준다.
- 날씨가 좋은 계절에는 실외에서도 미술활동을 계획해 본다.
- 모든 유아들의 작품을 전시하며 공간이 부족하다면 나누어서 하더라도 골

고루 기회를 갖게 한다. 입체작업물은 당일에 보낼 수 있고, 평면작업물의 경우 개인 파일을 만들어 시기별로 보관하여 학기가 끝날 때 총평과 함께 집에 보내준다. 교사는 개인 파일을 참고하여 유아의 발달 정도를 확인하여 지도에 활용한다.

- 수시로 미술자료를 보충하여 첨가해 준다.

미술작업대

명화감상영역

핑거페인팅

미술놀이를 확장시키는 상호작용

놀이상황 : 유아가 자신의 작품에 대해 이야기를 시작할 때	
사용한 소재에 대한 언급	• 이 점토는 어떻게 만들었니? – 물이랑 밀가루를 섞어서 뭉쳤어요! • 밀가루 말고 또 뭉쳐지는 가루가 있을까? – 튀김가루로 해봐요! / 미숫가루도 돼요? / 모래도 될 거 같아요. • 그럼 우리 다음 시간에는 어떤 가루들이 뭉쳐지는지 한번 알아볼까? • 색소에 보라색은 없었는데 이 색은 어떻게 만들었니? – 빨간 색소랑 파란 색소를 섞었어요! • 또 다른 방법으로 보라색을 입힐 수 있을까? – 사인펜으로 색을 입혀요! • 맞아! 그런 방법도 있겠다!
작품의 주제에 대한 언급	• 우와! 여긴 바닷속인가 보다! 다양한 물고기 친구들이 많네~ 지금 물고기 친구들은 무엇을 하고 있니? – 모두 춤을 추고 있어요! / 거북이 아저씨의 생일 잔치예요! • 그렇구나~ ㅇㅇ이는 거북이를 본 적이 있니? – 지난주에 아쿠아리움에 가서 봤어요! • 우와! 아쿠아리움에 갔었구나! 또 어떤 물고기 친구들을 보았니? – 가오리도 보고 상어도 봤어요!

구성 자체에 대한 언급 (구성 : 여러 부분, 요소/ 색채, 형태 비치)	• 이 물고기는 색이 정말 화려하다! 무슨 물고기니? – 흰동가리예요! • 흰동가리는 어떤 특징을 가지고 있을까? – 흰색과 주황색의 얼룩 무늬가 있어요! • 이 물고기는 비늘이 있네? 이 비늘은 어떻게 표현했니? – 이쑤시개로 그려서 표현했어요! • 이쑤시개로 표현했구나~ 또 어떤 방법으로 표현할 수 있을까? – 포크로 찍어서 표현해요! / 반짝이풀로 그려요! • 어? 이 상어에는 이빨이 없네? 어떻게 표현해 주면 좋을까? – 색종이를 잘라서 붙여요 / 이쑤시개를 잘라서 붙여요!
감정에 대해 유도하기	• 저기 상어가 나타났다! 물고기 친구들은 무슨 표정을 지을까? – 무서운 표정을 지을 거 같아요! / (표정을 흉내 내며) 우악! 상어다! / 고래는 상어보다 커서 상어를 안 무서워할 거 같아요! • 바다에 쓰레기를 던질 때, 물고기들은 무슨 기분이 들까? – 슬퍼할 것 같아요! / 아파할 것 같아요! • 그럼 바다 친구들이 행복하게 살게 해주려면 어떻게 해야 할까? – 쓰레기를 버리지 않아요! / 분리수거를 잘해요! / 물을 아껴 써요!
기타	– 반죽이 너무 질퍽질퍽해요! • 반죽이 질퍽질퍽하구나. 그럼 어떻게 해야 반죽이 잘 뭉쳐질까? – 밀가루를 더 넣어봐요! • 좋아~ 밀가루를 더 넣어보자. • 바닷속에서는 물고기 말고 또 무엇을 볼 수 있을까? – 해초도 볼 수 있어요! / 바위 같은 것들도 많아요! • 그럼 우리 그것도 한번 만들어 볼까? • 바다 주변에는 또 무엇을 볼 수 있을까? 교실에 있는 것으로 표현해 볼까? • 거북이는 어떻게 헤엄치니? / 문어는 어떻게 헤엄칠까? 몸으로 한번 표현해 볼까? • 바다 주변에서는 무슨 소리를 들을 수 있을까?

(6) 조작놀이 영역

영아가 조그만 엄지와 검지손가락으로 바닥에 떨어진 실조각을 줍는 것을 보고 놀란 적이 있다. 미세하게 손가락을 이용하여 눈과 손의 협응을 시도하는 모습이다.

감각운동기에 속하는 영유아는 주로 환경 내의 사물을 탐색하며 세상을 이해해 나간다. 영유아는 오감각을 통해 사물의 특성을 지각하는데, 입으로 빨기, 손으로 만지기, 코로 냄새 맡기, 귀로 듣기, 눈으로 보기 등 감각적 · 지각적 경험을 한다.

조작영역은 이러한 능력을 연습할 수 있는 게임, 퍼즐을 하는 영역으로, 주로 개별활동으로 이루어진다. 책상에 앉아 할 수도 있고 바닥에 카펫을 깔아서 하기도 한다. 게임판을 이용한 게임하기, 조각 맞추기 등으로 논리적 · 수학적 사고를 키워준다. 또한 언어발달, 손과 눈의 협응력, 감각기능 및 소근육 발달이 이루어진다.

① 조작영역 놀잇감 종류

- 퍼즐 : 그림퍼즐, 입체퍼즐, 색깔블록
- 구슬 꿰기 : 다양한 종류의 구슬을 줄에 꿰기
- 분류, 포함하는 놀이 : 여러 가지 사물들을 여러 기준(모양, 색깔, 크기)에 따라 분류하기
- 수놀이 자료 : 매트릭스, 짝짓기, 수세기, 분류, 비교, 모양 맞추기, 부분과 전체 알기, 서열개념
- 게임판 : 도미노게임, 빙고게임, 짝 맞추기, 윷놀이
- 손으로 조작하는 자료 : 지퍼 올리기, 단추 잠그기, 리본 묶기, 곡식 옮기기, 바느질하기 등

② 교사 역할

- 종류와 색깔이 분명하여 유아가 분류하기 용이한 것이 좋다.
- 손과 눈의 협응을 돕는 교구를 선택한다.
- 퍼즐 조각은 10조각 이내가 적절하다.

- 형태와 색상이 세련되어 심미성을 줄 수 있는 것을 선택한다.
- 퍼즐 조각이 분실되지 않게 하고 분실되면 즉시 보완한다. 보완이 어려우면 제외한다.
- 전체와 부분의 개념을 학습하는 것을 선택한다.
- 교구를 한 번에 다 제시하지 말고 단계적으로 꺼내어 시범을 보이고 내어준다. 그렇지 않으면 유아들이 제대로 조작하지 못하여 교육적 효과도 적고 분실이 잦다.

조작놀이 영역

게임판

(7) 언어영역

> 유아들이 교사가 써준 단어를 베껴 쓰고 있으나 거의 그린다고 볼 수 있다. 삐뚤한 글씨에 발명적 철자를 만드는 유아들의 모습이 마치 위대한 발명가 같다. 책보기 영역에서는 책을 거꾸로 들고 친구에게 책을 읽어주는 척 한다. 주변에는 환경문자가 가득하다.

말하기, 듣기, 읽고 쓰기 등의 통합적 경험과 의사소통을 원활하게 하고 언어를 통한 대리경험의 장소이다. 유아로 하여금 자신을 능력 있는 언어 학습자로 인식하게 돕고, 남의 말을 주의 깊게 듣게 하고, 자신을 생각을 말하게 하며, 읽고 쓰기에 관심을 갖도록 지도해야 한다.

① 언어영역 놀잇감 종류

- 듣기자료 : 녹음기와 헤드폰, 라디오, 여러 가지 소리카드
- 말하기 : 각종 인형(손인형, 막대인형, 자석인형, 손가락인형), 그림동화, 그림 순서카드, 이야기 꾸미기, 디오라마, 전화기 등
- 읽기와 쓰기자료 : 동화책, 유아용 잡지, 동요, 동시집, 그림백과사전, 글자카드, 글자퍼즐
- 책읽기 코너 : 푹신하고 안락한 소파, 그림책 등
- 칠판, 융판, 게시판
- 책꽂이, 선반

② 교사 역할

- 학습의 결과보다는 과정을 중시하게 한다.
- 바른 의사소통 습관을 형성하도록 교사가 적절한 모범을 보인다.
- 말하기, 듣기, 읽기와 쓰기는 통합적으로 이루어지게 계획한다.
- 자연조명으로 밝고 건조하며 조용한 곳이어야 한다.
- 교사의 발문이 유아의 사고에 영향을 미침을 인식하고 상황에 다른 적절한 발문을 하여 창의적 · 논리적 사고를 키워준다.

독서영역

이야기 꾸미기 자료

(8) 수 · 과학영역

> 교실에 들어선 순간 큰 펼친 지도와 지구본이 놓인 교실을 보면 그 교사의 깊은 안목을 볼 수 있다. 지도와 지구본을 바라보는 유아의 눈이 흥미로 가득하다. 한국에서 태평양, 대서양을 지나 세계 여러 나라를 수시로 넘나들면 지구촌 가족으로서 지식과 태도를 키운다. 또한 각종 자연물을 관찰하고 비교 · 분류하며 과학적 태도와 지식을 갖는다.

유아들이 주변 세계를 직접 만지고, 관찰 · 탐색하여 실험할 수 있는 영역 등의 활동과 수개념의 기초적 지식을 학습하는 영역이다. 관찰의 대상은 언제든지 무엇이든지 어디서나 찾고 발견할 수 있다. 발견한 사실들을 분류하기, 비교하기, 측정하기, 의사소통하기, 유추하기, 추리하기 및 예측하기를 통하여 검증하는 과정을 경험한다. 동식물 키우기, 기계의 분해와 조립 등의 활동도 첨가하여 과학적 태도와 경험을 갖게 하는 것이 좋다.

① 수 · 과학영역 놀잇감 종류

- 동식물, 표본, 조개껍데기, 돌
- 측정도구 : 시계, 온도계, 자, 저울, 측정용 컵, 스푼, 몸무게저울, 키재기도구
- 기계와 도구(너트와 볼트, 드라이버, 송곳), 고장 난 기계류(시계, 라디오), 열쇠와 자물쇠
- 그 외 : 거울, 돋보기, 자석, 프리즘, 손전등

② 교사 역할

- 모든 과학의 경험은 유아로 하여금 계획하고 실행하고 평가하는 일련의 과정을 갖게 하는 것이 좋다.
- 유아에게 인지적 갈등을 갖게 하고 적절한 발문법을 사용한다.
- 활동에 따라 대소집단을 융통성 있게 활용한다.
- 과학은 언제, 어디서나 이루어진다.

• 주제와 연관하여 이루어지면 효과적이다.
• 다른 영역과 통합되어 이루어진다.

수 · 과학영역

(9) 요리영역

> 유아가 밀가루와 계란을 섞어 반죽하기 위해 밀가루를 코에 묻힌 채 밀가루의 반은 바닥에 쏟아지는데도 열심히 밀가루 봉지를 들고 반죽용기에 붓고는 계란(계란은 깨뜨리는 데 어려움을 가짐)과 우유를 넣어 저으면서 밀가루와 계란, 우유가 섞이면서 변화되는 색깔, 모양을 보며 신기해한다. 이런 위대한 변화를 관찰하는 유아의 눈망울이 초롱초롱하다.

요리활동은 음식의 재료의 탐색, 만들기, 맛보기 및 정리하기의 전 과정을 통해 언어, 신체, 사회, 인지영역의 개념들을 학습하는 좋은 경험이다. 재료의 측정, 수세기, 모양과 크기 변별하기, 재료의 물리적 · 화학적 변화를 탐색하고 표현하기에 이르기까지 다양하고 복합적이며 이상적인 교육적 기회를 제공하므로 현장에서 자주 해야 하는 교육적 활동이다(Dahl, 1998).

요리활동의 교육적 가치는 다음과 같다.

● 요리활동은 인지발달을 촉진한다.

요리를 위해 재료 양 측정, 자르기, 어림잡기, 수세기, 온도, 크기와 모양의 변별을 통해 수개념, 보존개념, 부분과 전체와의 관계, 시간개념 등을 이해한다.

요리에 다양한 표현을 하여 시각적으로 아름답게 꾸이기도 하며 창의적 표현을 연습한다.

● **요리활동은 정서발달을 촉진한다.**

음식을 만들면서 음식의 맛, 냄새, 모양을 보면서 정서적 안정감을 갖는다.

● **요리활동은 사회성 발달을 촉진한다.**

요리과정을 계획, 실행하면서 나누어 쓰기, 차례 기다리기, 자율성과 협동심, 타인에 대한 배려 등을 익혀 사회성 발달을 도모한다.

● **요리활동은 언어발달을 촉진한다.**

요리과정에서 일어나는 물리적 · 화학적 변화에 대해 말하기, 적어보기, 요리 순서도 읽기 등을 통한 말하기, 듣기, 읽기와 쓰기의 기초를 익힌다. 또한 음식에 대한 토론을 통해 기초적인 영양지식과 올바른 식습관을 형성할 수 있다.

● **요리활동은 신체발달을 촉진한다.**

재료의 썰기, 자르기, 섞기, 으깨기, 갈기 등을 통해 소근육의 발달과 손가락 힘 조절, 눈과 손의 협응을 도모한다.

① 요리영역 놀잇감 종류

요리활동 내용에 따른 요리순서도, 재료, 도구(프라이팬, 냄비, 거품기, 팝콘기계)

② 교사 역할(교육인적자원부, 2004; 덕성여자대학교 부속유치원, 1998)

- 유아의 발달에 적합하게 수업을 계획한다.
  - 3세 : 바르기, 끼우기, 따르기, 다지기, 젓기 등의 한두 가지 기술 사용, 열기구는 사용 불가능
  - 4세 : 3세보다 두세 가지 기술 사용, 열기구 사용 가능
  - 5세 : 다양하고 복합적 요리 가능, 칼, 열기구 사용 가능
- 이상적으로는 주 1~2회를 제안하나 우리나라의 경우 한 달에 1번 정도는 계획해야 한다.

- 매일 이루어지는 것이 아니라 고정영역보다는 필요시 설치하여 진행한다.
- 유아가 직접 실행하는 것이 중요하므로 소집단화해야 한다. 이때 교사는 소집단수업을 반복해서 할 수 있다.
- 요리순서도를 이용하여 과정의 변화를 감각으로 경험하고 충분한 관찰과 탐색이 이루어지도록 시간을 허용한다. 이때 교사는 질문하기, 지원하기, 의견 나누기 등을 격려한다.
- 요리활동 후 사후활동으로 연계할 수 있는 활동을 이어간다. 예를 들면, 토론, 관찰내용 쓰기와 말하기(음식물의 이름, 도구의 이름, 조리형태-끓이기, 녹이기, 굽기, 반죽하기, 휘젓기 등/ 음식물의 상태-싱싱한, 통조림한, 버터를 바른 등/ 시간에 대한 표현-천천히, 빨리, 지금, -때까지/ 비교와 대조-같다, 다르다, 동시짓기/ 느낌 그려보기-맛, 냄새, 시각적인 색깔 등), 다양한 다이어그램을 활용하여 구성하기 등이다.

2 실외놀이환경

실외놀이 환경의 구성과 배열은 유아의 놀이행동에 영향을 미친다(Frost, 1992; Moore, 1992). 실외놀이는 자유와 탐험의 기회가 풍부하고 개방적이며, 비구조적이고 융통성 있는 물리적 환경으로 실내와는 다른 독특한 경험을 제공한다. 또한 실내놀이와 비교해서 실외놀이에서 더 많은 사회극놀이, 친사회적 행동, 창의적 놀이를 일어나게 한다고 하였다(Dempsy & Frost, 1993). 이러한 실외놀이가 운영되기 위해서는 적절한 교사의 지원이 필요하다. 본 절에서는 크게 영아용 실외놀이와 유아용 실외놀이로 나누어 설명한다.

1) 영아를 위한 실외놀이환경

3세 무렵이 뇌발달의 결정적 시기이므로 적합한 교육환경을 제공하여 전인적 발달이 일어나도록 지원해야 한다(김희진 외, 2004). 3세를 전후로 한 영아기에는 신체와 운동능력이 빠르게 발달한다. 목 가누기, 뒤집기, 앉기, 서기, 걷기를 시작하여 뛰기까지 하며 대 · 소근육 협응이 일어나 작은 물체 집어 던지기, 잡고 오리기 등의 미세한 동작도 가능해진다. 이러한 신체발달과 협응능력의 발달을 위한 놀이시설 설치와 감각운동능력의 발달을 위해 직접 보고 듣고 만지는 경험을 충족하는 기회와 놀이시설이 요구된다. 예를 들면, 탈것, 밀고 당기는 놀잇감, 굴리는 놀잇감, 오르고 내리는 낮은 계단 등의 대근육 놀잇감과 공, 스폰지 블록 등 크고 가벼운 쌓기 놀잇감으로 여러 운동기능을 결합하여 사용하는 놀잇감을 제공한다(김수영 외, 2002; 김혜경, 2005).

Frost(1992)는 영아를 위한 실외놀이터를 구성할 때 다음의 원칙을 제시하고 있다.

첫째, 기어오르기, 일어서기, 깡총뛰기, 붙잡기, 잡아당기기, 밀기, 걷기, 뛰기, 균형잡기, 회전하기 등 같은 동작을 가능하게 설계한다.

둘째, 보고, 듣고, 만지는 등의 탐색행동을 위한 감각적 경험을 주는 시설이 필요하다.

셋째, 영아들에게 신기함과 다양성, 도전을 주는 환경이어야 한다. 빠른 신체운동능력의 발달을 돕기 위해 호기심과 흥미를 충족하도록 설계한다.

넷째, 안전하고 편안한 놀이터를 설계한다. 영아들은 기어다니고, 자주 넘어지고, 무언가를 입에 넣기 때문에 늘 안전한 환경유지와 점검이 요구된다.

다섯째, 주변 환경의 현상과 다양한 소리를 경험할 수 있는 환경이 요구된다. 예를 들면, 놀이상황을 통한 또래 및 성인과 활발한 의사소통은 이를 가능하게 하여 다양한 소리를 접하고 소리를 낼 수 있어서 정서, 사회성 발달을 촉진한다(김수경, 2000).

요약하면 실외놀이 공간은 다리 건너기, 터널 등의 복합놀이기구와 영아용 미끄럼틀, 안전 그네, 시소 등 다양한 고정놀이기구와 공, 밀고 당기는 놀잇감, 탈 것 등 다양한 이동시설 및 놀잇감을 통해 영아가 신체를 활발히 움직임으로써 운동능력을 기를 수 있어야 한다.

실외놀이의 교육적 가치는 다음과 같다(송미경, 2008 재인용).

첫째, 개방된 공간에서 대 · 소근육 발달, 신체협응력 및 신체조절능력이 향상되고 신체발육이 이루어진다.

둘째, 영아의 상상력과 창의력을 자극하여 인지발달을 촉진한다. 비구조화된 환경은 상상을 자극하고, 오감을 통한 탐색 결과 인지발달을 촉진한다.

셋째, 자연의 변화, 소리를 풍부하게 언어로 표현함으로써 언어발달을 촉진한다.

넷째, 다양한 실외놀이 경험을 통한 정서적 표현력을 발달시키고 자유를 느낌으로써 심리적인 안정감을 준다.

다섯째, 놀이기구의 사용을 통한 사회적 규칙, 또래 간 상호작용을 하며 사회성을 발달시킨다.

영아용 실외놀이터 1

영아용 놀이터 2

영아용 놀이터 3

2) 유아를 위한 실외놀이환경

유아를 위한 실외놀이터는 놀이가 고무되고, 쉽게 접근할 수 있으며, 개방적이고, 편안한 공간이 되어야 함을 강조한다. 우수한 놀이터는 다양한 전인발달을 일어나게 한다.

첫째, 1인당 최소한 75평방피트(약 2.1평)가 요구된다.

둘째, 정적 활동과 동적 활동의 균형, 그늘공간과 햇볕공간의 균형, 단단한 지면과 부드러운 지면의 균형, 높은 곳과 낮은 곳의 균형을 고려한다.

셋째, 신체활동뿐 아니라 사회적 상호작용과 감각을 자극하도록 설치한다.

넷째, 적절한 도전과 성취감이 가능한 안전한 시설과 설비를 제공한다.

Forst와 Klein(1979)은 3~8세 유아의 놀이시설 설계기준을 다음과 같이 제시하였다(이숙재, 1990 재인용).

- 유아의 놀이를 장려하도록 설계한다.
- 유아가 쉽게 접근할 수 있도록 설계한다.
- 개방적이고 편안한 공간을 조성한다.
- 실내에서 실외로 자유롭게 이동할 수 있도록 설계한다.
- 유아의 연령에 적합한 놀이시설을 설계한다.
- 유아의 감각을 자극하도록 설계한다.
- 규모, 빛, 질감, 색깔의 변화와 대조를 경험하게 한다.
- 자유롭게 조절할 수 있는 시설물을 설치한다.
- 유아의 호기심을 자극하도록 다양한 경험을 제공한다. 예를 들면, 기능놀이, 연습놀이, 대근육 운동, 쌓기놀이, 창의적 놀이, 사회적 놀이 및 게임을 할 수 있도록 설계한다.
- 다양한 상호작용(유아와 놀이자료와의 상호작용, 유아 간 상호작용, 유아와 성인과 상호작용)이 일어나도록 설계한다.
- 실외놀잇감을 보관할 수 있는 창고, 여름에 햇볕을 피할 수 있는 그늘공간을 확보한다.

유아용 실외놀이터 1

유아용 실외놀이터 2

일본의 생태어린이집 실외놀이터 1

일본의 생태어린이집 실외놀이터 2

일본의 생태어린이집 실외놀이터 3

일본의 생태어린이집 실외놀이터 4

(1) 안전한 실외놀이 요건

유아들은 개별 또는 집단으로 놀이에 참여하는데 다양한 활동을 안전하고 자유롭게 이동할 수 있는 충분한 공간이 필요하다. 놀이 시 실내와 실외환경에서 같은 규칙이 적용되어야 한다. NAEYC 공인 기준에서는 다음과 같이 제시하고 있다.

첫째, 유아들을 주의 깊게 감독하는 교사의 역할이 요구된다. 항상 놀이터는 응급처치와 부상 방지의 지식을 가진 성인에 의해 모니터링되어야 한다. 감독자(교사)는 놀이가 시작되기 전에 지면, 현과(문), 놀이시설장비를 점검하는 것을 포함하여 깨진 물건, 돌아다니는 동물, 그 밖의 위험요인을 제거하여 유아를 보호한다. 놀이기구에 적절한 안전규칙을 정하여 지키도록 한다.

둘째, 놀이터 지면의 정비는 유아의 안전한 놀이를 가능하게 한다. 놀이터는 거리, 고여있는 물, 그 밖의 위험으로부터 떨어져야 한다. 자연적 구획과 담장은 배회하는 외부인, 방문자가 들어오는 것을 방지할 수 있다.

셋째, 놀이설비는 유아의 연령, 능력에 맞게 설계하여 안전하게 설치해야 한다. 주의 깊게 구성된 환경은 유아로 하여금 혼잡함 없이 활동을 하게 한다.

또한 설비의 크기, 높이, 복잡성 정도는 유아에게 적합하게 설계한다. 예를 들어, 오르기 기구는 사용 유아의 키를 넘지 않는 높이여야 한다. 설비는 단단하게 지면에 고정되어 그것에 걸려 넘어지는 일이 없게 한다. 회전목마와 같은 올라타는 기구는 안정된 착석을 위한 손잡이와 단단하고 평편한 표면이어야 한다. 또한 미끄럼틀은 넓은 바닥면과 손잡이 난간이 있어야 한다. 그네는 공중 충돌을 막기 위해 2~3피트 떨어져 설치한다.

넷째, 놀이터 표면은 충격을 흡수하는 탄력성이 있어야 한다. 콘크리트나 아스팔트 같은 재질은 유아가 추락했을 때 심각한 부상을 초래할 수 있다.

다섯째, 놀이터의 설비와 기구는 매일 안전하게 점검되고 그에 따른 예산도 편성한다. 이동 가능한 놀이설비는 정기적으로 점검 · 수리한다. 성인과 함께 놀이터 점검과 청소에 유아를 참여시키는 것은 책임감을 학습하게 하는 데 도움을 준다.

여섯째, 적절한 선택의 기회를 제공해야 한다. 실외놀이터에서도 유아들은 신체를 움직여 활동하고 새로운 기술을 배우고 연습하게 된다. 융통성 있게 이동 가능한 놀이시설을 설치하는 것은 역할연습을 격려하고 자신의 행동을 창의적으로 창조하게 한다. 주의 깊게 설계 · 감독 · 유지되는 놀이시설은 유아의 신체적 발달을 도모하고 세계를 학습하게 하며 우정을 키우게 한다.

(2) 실외놀이터의 유형

실외놀이터의 구성 및 기능에 따라 다음과 같이 분류한다.

① 전통적 놀이터(traditional playground)

② 현대적 놀이터(contemporary playground)

③ 창의적 놀이터(crearive playground)

④ 모험놀이터 (adventure playground)

전통적 놀이터는 흙, 콘크리트, 아스팔트로 된 단단한 바닥에 철제로 된 그네, 미끄럼틀, 시소, 뺑뺑이 등이 고정되어 있는 형태이다. 대부분 대근육 놀이가 주로 일어나며, 놀이시설이 고정되어 있으므로 놀이방법이 제한되고 반복적인 놀이가 일어난다. 또한 딱딱한 바닥면과 철제놀이기구는 위험요인으로 작용하여 부상을 뒤따르게 한다.

현대식 놀이터는 건축가, 디자이너가 현대식 시설로 나무, 돌, 플라스틱, 금속 등 고급재료를 사용하여 심미적으로 설계한 놀이터이다. 현대건축과 도시미관과 조화를 이루도록 하여 놀이의 실제적 목적보다는 아름다움을 극대화하여 놀이시설로서 제한점을 가진다.

창의적 놀이터는 전통적 놀이터와 모험놀이터가 절충된 반형식적(semiformal) 놀이터로서 타이어, 목재, 전선감개, PVC 파이프 등의 재료를 사용하여 유아의 창의적 놀이를 가능하게 한다. 고정시설물과 조작이 가능한 이동식 시설이 공존하며, 직접 제작한 시설과 상품화된 시설로서 유아 각자의 놀이요구를 다양한 방법으로 충족할 수 있다.

모험놀이터는 완성되었거나 정해진 규격이 있는 것이 아니라 자연적 환경에서 여러 물건이나 도구를 가지고 창조하여 완성시켜 가는 놀이터이다. 물 · 모래놀이, 고정된 시설보다는 유아들이 흙, 모래, 물 등을 이용하여 만들고, 부수기도 하고, 불을 피우기, 요리하기, 진흙으로 만들기, 땅파기를 한다. 성인은 놀이감독자로서 항상 안전하게 놀이를 촉진하고 안내한다. 다양한 활동이 가능하여 창의적 활동이 일어나며 여러 가지 기술과 책임감을 기를 수 있다. 그러나 표면적으로 깨끗하고 정돈된 환경이 아니고 초기 설치비용이 높으며 안전사고를 유발할 수 있다.

현대식 놀이터 1

현대식 놀이터 2

현대식 놀이터 3

현대식 놀이터 4

창의적 놀이터 1(흙유치원 실외)

창의적 놀이터 2(흙유치원 실외)

창의적 놀이터 3(흙유치원 실외)

창의적 놀이터 4(흙유치원 실외)

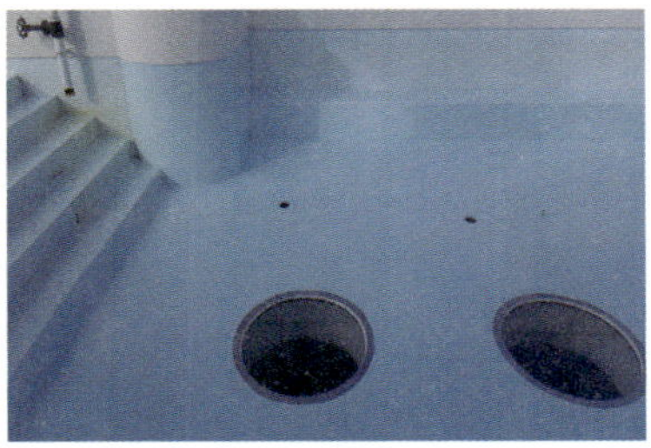
창의적 실외놀이터 겸 수영장(구멍을 통해 교실을 볼 수 있음)

3 놀잇감

좋은 놀잇감은 유아에게 다양한 상황에 따른 문제해결능력과 기술을 학습하게 하고 신체놀이를 즐기도록 하며 여러 가지 표현 및 표상을 가능하게 한다(Wardle, 2003a).

1) 구조성 정도에 따른 놀잇감의 특징

구조적 놀잇감은 폐쇄적 놀잇감이라고도 하며 유아가 가지고 놀이할 수 있는 방법이 제한되어 있다. 예를 들어, 실물 인형, 자동차 등은 형태가 분명하여 반드시 인형, 자동차로만 놀이할 수 있다. 반면에 비구조적 놀잇감은 개방적 놀잇감 또는 융통성 있는 놀잇감이라 하여 여러 가지 방법과 방식으로 놀이가 가능하여 유아로 하여금 여러 가지 방식으로 사고하며 놀이에 표상하게 한다. 물, 모래, 흙은 구조성이 낮은 대표적 놀잇감이다. 또한 구조성 정도가 중간 수준인 것이 있는데 레고, 틴커 장난감이다. 유아에게 구조성이 낮은, 중간, 높은 놀잇감이 고르게 제공되어야 한다(Wardle, 2003).

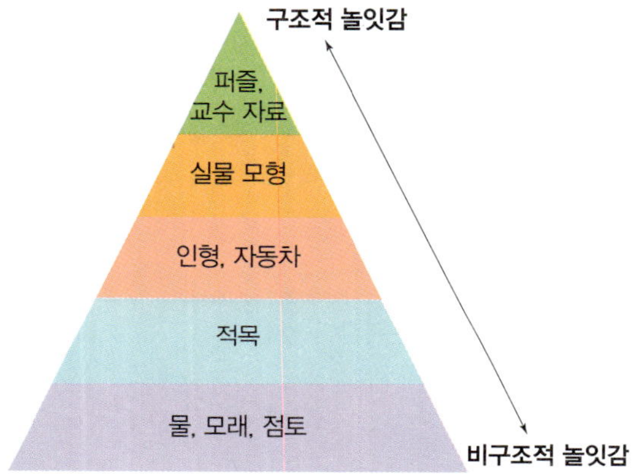

[그림 6-1] 놀잇감의 구조성에 따른 분류

출처 : 지성애 외(2012), p. 106.

2) 놀잇감의 특징

좋은 장난감 또는 놀잇감은 유아의 상상력을 자극하며, 몰입하게 한다. 또한 놀잇감은 여러 가지 문제해결력과 신체활동을 즐기도록 돕고 다양한 표현 및 표상을 가능하게 한다(Wardle, 1999).

놀잇감은 기능적으로 안전하고 전인적 발달을 도모하는 교육적 측면이 뛰어나야 한다. 우리나라에서는 놀잇감과 놀이시설에 대한 관계법 및 안전기준이 없으며 규격기준도 불충분한 것으로 조사되었다(삼성복지재단 국제학술대회, 2000).

선진 외국의 사례를 들어 기능적 · 교육적 면에서 적합한 놀잇감의 조건을 제시하면 다음과 같다.

- 개방적 놀잇감과 폐쇄적 놀잇감을 고르게 제공한다.
- 단순한 놀잇감과 복잡한 놀잇감을 함께 제공한다.
- 놀잇감의 안전성을 고려한다.
- 다문화적 요소를 겸비한 놀잇감을 제공한다.
- 유아의 인지발달단계를 고려하여 제공한다.
- 유아가 조작할 때 견고하여 망가지지 않는 것을 제공한다.

또한 Fowler(1980)는 놀잇감의 왜곡된 사회적 · 미학적 가치에 대해 다음과 같이 지적하였다.

- 권총이나 탱크, 로봇, 호전적인 복장과 표정의 인형 등은 유아의 공격성을 자극할 염려가 있다.
- 인형의 얼굴 표정이 개성이나 정서에 따라 다양하게 제작되기보다 온화한 이상형의 얼굴이나 무표정한 얼굴로 일률적으로 제작되는 경우가 많다. 놀잇감에 좀 더 다양한 직업문화가 내포되도록 제작되어야 한다. 인형의 종류를 전형적인 인물, 예컨대 가족이나 의사, 간호사 등에만 제한하지 말고 어부, 광부 등 다양한 직업이 포함되도록 배려할 뿐 아니라 흑인, 동양인, 인디언, 에스키모인 등 다양한 문화권의 인물을 제작해야 한다.
- 고정된 성역할 개념을 포함하지 않도록 한다. 즉, 의사나 우편 배달부 인형은 남성으로, 간호사 인형은 여성으로 표현하는 성역할 고정관념에서 탈피해야 한다(이숙재, 1997 재인용).

3) 연령에 따른 놀잇감

발달단계에 적절한 놀잇감은 놀이의 효과 배가시켜 교육적으로 이끌어 준다.

(1) 출생~12개월

모빌, 딸랑이, 쥘 수 있는 장난감, 소리 나는 장남감, 털실공, 고무로 만든 것, 던져도 안전한 것, 기어오를 수 있는 낮은 자료, 치아발육을 돕는 놀잇감, 붙잡고 일어설 수 있는 단단한 가구, 쌓아올릴 수 있는 물건, 상자와 상자에 넣는 물건

(2) 1세

- 기어 올라가는 3단계 계단
- 끌거나 미는 놀잇감
- 낮고 바퀴 달린 탈 수 있는 놀잇감
- 거울(벽에 부착된 전신을 비추는)
- 봉제인형–가족 손인형
- 퍼즐(2~5조각)
- 그림책 그림카드
- 물, 모래, 점토
- 낮은 미끄럼틀, 스펀지블록, 인형, 헝겊모형세트(과일, 야채, 음식 및 그릇)

(3) 2세

- 다양한 촉감의 헝겊, 타는 장난감
- 블록(스펀지, 종이)
- 꿰기(실패 3~4개를 꿴 것)
- 장난감 사람
- 던지는 부드러운 장난감
- 담고 비우는 용기나 상자
- 자동차와 트럭
- 낮은 계단
- 공
- 물, 모래, 점토, 풀물감
- 인형

(4) 3세

- 퍼즐(5~10조각)
- 블록(유니트, 종이, 레고, 우레탄)
- 역할놀잇감(가족인형, 가족용품)
- 그림책
- 악기
- 운동놀잇감(그네, 미끄럼틀, 시소, 낮은 평균대, 세발자전거)
- 물, 모래, 점토
- 공
- 매트리스
- 미술자료(크레파스, 물감, 이젤)

(5) 4세

- 타고 다니는 놀잇감(세발자전거, 큰차)
- 블록(다양한 블록과 소품들)
- 목공
- 바느질
- 구슬 꿰기
- 그림책
- 퍼즐(10~20조각)
- 분류카드
- 역할놀잇감(주제에 따른 의상, 소품)

(6) 5세

- 퍼즐(15~30조각)
- 역할놀잇감(정교한 소품들)
- 바느질(부직포, 헝겊, 실, 바늘)
- 동화책
- 미술자료
- 카드게임, 테이블게임
- 물, 모래, 점토
- 목공놀잇감
- 운동놀잇감
- 측정도구(키, 몸무게, 저울, 시계)

기어오르기 놀잇감 1

기어오르기 놀잇감 2
(높이조절 가능)

기어오르기 놀잇감 3

4 놀이와 안전

영유아의 성장과 발달은 전적으로 환경에 의해 영향을 받는다. 또한 환경은 영유아의 전인적 발달과 상관이 높다(Howe, Phillips & White brook, 1992). 따라서 교사와 부모는 영유아가 적절하게 상호작용할 수 있는 안전한 환경을 마련해 주어야 한다. 출생부터 14세 아동의 경우 안전하지 못한 환경에서 비롯되는 사고가 많았다는 통계가 있다. 따라서 유아교육기관에의 안전관리 요구가 증가되고 있으며, 미연에 사고를 예측하여 예방하는 방향으로 실내외환경이 조성되어야 한다(Marotz, Cross & Rush, 2002).

1) 실내놀이 안전

(1) 실내환경과 시설물안전

- 실내의 가구와 설치물의 규격이 유아에게 적절해야 하고 견고해야 한다(벽면 안전 콘센트/ 문끼임방지/ 안전유리 사용).
- 가구의 모서리가 날카롭거나 모가 난 시설물은 위험하다.
- 가구와 시설물은 바닥에 안전하게 고정되어야 한다.
- 벽과 바닥은 청소하기 쉬운 재질로 시공한다.
- 모든 유아를 위한 개인사물함을 설치한다(심리적 안정감과 전염병 예방).
- 학기 초에는 모든 실내외 시설물에 대하여 사용방법과 조작방법을 설명하여 놀잇감을 제시하고 각각의 안전규칙을 정한다(이것을 활동으로 연결하여도 좋다).
- 교사는 영유아들의 놀이를 관찰하여 교사의 시야에서 벗어나 있는 시간이 없도록 한다.

- 영유아의 안전에 관련하여 적절한 행동을 할 때 칭찬과 격려를 한다.
- 항상 모든 놀잇감을 선택하여 활동할 때 스스로 계획하여 선택하게 되면 안정감을 갖고 놀이에 임하므로 사고의 발생빈도가 낮아진다.
- 교육과정 계획 시 놀이안전교육 프로그램을 교육과정에 포함하여 운영한다.

2) 실외놀이 안전

(1) 실외놀이기구

- 미끄럼틀, 기어오르기, 그네 등
- 추락의 위험이 높으므로 항상 놀이를 감독하는 교사가 상주해야 한다.
- 건축안전 설비 지침을 준수하여 설치한다.
- 기어오르기, 정글짐 같은 시설에 부착된 줄, 그물 등이 꼬이거나 서로 묶이지 않도록 세심한 관리가 필요하다.
- 매일 아침마다 교사는 실외놀이시설을 점검한다(체인, 줄의 부식과 꼬임/ 부서진 시설과 낡은 시설 확인).
- 놀이 시 사전에 계획을 하는 시간을 갖도록 하면 예상하지 못한 것에 준비를 할 수 있으므로 안전한 놀이행동에 대한 생각을 할 기회를 갖게 된다.
- 각 놀이시설물에 규칙을 정하여 지키도록 지도한다.

예
- 미끄럼틀 : 계단으로 올라가서 내려오도록 한다. 즉, 역방향으로 가지 않는다. 올라갈 때는 계단 손잡이를 반드시 잡도록 한다.
- 그네 : 두 손을 잡고 앉아서 타도록 한다. 그네가 스윙하는 범위 내에는 다가서지 못하게 낮은 관목을 심어서 안전선을 설정한다. 타거나, 내리기 전 그네가 멈출 때까지 기다린다.
- 기어오르기, 정글짐 : 자신의 가능한 힘의 범위를 인식하게 한다. 항상 두 손으로 손잡이를 잡는다.

- 놀이시설물에서 뛰어내리기 전 주위를 살펴서 다른 유아나 물체에 충돌하지 않도록 한다.
- 비와 눈 올 때는 시설물이 젖어있으므로 미끄럼의 위험이 있으니 삼간다.

(2) 실외 바닥상태와 주변 점검하기

- 교사는 정기적으로 실외 바닥에 작은 돌이나, 외부에서 던져진 이물질(철사류) 등 유입물을 확인하여 수거 · 제거한다.
- 실외 잔디밭이나 마당에 독성이 있는 식물이 있는지 살피고 제거한다.
- 실외 모래놀이터는 동물의 배설물로 인해 기생충의 위험이 있으므로 1년에 한 번씩 모래를 교체해 주고 유아들이 하원 후에는 비닐막을 이용하여 덮어서 보호한다.

3) 놀이시설과 놀잇감의 안전

놀잇감의 안전성을 위한 미국의 놀잇감 제조업체(The toy Manufactures, 1997)는 다음과 같은 지침을 제시하고 있다(James Johnson, 1999).

- 유아의 연령, 능력, 기술, 흥미수준에 맞는 놀잇감을 선택한다.
- 놀잇감 표시를 잘 읽고, 상품설명서에 따른 안전 지식을 준수한다.
- 영아와 걸음마기의 경우 '입'에 가져가지 않게 하여 질식사를 피한다.
- 8세 이하 유아의 경우 뾰족한 부분, 거친 모서리, 긴 끈, 비닐포장 및 발열요소가 있는 놀잇감을 피한다.
- 놀잇감이나 놀이터는 정기적 점검을 통하여 손상 시 즉시 수리하거나 폐기한다.
- 놀잇감을 적절하게 사용하는가에 대해 수시로 감독한다.

4) 영아기, 걸음마기, 유아기에게 적합한 안전한 놀잇감 선택

영아기	걸음마기 영아	유아기
• 깨지지 않는 거울 • 헝겊책들 • 나무로 된 차 • 딸랑이 • 모빌 • 뮤직박스 • 플라스틱 전화기 공 • 소리 나는 장난감 • 블록 • 입으로 물 수 있는 고리 장난감 • 세탁할 수 있는 봉제동물인형 • 끼워맞추기 놀잇감	• 공 • 간단한 퍼즐 • 큰 사이즈 블록 • 나무 자동차와 트럭 • 옷 입히기 인형 • 블록 • 큰 나무구슬 줄꿰기 • 헝겊그림책 • 끌고 당기는 장난감 • 플라스틱 접시, 그릇, 프라이팬 등 소꿉놀잇감 • 굵은 크레용과 종이 • 브리스틀 블록 • 나무못판 끼우기 • 연속 끼워맞추기 컵	• 각종 손인형 • 인형과 인형의 집 • 옷 입히기 인형 • 간단한 미술재료–크레용, 마커, 수채물감, 반죽, 유아용 가위 등 • 책과 퍼즐 • 간단한 음악악기 • 자동차, 트럭, 소방차 • 세발자전거 • 간단한 구성놀이용–레고블록, 브리스틀 블록 • 소꿉놀이용 그릇, 음식모형, 접시 등

출처 : Marotz, Cross & Rush(2002).

개인사물함 1

개인사물바구니 2

영아 개인사물함 3

영아용 역할놀이 영역

07
CHAPTER

유아 · 놀이중심 개정 누리과정의 이해

1. 2019 개정 누리과정의 특성
2. 개정 누리과정 고시문 이해하기
3. 개정 누리과정의 인간상, 목적 및 목표

CHAPTER

07 유아 · 놀이중심 개정 누리과정의 이해

유아는 놀이를 통해서 전인적 발달을 도모하고 놀이를 하면서 배우고 성장한다. 이러하듯 우리나라 유아교육과정은 시대적 · 상황적으로 강조점이 있었고, 동일하게 유아중심, 놀이중심을 지향하며 놀이의 중요성을 강조해 왔다(김영옥, 2020; 오채선, 2018). 이렇게 전통적으로 놀이를 중요시하면서 활동중심, 놀이중심을 강조하여 왔으나, 기존의 누리과정은 교사용 지도서에 따라서 교사주도의 생활주제와 그에 따른 연관활동을 강조하며 수업활동을 계획 · 운영해 왔다. 그러는 동안 교실에서는 놀이를 하지 않고 배회하는 유아들이 증가하였고 놀이의 효과성에 의문을 갖게 하였다.

한편 우리나라 유치원 교육과정은 1960년 문교부령에 의해 제정된 이후 2019년 개정 누리과정으로 변천되어 왔는바, 제1차 유치원 교육과정부터 제6차 교육과정, 2007년 개정 유치원 교육과정, 2011년 3~5세 연령별 누리과정 및 2019년 개정 누리과정으로 변화되어 왔다. 구체적으로 살펴보면, 각각의 교육과정 중에서 제1차에서 제4차까지는 4~5개 발달영역으로 구성되었고, 경험중심에서 학문중심으로, 다시 인간중심 통합교육과정을 명시하였다. 제5차와 제6차는 건강, 사회, 표현, 언어, 탐구의 5개 생활영역을 골자로 편성되었고, 공통 및 수준별 내용제시 및 종일반 운영 실제를 명시하였다. 이어서 2007년 개정 유치원 교육과정은 직전의 내용에 첨가하여 초 · 중등학교와 연계성을 강조하였다. 이어서 2012년 연령별 누리과정은 3~5세의 국가적 지원을 확대하고, 유치원과 어린이집으로 이원화된 교육과정을 '누리과정'으로 통합하여 영유아기 출발점을 평등

하게 보장하는 방향으로 개정되었다(이기숙, 2018).

2019 개정 누리과정은 첫째, '공통의 교육과정'으로 유치원과 어린이집의 교육과정에 통일성을 주었고, 둘째, 교육과정 구성체계를 확립하기 위해 초 · 중등학교의 핵심역량 및 인간상과 연계성을 가지게 하였으며, 셋째, 기존 구성체계 유지 및 5개 영역의 내용 간략화를 기했고, 넷째, 유아중심 · 놀이중심으로 유아의 발달을 지원하기 위해 놀이와 쉼, 학습자 중심의 교육방향, 교사의 계획보다는 유아의 '선택에 위한 자유놀이'를 강조함과 동시에 놀이시간을 충분하게 편성하였으며, 다섯째, 누리과정의 실행력과 현장교사의 융통성과 자율적인 교육과정 운영을 지원하고자 하였고, 여섯째, 누리과정 평가에 있어서 평가목적, 평가방법 및 평가의 활용을 기본 원리로 하는 현장중심의 간략화, 자율적 평가를 하도록 지원하였다(교육부, 2020b).

2019 개정 누리과정과 비교하여 볼 때, 제1차 유치원 교육과정부터 2007년 개정에서는 놀이는 교수 · 학습방법 요소였고, 2013 누리과정에서는 '놀이 안에서 통합적으로 실현하는 교육과정'으로 명시하여 교수 · 방법보다 광의의 놀이로서 강조되었다(허민정 · 권희경, 2020). 이후 2019 개정 누리과정에서는 유아교육 혁신방안을 발표하여 유아중심, 놀이중심 패러다임 전환으로 교육과정 운영 혁신의 방향을 다음과 같이 제시하였다. 첫째, 놀이중심 교육과정 실천을 위하여 계획안 형식과 내용을 개선하여 다양한 방식으로 계획안을 작성하고 최소화하여 교사의 적극적이고 자율적인 놀이 지원을 강조하였다. 둘째, 초등학교와 연계를 강조하였고, 개별 유아의 다양성을 고려하도록 개정되었다(교육부 · 보건복지부, 2017).

유아교육과정 속에서 놀이와 교육과정 및 배움이 하나로 엮여서 유아의 삶 속에서 일어나는 아이디어는 개정 누리과정의 근거가 되었다. 교사, 유아 및 지역사회가 함께 공동체로 놀이를 하여 놀이하지 않고 배회하는 것처럼 보이더라도 그 안에서 잠재적으로 놀이가 출현되고, 놀이와 교육과정 및 배움이 얽혀들어 하나의 새로운 생태계를 형성한다는 것이다(임부연 · 손연주, 2019). 교사는 연간, 월간, 주간 및 일일 계획을 통해서 유아의 놀이방향을 예상하지만, 유아주도성에 따라 유아의 삶 속에서 놀이가 발생하도록 유아 놀이를 관찰하고 지원하는 역할이 요구되고 동시에 교사양성대학은 이를 반영하여 교사 커리큘럼을 구성하여 교사를 양성하는 책무성을 갖도록 해야 할 것이다. 이 장은 2019 개정 누리과정 해설서, 이해자료 및 실행자료를 근간으로 하였다.

1 2019 개정 누리과정의 특성

1) 유아 · 놀이중심 유치원 교육과정

2013년 연령별 3~5세 누리과정이 개발된 지 6년 후인 2019년에 개정 누리과정이 개발되었다. 교육부는 2017년 12월 '유아교육혁신 방안'을 발표하여 유아가 중심이 되는 놀이 위주의 교육과정 개편을 명시하였다. 유아주도와 놀이중심을 표방하는 개정 누리과정은 이제까지의 놀이 패러다임과 완전하게 다른 것으로, 유아가 주도권을 갖고 교실에서 놀이를 발생시키는 유아의 권리를 강조하였고 교사는 이를 관찰하면서 필요한 놀이지원을 하도록 하였다.

그동안 교사용 지도서에 따라서 유아의 흥미를 반영하지 못했던 연간-월간-주간 계획안을 기반으로 하여 계획한 수업이었다. 또한 이에 따라 수업계획안(도입-전개-마무리 형식)을 작성하여 유아의 경험과는 동떨어진 수업 또는 활동을 강조하였다. 그동안 유아교육에서 놀이를 강조하였으나 유아의 삶 속에서 구현되지 못하여 때로는 교사의 계획으로 이루어져 왔다. 개정 누리과정은 교사중심 교육과정에서 유아 · 놀이중심 교육과정으로 변화하여 유아놀이를 최우선 가치로 하여 유아 · 놀이중심 교육과정으로 변화를 강조하고 있다. 따라서 유아교실에서의 수업은 2019 개정 누리과정의 개발로 교사의 놀이 패러다임을 바꾸게 하였고 책무성을 갖게 되었다.

충분한 놀이시간을 보장하고 유아놀이와 배움의 의미에 대해 재이해하여 5개 영역을 강조하기보다는 유아가 경험하여 스스로 배우는 놀이 내용을 중심으로 하였다.

2) 국가수준의 유치원 교육과정

미래사회에 부응하는 새로운 교육과정 개정을 위해 2019 개정 누리과정은 국가수준의 공통 교육과정을 표방하였다. 개정 누리과정 이전인 2013년 3~5세 연령별 누리과정은 국가에서 개발하였으나 국가수준의 교육과정임을 강조하지는 않았다. 교육과정으로서 보편적 의미를 강조함과 동시에 국가수준 교육과정인 2019 개정 누리과정은 유치원 유아 3~5세 대상으로 반드시 배워야 할 교육내용을 국가수준으로 지정해 놓았음을 고시하고 동시에 유아가 주도하는 놀이를 통해 배움을 갖는 놀이중심 교육과정을 표방하였다. 유아교육, 보육의 국가 책임을 강화하고 동시에 '2015 개정 초 · 중등학교 교육과정'의 취지와 내용을 반영하여 연계하였다. 동시에 유아, 교사, 기관 및 국가 차원에서 중요성을 가진다. 유아 차원에서는 3~5세 유아가 편견 없이 양질의 교육적 경험을 하고, 교사, 기관 차원에서는 누리과정 운영의 자율성을 가지며 우선적으로 운영하는 책임감을 강조하며, 국가 차원에서는 개정 누리과정이 현장에서 지속적으로 운영되도록 행정적 · 재정적 지원을 해야 하는 의무가 있음을 명시하였다(교육부 · 보건복지부, 2019).

3) 유아와 교사가 함께 만들어가는 교육과정

개정 누리과정이 교과목표를 달성하기 위해 교육내용을 선정 · 조직하거나,

유아에게 미리 학습내용을 선정하고 조직하기보다는 유아가 현재 생활 속에서 경험하는 총체가 놀이임을 인식하고 교사와 유아가 함께 만들어가는 교육과정을 강조하였다. 또한 국가수준의 교육과정이 국가에서 일방적으로 만들어서 '주어지는 교육과정'이 아니라 교육을 직접 실천하는 각 학교수준에서 편성 · 운영하는 '만들어가는 교육과정'을 명시하고 있다. 즉, 유아, 교사, 유치원, 원장(감), 학부모 및 지역사회가 함께 실현해 나가는 것을 추구하는 교육과정이다(교육부 · 보건복지부, 2019).

4) 교사의 역할과 놀이기록

유아의 놀이를 지원하는 교사는 자율성을 갖고 전문가로서 유아의 놀이를 지원하는 데 주력하고, 유아의 놀이를 예측하기 어렵기 때문에 교사는 놀이 흐름을 인식하고 동행하면서 적절한 교육적 고민을 통한 놀이지원을 위해 생각 · 판단 · 실천해야 한다. 교사의 자율성은 유아의 배움을 실현하기 위한 교육적 판단에 중요하므로 강조된다. 개정 누리과정은 국가수준의 공통기준을 최소화하였고 교사 자율성 확보와 동시에 지역사회의 다양성을 존중한다. 교사는 유아가 놀이를 통해 배운다는 인식을 통해 놀이의 가치를 믿고 유아가 중심이 되는 놀이가 살아나는 교육과정을 구현하도록 노력해야 할 책무성이 있다(교육부 · 보건복지부, 2019).

교사의 놀이기록은 유아의 놀이 경험을 평가와 연계하여 운영하는데, 여기서도 평가의 자율성을 보장하고 있다. 교사는 평가 목적, 대상, 방법, 결과활용으로 간략하게 제시하고, 유아의 실제놀이내용, 교사의 놀이지원 내용을 기록하여 유아평가 및 누리과정 평가와 연계하도록 활용할 수 있다.

〈표 7-1〉 개정 누리과정의 수업계획안 형식 예시

놀잇감 탐색 및 놀이 제안 내용	
놀잇감 또는 놀이목록	예 에어캡
놀잇감 사진	1. 놀이설명
놀잇감을 활용하여 직접 실행한 놀이목록(제목) 1. 2. 3. 4. 5.	2.
	3.
	4.
	5.
놀이사진 또는 느낀 점	

〈표 7-2〉 개정 누리과정 실제 수업계획안 사례 1

놀잇감 탐색 및 놀이 제안 내용	
놀잇감 또는 놀이 목록	**에어캡**
	1. 한 발로 뛰기, 스키핑 등 다양한 방법으로 뛰면서 발로 탐색하기 

<table>
<tr>
<td rowspan="4">놀잇감을 활용하여 직접 실행한 놀이목록

1. 뛰기
2. 구르기
3. 그림그리기
4. 누가 더 빨리 터트리나 게임
5. 에어캡 위에 주사위 올리고 튕기기</td>
<td>2. 바닥에서 구르기, 몸에 감싸고 구르기, 벽으로 구르면서 터뜨리기 등 다양한 방법을 통해 온몸으로 에어캡을 느끼고 터트리기
</td>
</tr>
<tr>
<td>3. 에어캡에 자유롭게 그림을 그리고 창문에 붙이기
 </td>
</tr>
<tr>
<td>4. 유아에게 일정한 에어캡을 주고 다양한 방법으로 누가 먼저 터트리나 대결하기
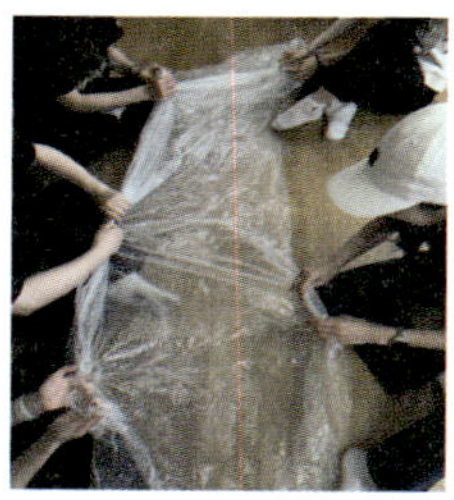</td>
</tr>
<tr>
<td>5. 에어캡 위에 주사위 올리고 튕기기
</td>
</tr>
</table>

<〈표 7-3〉 개정 누리과정 실제 수업계획안 사례 2

놀이 배경	아이들이 공을 옮기는 놀이를 하다가, 천을 이용해서 공을 튕기는 놀이를 우연히 발견하여 시작하였다.		
놀이 큰 제목	너울너울 아름다운 옷감놀이		
놀이의 흐름	놀이 소제목	사진	놀이 의미
놀이 1	천으로 그림 그리기		이 놀이를 통해 예술경험에서 예술을 통해 창의적으로 표현하는 과정을 즐기고, 자연탐구에서 일상에서 호기심을 가지고 탐구하는 과정을 즐기며 창의적인 사람으로 만들고자 하였다.
놀이 2	천으로 징검다리 만들기		이 놀이를 통해 신체운동·건강에서 신체활동에 즐겁게 참여하고, 예술경험에서 다양한 예술 표현을 존중하며 건강한 사람으로 만들고자 하였다.
놀이 3	꼬리잡기		이 놀이를 통해 신체운동·건강에서 신체활동에 즐겁게 참여하고, 사회관계에서 다른 사람과 사이좋게 지내는 것을 통해 더불어 사는 사람으로 만들고자 하였다.
놀이 4	도미노로 패션쇼 길 만들기		이 놀이를 통해 예술경험에서 예술을 통해 창의적으로 표현하는 과정을 즐기며 감성이 풍부한 사람으로 만들고자 하였다.
놀이 5	색종이로 액세서리 만들기		이 놀이를 통해 사회관계에서 다른 사람과 사이좋게 지내고 예술경험에서 다양한 예술 표현을 존중하며 창의적인 사람으로 만들고자 하였다.

놀이 6	알록달록 패션쇼		이 놀이를 통해 신체운동 · 건강에서 신체활동에 즐겁게 참여하고, 사회관계에서 자신을 이해하고 존중하고 다른 사람과 사이좋게 지내며 자주적인 사람으로 만들고자 하였다.

※놀이 의미 : 건강한 사람, 자주적인 사람, 창의적인 사람, 감성이 풍부한 사람, 더불어 사는 사람

〈표 7-4〉 개정 누리과정 어린이집 일안 사례

<table>
<tr><th colspan="6">교육과정 기록</th></tr>
<tr><td>반 이름(연령)</td><td>○ ○ ○반(3세)</td><td>시기</td><td>20○ ○년 5월 23일 목요일</td><td>수업일수</td><td>일</td></tr>
<tr><td>놀이주제</td><td colspan="2">엄마, 아빠! 같이 놀아요(학부모 참여수업)</td><td>결석 및 투약</td><td colspan="2"></td></tr>
<tr><td>목 표</td><td colspan="5"></td></tr>
</table>

시간/ 활동명	활동내용	시간/ 활동명	활동내용

<table>
<tr><th colspan="5">놀이 관찰 기록</th></tr>
<tr><th></th><th>놀이</th><th>사진</th><th>놀이 속 이야기</th><th>선생님의 이야기</th></tr>
<tr><td rowspan="2">학부모
참여
수업</td><td>색놀이</td><td>

</td><td>무지개 물고기 동화를 들려준 후 큰 물고기 틀을 제공하고 색 시트지와 반짝이 시트지를 마음대로 오려 붙여 꾸미도록 하였다. 스스로 가위질을 해서 꾸미는 유아들도 있고, 부모님이 오려주시는 모양 시트지를 붙이고 싶은 곳에 붙이는 유아들도 있었다. 다양한 모양(왕관, 하트모양 등)을 오려 붙이는 부모님들의 모습도 볼 수 있었다.</td><td>▶물고기 틀이 분홍색인 물고기에 모여드는 경향을 보여 각 모둠으로 나누지 않고 물고기 세 마리를 가운데 모아놓고 둥글게 모여 앉아 활동을 하였다. 다툼없이 자연스럽게 세 마리 물고기를 돌아가며 꾸미기도 하고 자신이 원하는 물고기 앞에 앉아 꾸미기도 하는 모습을 볼 수 있었다.</td></tr>
<tr><td>빛놀이</td><td>
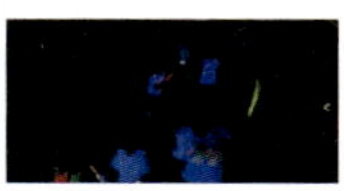
</td><td>흰 티셔츠에 물감으로 꾸미고 말린 후 입고, 야광팔찌를 손목에 찬 후 어둠의 방으로 입장하였다. 야광팔찌를 탐색하고 어둠 속에서 가장 잘 보이는 색을 살펴보았다. 이후 친구 찾기 놀이와 주변의 그림 찾기 놀이를 해보았다. 비슷한 티셔츠를 입</td><td>▶지난 과학놀이 때도 △△는 어둠의 방을 무서워했었다. 오늘은 아빠와 함께 있어도 무섭다며 참여하지 못하였다.</td></tr>
</table>

			고 부모님의 뒤에 숨어있으니 서로 찾는 것이 재미있는지 깔깔 웃음소리가 넘쳐났다. 디비딥 음악에 맞춰 춤을 출 때는 ○○이 아버지의 댄스에 모두가 웃음 지었고, 마지막 보물찾기에서는 손전등을 이용하여 많은 보물들을 찾아낼 수 있었다.	
	물놀이		처음에는 물놀이에 대한 걱정과 거부감이 있었던 부모님들도 물총 볼링놀이와 배 띄우기 놀이 등 아이들이 즐거워하는 모습을 보니 함께 놀이하기 시작하였다. 수도 호스를 이용하여 물을 세게 보내는 게 재미있었는지 □□는 계속 호스를 잡고 물을 흘려보냈고, 다양한 배와 자동차들을 물에 띄우고 보내는 일에 집중해 보고 물의 압력을 탐색해 보는 활동에 열심히 참여하였다.	▶물총 볼링은 물총의 압력이 낮아서인지 볼링핀이 잘 쓰러지지 않았지만 물총이라는 도구만으로도 즐거워했다.
기타				

5) 놀이와 배움을 유아의 삶 속에서 하나로 엮기

유아교육에서 전통적으로 놀이를 강조하고 유아 일상생활에서 자연스럽게 나타나야 한다고 하였다. 따라서 유아는 놀이를 통해 세상을 경험하고 배워가고 놀이의 중심이 되어 자신의 신체의 감각을 활용한다. 그 안에서 유아는 기억으로 자연과 세상을 만나고 움직임, 표정, 재미있는 말과 이야기, 그림, 노래 등을 통하여 놀이의 과정에서 배움을 얻게 된다. 유아는 놀이를 통해 타인과 관계를 맺고 세상의 구성원으로 자신의 역할을 이해하게 돕는다(임부연 외, 2021). 지금까지 현장에서 교사용 지도서에 따라 획일적으로 수업을 계획하고 운영한 자유선택활동 중심의 활동에서 벗어나 유아 스스로 자신에게 적합한 방식으로 스스로 놀이를 통해 배우고 교사는 유아의 놀이에 귀를 기울여 유아가 중심이 되고 살아나는 교육과정을 만들 책무가 있다. 따라서 교사는 놀이의 가치와 의미를 이해하고 유아의 놀이를 통한 배움을 지원하도록 노력해야 한다(교육부 · 보건복지부, 2019).

2 개정 누리과정 고시문 이해하기

2019 개정 누리과정은 다음과 같이 집약 설명될 수 있다. 최소한의 개정 누리과정 놀이에 대한 규정을 고시문에 제시함으로써 교사의 자율성을 최대한 보장하려 하였다. 2013 연령별 누리과정이 11권의 교사용 지도서를 제시한 반면, 단 13페이지로 집약된 고시문을 통해서 현장의 자율성을 최대로 하고 고시문을 중심으로 실행하도록 권고하고 있다(교육부 · 보건복지부, 2019).

개정 누리과정의 성격, 총론의 누리과정의 구성방향과 누리과정 운영을 살펴보면 다음과 같다(교육부 · 보건복지부, 2019).

개정 누리과정의 성격	성격 5개
개정 누리과정의 구성방향	추구하는 인간상
	목적과 목표
개정 누리과정의 운영	편성 · 운영
	교수 · 학습
	평가
5개 영역의 내용범주(15개)와 내용(59개)	신체운동 · 건강 영역
	의사소통 영역
	사회관계 영역
	예술경험 영역
	자연탐구 영역

3 개정 누리과정의 인간상, 목적 및 목표

유아는 일상생활에서 다양한 경험을 통해 성장 · 발달한다. 놀이는 바로 일상 경험 안에서 일어나며 5개 영역을 통해 나아간다.

1) 개정 누리과정 인간상

유아는 놀이를 중심으로 스스로 5개 영역 내용을 일상적으로 놀이로 경험하여 궁극적으로 추구하는 인간상을 향해 성장해 나간다. 이러한 인간상은 놀이를 통해서 달성되는 특징적 부분이다. 놀이를 하면 신체가 건강해지고, 스스로 의사결정을 하고 주도성을 갖게 되며, 남과는 다른 창의적인 생각과 사고를 하게 되고, 사회의 현상이나 사물을 보게 되면 감정이입, 공감능력을 갖게 되며, 마지막으로 다른 사람과 더불어서 사는 세계를 이해하고 실행할 수 있음을 나타낸다. 다만, 추구하는 인간상과 5개 영역은 일대일 대응 관계가 아님을 총론에서는 강조하고 있다(교육부 · 보건복지부, 2019).

추구하는 인간상	내 용
건강한 사람	건강한 몸과 마음을 기른다. 안전한 생활을 유지한다.
자주적인 사람	자신을 잘 알고 존중하며 주도적으로 생활한다. 자신이 하고 싶은 것을 자신이 결정하고 참여한다.
창의적인 사람	개방적이고 호기심이 많고 창의적이다. 일상에서 탐구하며 문제해결을 한다.
감성이 풍부한 사람	예술을 사랑하고 아름다움을 발견할 수 있다. 일상 놀이 속에서 아름다움을 표현하고 문화를 향유한다.
더불어 사는 사람	타인과 더불어 살고 관심을 갖는다. 동식물과 주변 환경에 관심을 갖고 소중히 여긴다.

2) 개정 누리과정의 목적과 목표

(1) 누리과정의 목적

누리과정의 목적은 유아가 놀이를 통해 심신의 건강과 조화로운 발달을 이루고 바른 인성과 민주 시민의 기초를 형성하는 데에 있다.

(2) 누리과정의 목표

누리과정의 목표는 5개 영역의 목표와 일대일 대응 관계가 아니며 59개의 내용에 고르게 분포되어 있다. 또한 누리과정 목표는 추구하는 인간상을 포함하여 누리과정 목적의 구체적 내용을 제시하고 있다(교육부 · 보건복지부, 2019).

가. 자신의 소중함을 알고, 건강하고 안전한 생활습관을 기른다.

추구하는 인간상 중 '건강한 사람'에 해당하는 것으로, 유아는 놀이를 통해 몸을 마음껏 움직이고 자신의 감정과 욕구에 귀 기울여 조절하는 경험을 한다. 또한 유아에게는 일상에서 환경의 변화에 적응하는 데 필요한 건강하고 안전한 생활을 지속적으로 경험하는 것이 중요하다. 유치원과 어린이집은 유아가 자신의 몸과 마음에 대한 긍정적인 생각을 키워, 자신을 소중히 여기는 사람으로 성장하도록 도와야 한다. 또한 유아가 자신의 신체 리듬에 맞게 생활하고, 위험한 상황에 대처하는 방법들을 배울 수 있도록 지원해야 한다. 누리과정을 통해 유아는 자신의 소중함을 알게 되고 건강하고 안전한 생활습관을 기르는 경험을 하여 건강한 사람으로 성장해 나간다(교육부 · 보건복지부, 2019).

나. 자신의 일을 스스로 해결하는 기초능력을 기른다.

추구하는 인간상 중 '자주적인 사람'에 해당하는 것으로, 자신의 생각과 능력을 알고 스스로 결정하고 문제를 해결하는 능력을 기른다. 또한 자신이 하고 싶은 것을 자신이 결정하고 참여한다.

다. 호기심과 탐구심을 가지고 상상력과 창의력을 기른다.

추구하는 인간상 중 '창의적 사람'에 해당하는 것으로, 개방적이고 호기심이 많고 창의적인 능력을 기르고 독창적인 생각을 하여 자유롭게 도전정신을 갖도록 하는 것이다.

라. 일상에서 아름다움을 느끼고 문화적 감수성을 기른다.

추구하는 인간상 중 '감성이 풍부한 사람'에 해당하는 것으로, 자연과 문화에 대한 감수성을 바탕으로 일상에서 아름다움을 느끼고 즐기는 마음을 가지도록 돕는다.

마. 사람과 자연을 존중하고 배려하며 소통하는 태도를 기른다.

추구하는 인간상 중 '더불어 사는 사람'에 해당하는 것으로, 자연을 사랑하고 다른 사람을 존중하고 배려하며 서로 소통할 수 있는 태도를 기르게 한다.

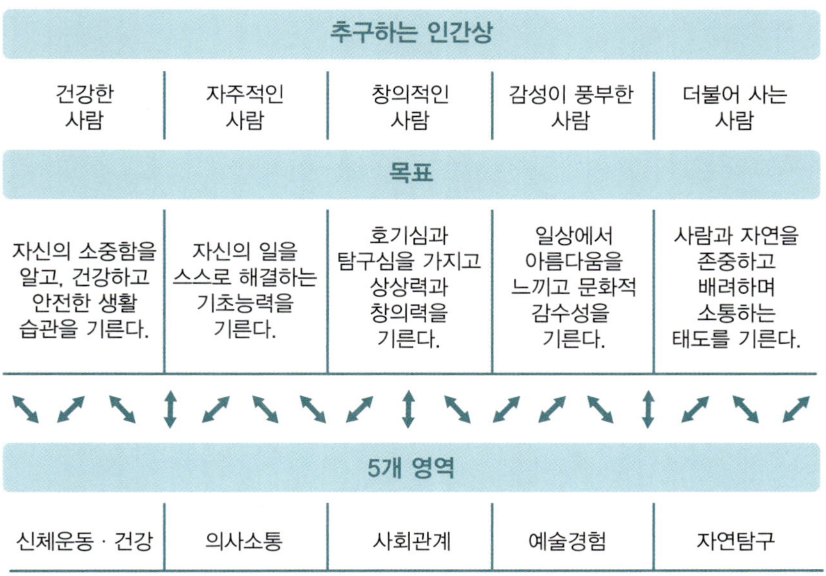

[그림 7-1] 인간상, 목표, 5개 영역 연계성 도표

출처 : 교육부 · 보건복지부(2019). 2019 개정 누리과정 해설서.

3) 누리과정의 교육내용 구성 시 중점사항

개정 누리과정의 구성 중점은 다음과 같이 제시하고 있다(교육부 · 보건복지부, 2019).

(1) 3~5세 모든 유아에게 적용할 수 있도록 구성한다

연령별 구분 없이 유치원과 어린이집은 3~5세 유아가 경험해야 할 공통적 · 일반적 내용을 제시하고 장애, 종교, 가족구성, 사회문화적 계층에 의해 차별받지 않고 서로의 차이를 존중한다.

(2) 추구하는 인간상 구현을 위한 지식, 기능, 태도 및 가치를 반영하여 구성한다

놀이를 통한 배움으로 지식, 기능, 태도 및 가치를 경험하며, 추구하는 인간상을 향해 성장한다.

(3) 신체운동 · 건강, 의사소통, 사회관계, 예술경험, 자연탐구의 5개 영역을 중심으로 구성한다

놀이를 통해 5개 영역을 분절적으로가 아니고 통합적으로 실천한다.

(4) 3~5세 유아가 경험해야 할 내용으로 구성한다

5개 영역의 내용을 총 59개 내용으로 간략화하고, 유아가 경험하는 실제적 놀이를 통한다.

(5) 0~2세 보육과정 및 초등학교 교육과정의 연계성을 고려하여 구성한다

0~2세 보육과정과 3세의 경험이 분절되지 않게 구성하고, 초등학교 교육과정과의 연계성 강조를 위해 교육내용의 계열성, 체계와 형식을 통일한다.

4) 개정 누리과정의 5개 영역

2019 개정 누리과정은 그동안 5개 영역으로 구성하였듯이 ‘영역’을 중심으로 유아가 실제 경험하고 놀이할 내용을 조직하였다. 우리나라 유치원 교육과정이 1969년 2월 이후 변천을 거듭하여 여러 차례 교육과정 영역에 있어서 개수와 영역 명칭을 개정하였으나 개정 누리과정에서도 계속하여 ‘영역’ 중심으로 교육내용을 구성하였다. 1979년 영역이 4개(사회 · 정서발달 영역/ 인지발달 영역/ 언어발달 영역/ 신체발달 및 건강 영역)이고 나머지 개정의 영역은 통합되고 분리되어 5개(신체운동 · 건강/ 의사소통/ 사회관계/ 예술경험/ 자연탐구)를 늘 유지하였다. 개정 초등교육과정과 연계성을 위해 누리과정 5개 영역은 유아에게 요구되는 경험과 놀이를 통한 배움을 위해 통합적으로 활용되고 있다. 예를 들어, 과학영역의 놀이를 하면서도 동시에 음률, 수개념 등의 활동목표가 달성될 수 있도록 하였다. 2019 개정 누리과정에서는 대강화와 간략화를 통해 내용범주와 내용을 축소 · 통합하여 신체운동 · 건강 영역 12개, 의사소통 영역 12개, 사회관계 영역 12개, 예술경험 영역 10개, 자연탐구 영역 13개의 내용으로 하여 전체 59개의 내용으로 구성하였다. 각 영역은 3개의 내용범주 아래 총 15개의 내용범주로 구성하였다. 59개의 내용은 놀이에서 일어나는 배움을 이해할 수 있도록 돕는 것이고 놀이에서 나타나는 의미와 배움을 연계하여 이해하는 데 활용할 수 있다. 따라서 59개의 내용이 유아의 발달성취기준이나 평가의 틀은 아님을 강조하였다. 다음의 내용은 2019 개정 누리과정 해설서를 참조하였다(교육부 · 보건복지부, 2019).

(1) 신체운동 · 건강 영역

신체운동 · 건강 영역은 유아가 몸을 움직이고 건강하고 안전하게 생활하도록 놀이를 지원하는 영역이다. ‘신체활동 즐기기’, ‘건강하게 생활하기’ 및 ‘안전하게 생활하기’의 3개 내용범주와 그에 따른 12개의 내용으로 구성되어 있다. ‘신체활동 즐기기'는 신체를 인식하고 움직이며 기초 이동운동, 도구 이용 운동을 통해 자발적으로 실내외 신체활동에 참여하는 놀이내용이다.

내용범주	내 용
신체활동 즐기기	신체를 인식하고 움직인다.
	신체 움직임을 조절한다.
	기초적인 이동운동, 제자리 운동, 도구를 이용한 운동을 한다.
	실내외 신체활동에 자발적으로 참여한다.
건강하게 생활하기	자신의 몸과 주변을 깨끗이 한다.
	몸에 좋은 음식에 관심을 가지고 바른 태도로 즐겁게 먹는다.
	하루 일과에서 적당한 휴식을 취한다.
	질병을 예방하는 방법을 알고 실천한다.
안전하게 생활하기	일상에서 안전하게 놀이하고 생활한다.
	TV, 컴퓨터, 스마트폰 등을 바르게 사용한다.
	교통안전 규칙을 지킨다.
	안전사고, 화재, 재난, 학대, 유괴 등에 대처하는 방법을 경험한다.

(2) 의사소통 영역

의사소통 영역은 주변 사람과 소통하고 관계를 맺는 동시에 타인의 말을 잘 듣고 자신의 생각과 느낌을 표현하며 소통한다. 또한 글자에 관심을 갖고 책과 이야기를 즐기는 내용으로 '듣기와 말하기', '읽기와 쓰기에 관심 가지기' 및 '책과 이야기 즐기기'의 3개 내용범주와 그에 따른 12개의 내용으로 구성되어 있다. 읽고 쓰게 하는 것이 아니라 관심을 갖는 정도로 글자 변별력을 키우는 것이 놀이 내용이다.

내용범주	내 용
듣기와 말하기	말이나 이야기를 관심 있게 듣는다.
	자신의 경험, 느낌, 생각을 말한다.
	상황에 적절한 단어를 사용하여 말한다.

	상대방이 하는 이야기를 듣고 관련해서 말한다.
	바른 태도로 듣고 말한다.
	고운 말을 사용한다.
읽기와 쓰기에 관심 가지기	말과 글의 관계에 관심을 가진다.
	주변의 상징, 글자 등의 읽기에 관심을 가진다.
	자신의 생각을 글자와 비슷한 형태로 표현한다.
책과 이야기 즐기기	책에 관심을 가지고 상상하기를 즐긴다.
	동화, 동시에서 말의 재미를 느낀다.
	말놀이와 이야기 짓기를 즐긴다.

(3) 사회관계 영역

사회관계 영역은 사회적 관계 맺기를 위하여 자신을 알고 주변 사람과 관계 맺기를 통해 타인을 배려함과 동시에 내가 사는 사회에 관심을 갖고 다양한 문화에 관심을 갖는 내용으로 3개의 내용범주와 12개의 내용으로 구성되어 있다. '나를 알고 존중하기'는 자신을 이해하고 알고 소중히 여기고, 유아가 자신의 감정을 스스로 적절하게 표현하는 놀이를 통해 긍정적 자아개념과 자율성을 획득하는 내용으로 구성되어 있다. '더불어 생활하기'는 가족과 친구의 의미를 알고 도우며 긍정적인 방법으로 갈등을 해결하고 타인의 감정, 생각을 존중함과 동시에 약속, 예의 및 규칙의 필요성을 알고 행동하도록 하는 내용으로 구성되어 있다. '사회에 관심 가지기'는 자신의 속한 사회에 관심과 자부심을 갖도록 하는 내용으로 구성되어 있다.

내용범주	내 용
나를 알고 존중하기	나를 알고 소중히 여긴다.
	나의 감정을 알고 상황에 맞게 표현한다.
	내가 할 수 있는 것을 스스로 한다.

더불어 생활하기	가족의 의미를 알고 화목하게 지낸다.
	친구와 서로 도우며 사이좋게 지낸다.
	친구와의 갈등을 긍정적인 방법으로 해결한다.
	서로 다른 감정, 생각, 행동을 존중한다.
	친구와 어른께 예의 바르게 행동한다.
	약속과 규칙의 필요성을 알고 지킨다.
사회에 관심 가지기	내가 살고 있는 곳에 대해 궁금한 것을 알아본다.
	우리나라에 대해 자부심을 가진다.
	다양한 문화에 관심을 가진다.

(4) 예술경험 영역

예술경험 영역은 일상에서 아름다움을 느끼고 창의적으로 표현하고 다양한 예술활동에 참여하고 존중하며 그 감성을 표현하고 감상하는 것을 즐기는 내용으로 구성되어 있다. '아름다움 찾아보기', '창의적으로 표현하기' 및 '예술 감상하기'의 3개 내용범주와 10개의 내용으로 구성되어 있다. '아름다움 찾아보기'는 자연에서 아름다움을 찾고 예술적 요소에 관심을 갖고 찾는 경험을 강조한다. '창의적으로 표현하기'는 다양한 도구를 이용하여 자신의 느낌을 다양하고 창의적으로 표현하고, 동극놀이를 경험하고 이야기를 표현하는 내용을 강조한다. '예술 감상하기'는 예술 표현을 감상하고 상상하여 우리나라 전통 예술에 자부심을 갖고 감성이 풍부한 유아로 발달하게 경험하는 내용을 강조한다.

내용범주	내 용
아름다움 찾아보기	자연과 생활에서 아름다움을 느끼고 즐긴다.
	예술적 요소에 관심을 갖고 찾아본다.
창의적으로 표현하기	노래를 즐겨 부른다.
	신체, 사물, 악기로 간단한 소리와 리듬을 만들어 본다.
	신체나 도구를 활용하여 움직임과 춤으로 자유롭게 표현한다.
	다양한 미술 재료와 도구로 자신의 생각과 느낌을 표현한다.
	극놀이로 경험이나 이야기를 표현한다.

예술 감상하기	다양한 예술을 감상하며 상상하기를 즐긴다.
	서로 다른 예술 표현을 존중한다.
	우리나라 전통 예술에 관심을 갖고 친숙해진다.

(5) 자연탐구 영역

자연탐구 영역은 유아들이 궁금증을 해결하기 위해 유아의 본성인 탐색과 탐구를 즐기며 물체, 생물, 자연현상 및 동식물 등을 수학적 · 과학적으로 탐구하는 경험으로 구성되어 있다. '탐구과정 즐기기', '생활 속에서 탐구하기' 및 '자연과 더불어 살기' 등의 3개 내용범주와 13개의 내용으로 구성되어 있다. '탐구과정 즐기기'는 호기심을 갖고 궁금한 것을 탐구하며 타인의 생각에 관심을 가지는 내용이다. '생활 속에서 탐구하기'는 일상생활 속에서 주변 세계를 다양하게 탐색하고 경험하여 이를 수학적 · 과학적으로 표현하고 이해하는 내용이다. '자연과 더불어 살기'는 주변 동식물의 생명을 소중히 여기고 자연과 함께 더불어 소중히 여기고 살아가도록 하는 내용이다.

내용범주	내 용
탐구과정 즐기기	주변 세계와 자연에 대해 지속적으로 호기심을 가진다.
	궁금한 것을 탐구하는 과정에 즐겁게 참여한다.
	탐구과정에서 서로 다른 생각에 관심을 가진다.
생활 속에서 탐구하기	물체의 특성과 변화를 여러 가지 방법으로 탐색한다.
	물체를 세어 수량을 알아본다.
	물체의 위치와 방향, 모양을 알고 구별한다.
	일상에서 길이, 무게 등의 속성을 비교한다.
	주변에서 반복되는 규칙을 찾는다.
	일상에서 모은 자료를 기준에 따라 분류한다.
	도구와 기계에 대해 관심을 가진다.
자연과 더불어 살기	주변의 동식물에 관심을 가진다.
	생명과 자연환경을 소중히 여긴다.
	날씨와 계절의 변화를 생활과 관련짓는다.

08 CHAPTER

개정 누리과정에서의 놀이지원과 놀이 의미 읽기

CHAPTER

08 개정 누리과정에서의 놀이지원과 놀이 의미 읽기

1 놀이지원자로서 교사 역할

개정 누리과정의 실행에 따라 교사의 교육과정 계획하기와 놀이지원 역할에 많은 변화가 뒤따른다. 개정 누리과정에서는 5개 영역의 간략화에 따라 상대적으로 교사의 교육과정, 즉 놀이운영과 지원에 많은 자율성을 부과하는 한편 책무성도 요구된다.

즉, 유아의 놀이가 일상생활, 활동에서 잘 만들어질 수 있도록 교육적으로 고민하고 지원하는 교사의 역할 및 실천이 요구된다. 교육과정 패러다임의 큰 변화에 따른 개정 누리과정의 교사 역할은 다음 네 가지로 요약된다(교육부 · 보건복지부, 2019).

첫째, 유아 · 놀이중심 교육과정을 이해하고 실천하는 역할

둘째, 놀이를 통한 배움을 지원하는 역할

셋째, 놀이와 배움을 기록하고 평가하는 역할

넷째, 함께 배우며 성장하는 역할

1) 유아 · 놀이중심 교육과정을 이해하고 실천하는 역할 : 교육적 지원 계획하여 놀이 편성하기

개정 누리과정에서의 교육과정 계획은 교사의 의도와 학습자로서 유아의 경험과 배움의 밑그림이 되므로 계획한 대로 실행하는 것이 아니라 학습자의 놀이와 배움을 지원하여 풍부한 놀이가 일어나도록 교사와 유아가 함께 협력하여 만들어가는 교육과정의 의미로 이해해야 한다(임부연 외, 2021). 따라서 유아의 놀이를 통한 배움을 지원하기 위한 공간, 시간, 관계 등을 조직하고 배치하는 일련의 과정을 의미한다(교육부 · 보건복지부, 2019). 전통적으로 교사가 미리 생활주제를 설정하여 연간, 월간, 주간 및 일일계획을 세우고 계획대로 실행하였으나, 개정 누리과정에서는 유아의 실제 놀이를 중심으로 놀이와 배움이 구체적으로 융통성 있게 기록 · 지원되도록 한다. 교육계획안의 형식과 종류는 자율성을 부과하고 있다. 따라서 월간과 주안을 통합하거나 주안과 일안을 통합하는 방식을 자유롭게 실시한다(교육부 · 보건복지부, 2019).

연간계획 검토하기 (장기계획)	연간계획은 기관의 특성(교사협의, 학부모 의견수렴, 월별 예상 주제, 유치원 행사, 안전계획 수립, 부모교육 계획, 유 · 초 연계교육), 교육철학 및 지역사회 특성을 반영하는 기관 차원의 계획 수립	유치원(기관) 차원
월, 주간 검토하기 (단기계획)	월간과 주간은 통합하여 계획 가능함	교실 차원
주간 및 일일계획 검토하기(단기계획)	주간계획과 일일계획을 통합하여 계획 가능함	교실 차원
기관, 교사의 실정에 맞게 계획안의 형식 변경하기	개정 누리과정은 놀이기술 형식에 대해 자율성을 부여하므로 유치원, 교사 차원에서 기존의 형식을 수정 · 보완하여 사용할 수 있음	

(1) 월간과 주간 계획안이 통합된 예시

■ 스카프 놀이	■ 아직 끝나지 않은 공연

스카프 하나로 여러 가지 재미있는 놀이가 생겨난다. 스카프는 침대, 두건, 이불, 스카프, 치마, 마스크, 레이스, 밥상 무대 옷, 무대장식 등 여러 가지로 변신 가능한 매력적인 놀잇감이다.	공연은 역할놀이에서 계속되고 있다. 스카프로 무대 장식을 하고 무대 옷 꾸미기를 해서 공연을 했다. 아이들이 학예발표회에 했던 퀸, 얼음 땡 놀이도 하였고, 〈노는 게 좋아〉 〈호키포키〉 노래에 맞춰 공연 놀이를 하였다.

사례 월간과 주간이 통합된 계획안 예시

■ 병원놀이	■ 느끼는 대로 물감놀이

병원놀이 중이다. 약은 초콜릿으로 만들어서 약마다 이름을 지어주었다. 선생님한테는 〈목소리가 부드러워지는 약〉을 처방해 주었다. 글자를 모르면 그림으로도 그려놓았다.	물감놀이를 계속하고 있다. 느끼는 대로의 그림책처럼 느끼는 대로 마음껏 물감으로 놀이하였다.

■ 안전교육					■ 방과후과정				
월	화	수	목	금	월 (창의미술)	화 (튼튼체육)	수 (종이접기)	목 (창의로봇)	금 (창의로봇)
안전띠를 매요	미끄러운 곳을 조심해요	인터넷 예절을 알아보아요	눈이 오는 날에도 안전하게 걸어요	동상과 저체온증은 위험해요	눈 오는 날, 캐릭터 양초	내 몸을 움직여요	딱지, 트리, 눈사람	나만의 로봇	개구리와 생쥐

[뒷면]

⊙ 가정통신란

1. 등 · 하원 시 스쿨버스 이용 안내
   - 등 · 하원 시 아이들이 안전하게 차량을 이용할 수 있도록 지도 부탁드립니다.
2. 공동교육과정 놀이한마당– 찾아가는 인형극 관람 안내
   - 일시 : ○○○○.12월 ○○일 화. 10:00~11:00
   - 장소 : 성류관
3. 생일잔치 안내
   - 일시 : ○○○○.12월 ○○일 수. 14:00~
   - 생일 맞은 유아 : ○○○, ○○○
4. 졸업 및 수료식 안내
   -일시 : ○○○○.12월 ○○일 금. 10:00~
   -장소 : 성류관
5. 2020 신입오리엔테이션 안내
   - 일시 : ○○○○.12월 ○○일 금. 14:00~15:00
   - 장소 : 1층 발명실
6. 영유아건강검진 안내
   -영유아 건강검진을 마쳤다면 영유아건강검진결과표를 유치원으로 꼭!! 보내주시기 바랍니다.
7. 겨울계절유치원 안내
   - 기간 : ○○○○.1월 ○○일(목)~○○○○.12월 ○○일(금) 15일간
   -자세한 사항은 안내장을 다시 배부하겠습니다.

(2) 주간과 일일 계획안이 통합된 계획안 예시

주제	우리 동네	목표	내가 살고 있는 곳에 대해 궁금한 것을 알아본다.

요일	실행	지원
...	...	...
목	• 교실 한 켠에 있는 지도에 대해 관심을 가지고 가장 빨리 가는 길에 대한 대화를 나눔.	✓ 인터넷을 활용하여 유아가 지도를 잘 볼 수 있도록 지원함.
금	• 인터넷으로 본 지도를 보며 그림으로 길을 표상함. 교실에 있는 종이가 작다고 하면서 점점 더 큰 크기의 종이를 요청함.	✓ 더 큰 종이 제공함: 도화지 → 4절지 → 전지 → 전지 이어 붙여서 그림 그리기.
월	• 지난주 금요일에 이어 길을 그림으로 표상함. 그림에서 일반도로 뿐 아니라 다양한 길(예: 지하철, 고속도로 등)에 대한 표상이 나타남. • 종이를 이어 붙이는 것의 불편함과 더불어 이어 붙인 종이 위에 올라가서 그림을 그리자 다시 그릴 공간이 좁아지는 상황이 벌어짐.	✓ 문제 해결 방법에 대해 유아들과 토의하였고 복도에 나가서 그림을 그리기로 결정함. ✓ 종이는 계속 이어 붙이기 어려워 바닥에 그림을 그리면 좋겠으나 바닥을 훼손하면 안 되므로 다음날 교사와 함께 자료실에 가서 바닥에 그리기 적절한 그리기 도구가 있는지 찾아보기로 함.
화	• 자료실에 가서 바닥에 그리고 지우기 적절한 그리기 도구를 찾다가 우연히 테이프를 발견하고 테이프로 길을 만들자고 함. • 유아가 선택한 자료인 테이프로 유아는 복도에서 길을 만들기 시작함.	 ✓ 교사와 유아가 함께 자료실에 가서 유아가 선택한 자료(절연 테이프)를 제공함. ✓ 교실 외 놀이공간(복도) 활용함.
수	• 복도에서 이어서 놀이함. 길이 더 길어지고 커짐. • 색테이프를 요청함. • 테이프로 벽에도 표상을 시작함. 노랑-고속도로 파랑-1호선 초록-2호선 빨강-3호선 "아파트는 바닥X. 서있잖아."	✓ 벽까지 올라가서 어떻게 다 떼어 정리하나 걱정도 되었지만 유아들의 놀이를 지켜보기로 함. ✓ 요청에 따라 다양한 색깔의 테이프 추가 제공함. ✓ 테이프로 만든 길 위에 입체적으로 동네를 구성할까 싶어 종이벽돌블록과 소품 일부를 제시해 보았음.
목	• 제시한 블록, 소품에 관심을 보이지 않음. 오로지 테이프로만 길 만들기에 집중함. • 복도도 테이프길로 거의 꽉 차고, 멈춰야 되는지 다른 공간으로 길을 확장해도 괜찮은지 묻기 시작함. • 유아들과 토의 후 계단, 강당까지 가기로 함. • 길/미로/경사로 관련 대화가 오감.	✓ 유아가 안전하게 놀이하도록 교사도 전체를 관찰하지만, 평소 놀이하던 공간이 아니고 다른 학급의 유아들도 오가는 공간이므로 안전하게 놀이할 수 있도록 안전에 대해 짧게 이야기를 나눔. ✓ 유아들의 의견을 받아들여 복도에서 계단, 강당까지 기관 전체로 이어서 놀이하는 것으로 함.
금	• 테이프로 길 만드는 유아들이 줄어들고, 복도나 계단에서 길 만들기 놀이를 하기보다는 뛰어다니는 유아들이 많아짐. • 테이프를 떼어 정리하는 과정에서 돌돌 말린 테이프가 공처럼 되었고 테이프 공은 다시 유아들에게 새로운 놀잇감으로 보이기 시작함.	✓ 길 만들기 놀이에 대한 관심이 줄어들었음. ✓ 정리도 유아와 함께 진행함. 정리하는 과정에서 새로운 놀이자료(테이프 공)를 발견함. ✓ 테이프 공 활용하여 놀이할 수 있는 방법을 유아들 스스로 창안하기 시작함.

– 일과계획의 변화를 기록하고 일과 운영을 간단히 평가한 예

3세 바다반 일일교육계획안

일자	20**년 *월 *일 *요일	수업일수	○○○/○○○일
일과 시간표	09:00~ 등원 09:10~ 실내놀이 10:10~ 오전간식 10:40~ 바깥놀이 ~~11:40~ 화장실 다녀오기~~ 12:10~ 화장실 다녀오기 ~~11:50~ 이야기나누기 '주말 지낸 이야기'~~ ~~12:05~ 점심식사~~ 12:20~ 점심식사 ~~13:05~ 동화 '구름'~~ 13:25~ 귀가지도 및 하원		
누리과정 운영 평가	· 나뭇가지를 탐색하고, 스카프를 활용하여 놀이하는 시간이 길어져서 바깥놀이 시간을 연장함. · 계획해둔 이야기나누기와 동화 활동은 반드시 진행하지 않아도 되는 활동이라고 판단함. · 점심식사 시간을 여유 있게 계획 해두었기 때문에 식사 시작시간을 늦추어도 무리가 없다고 판단함.		

(3) 메모 형식의 놀이기록 예

숲 속 놀이를 마치고 놀이와 점심시간에 주영이에게 어떻게 사냥꾼 생각이 났는지 물어보자 주영이는 "숲에는 원래 사냥꾼이 있는 거예요."라고 대답했다. 옆에 있던 아이들도 사냥꾼은 쫓고 동물은 도망가는 것이라고 말했다.

일부 유아들은 숲에서 주워온 나뭇가지를 내일도 가지고 놀아도 되는지 물었고 그렇게 하도록 허락했고 다른 나뭇가지들도 함께 더 내어주겠다고 했다.

20**. *월. *일 일과 중 관찰

나뭇가지 놀이를 관찰하면서 자연탐구 영역의 배움이 일어났음을 알 수 있었음. 민서는 "이게 제일 짧고, 이게 제일 커." 라고 말하면서 나뭇가지의 크기를 비교, 서열화하였음. 영수는 "애기 나뭇가지~, 어른 나뭇가지~." 라고 말하면서 나뭇가지를 자신의 기준대로 분류해보았음.

20**. *월. *일 오전 숲 속 놀이 중 관찰

(4) 한 주 동안의 누리과정 운영 평가 예

월간계획에 기초하여 한 주간의 누리과정 운영의 실행을 기록하고 평가한 예

<table>
<tr><td colspan="2">기간</td><td colspan="5">5월 2주</td><td></td></tr>
<tr><td colspan="2">요일</td><td>월</td><td>화</td><td>수</td><td>목</td><td>금</td><td></td></tr>
<tr><td rowspan="2">놀이</td><td>봄</td><td colspan="5">• 꽃가게 놀이 확장(조화, 포장지, 끈, 화분, 가위, 테이프, 다양한 종이 등)
꽃가게가 구성되면 자연스럽게 놀이가 진행되도록 지원함. 필요에 따라 놀이그룹 또는 학급전체의 놀이진행상황을 공유하기 위한 이야기 나누기를 진행함.</td><td></td></tr>
<tr><td>반짝이끈</td><td colspan="5">• 그림책 〈빨간 끈〉
반짝이끈 놀이의 진행에 따라 적절한 시기에 그림책을 제공함. 그림책에 대한 관심을 많이 가져 활동을 통해 전체 유아와 함께 읽고 반짝이끈 놀이와 연계하였음.
• 반짝이끈과 상자 놀이
반짝이끈 속에 몸을 숨기던 유아들이 이제는 놀잇감을 숨기고 찾기 놀이를 함. 유아들 스스로 놀이 규칙을 만드는 과정을 지원함.
• 반짝이끈과 상자로 상상놀이하기
반짝이끈과 상자를 이용하여 만들고 싶은 것을 만들었고 결과물을 활용하여 상상놀이가 전개됨.</td><td>계획에 없었지만 진행된 놀이의 기록</td></tr>
<tr><td colspan="2" rowspan="4">활동</td><td colspan="5">• 이야기나누기 '놀이에서 생긴 문제를 어떻게 해결할까?' 갈등상황 해결하기 위해 활동으로 진행</td><td rowspan="4">월안에서 계획했던 내용을 실제 놀이를 반영하여 융통성 있게 실행</td></tr>
<tr><td colspan="5">• 동화 '빨간 끈' ppt동화로 진행함</td></tr>
<tr><td colspan="5">• 노래 '씨앗이 자라서' 꽃가게 놀이 경험과 연계하여 진행함</td></tr>
<tr><td colspan="5">• ~~반짝이끈 게임~~ 진행되지 않음</td></tr>
<tr><td colspan="2">바깥놀이</td><td colspan="5">• 풀 찧어 소꿉놀이하기/반짝이끈 나뭇가지에 묶기</td><td></td></tr>
<tr><td colspan="2">인성교육</td><td colspan="5">• 친구에게 친절하게 말하기</td><td></td></tr>
<tr><td colspan="2">일일 기록 및 지원</td><td>• 반짝이끈 속성을 이용한 놀이로 전개되기 시작함
• 꽃가게를 열기 위해 꽃다발 만들기에 관심을 가짐</td><td>• 반짝이끈과 상자를 같이 활용하여 숨기, 보물찾기 놀이를 함</td><td>• 반짝이끈을 활용하여 상상놀이를 함
• 바깥놀이 동안 풀에 대한 관심을 많이 표현함</td><td>• 반짝이끈 놀이 공간에 대한 갈등상황이 발생하여 이야기 나누기를 진행</td><td>• 반짝이끈 정리하기
• 풀에 대한 관심을 교실로 확장해보고자 함</td><td rowspan="2">일일 및 주간으로 놀이내용과 지원계획에 대해 간단히 기록</td></tr>
<tr><td colspan="2">주간 기록 및 지원</td><td colspan="5">• 반짝이끈으로 놀이하고 정리도 유아가 스스로 할 수 있도록 함. 정리 시 반짝이끈을 비닐에 담아 공이 되었고, 바깥놀이 시 신체활동 소품으로 활용해 보았음. 유아들이 즐겁게 활용하며 놀이하여 반짝이끈 공 굴리기 게임 및 바깥놀이 시 자유롭게 공 놀이하는 자료로 활용해볼 것임.
• 실내놀이에서 지난 2주간 제공하였던 조화와 유아들이 만든 꽃이 어우러져 꽃가게 놀이로 진행됨. 교사가 놀이를 기본적으로 제공하였지만 유아들 사이에서 자발적으로 가게에 필요한 공간구성과 놀이자료를 스스로 만들기 위해 노력하고 의사소통이 활발하게 일어남.
• 바깥놀이에서 풀을 뜯어 소꿉놀이, 찧기 등이 나타나며 봄의 식물에 대한 탐구와 심미적 감상이 활발하게 이루어짐. 교실에서 풀과 관련된 놀이가 이어질 것으로 예상됨.</td></tr>
</table>

출처 : 교육부 · 보건복지부(2019). 놀이실행자료, p. 121.

(5) 교육계획안과 누리과정 운영 평가를 통합한 예

지역사회 '과학체험관'을 방문하고 돌아온 경험이 놀이로 이어져 도르래와 지렛대 놀이가 6주간 전개되었다. 지렛대 놀이는 부모참여 수업을 거치면서 스프링의 원리와 연계하는 형태로 발전하였다. 이러한 놀이 맥락을 반영하여 총 8주에 걸쳐 실행된 교육과정에 맞추어 계획안을 수정하고 평가를 함께 기록하였다.

		도르래	지렛대	스프링	생활에서 불편한 점
놀이	실내	엘리베이터 만들기	→ 지렛대 놀이	→ 스프링발사대 놀이	
		엘리베이터 놀이하기	자석낚시놀이		
		물건 수수께끼			
		톱니바퀴만들기	지렛대 원리 물건 찾기	스프링이 들어간 물건 찾기	
	실외	〈잔디 마당〉 축구하기 〈자전거 길〉 세발 자전거 타기			
		〈대근육 놀이〉 복합놀이기구 이용하기 〈물·모래놀이〉 자연물 이용해서 물·모래놀이 하기			
		〈데크/그늘영역〉 돌탑 쌓기 놀이 〈작은 정원〉 동식물 관찰하고 돌보기			
활동		엘리베이터 놀이를 하려면?	지렛대는 어떻게 이용될까?	스프링은 어떤 물건에 들어있을까?	교시에서 불편한 점을 해결하려면? 만일 편리한 물건이 없다면?
				동화) 쭉 늘어났다 팅 줄어드네	
			노래) 지렛대		
		00과학체험관		00과학체험관 재방문	
누리과정 운영 평가		도르래에 대한 흥미는 블록으로 엘리베이터를 구성하는 놀이로 나타났고, 우연히 시작된 지렛대 놀이를 지원하기 위해 복도를 놀이공간으로 확장하고 유아들이 요구하는 자료를 제공하였더니 유아들 간 상호작용이 활발해지면서 놀이가 2주 이상 지속되었다. 학부모 참여 수업과 연결되며 스프링에 대한 관심이 놀이로 이어져 의미 있었다.			

지렛대 놀이가 발현되어 다음 주 추가 계획됨

유아의 흥미 및 놀이 발현에 따라 수정하여 진행

출처 : 교육부 · 보건복지부(2019). 놀이실행자료, p. 146.

2) 놀이를 통한 배움을 지원하는 역할 : 놀이를 지원하고, 확장시키며 배움 지원하기

유치원 일과 시간 중 대부분을 차지하는 놀이상황에서 놀이를 심화 및 확장시키기 위해 놀이공간을 넓히고, 흥미영역을 통합하여 더 넓은 공간지원 등의 놀이지원을 위해 교사가 다음의 내용으로 놀이지원을 할 수 있다.

(1) 놀이공간 확장지원하기

종래에는 교실에 흥미영역을 배치하는 것을 기본으로 하였으나 이에 한정하지 말고 유아의 흥미, 놀이를 따라서 공간을 확장하거나, 흥미영역을 통합하거나, 실내외 공간을 적극 활용하여 다양한 놀이가 발생되도록 할 필요가 있다. 기본적으로 교실에는 흥미영역과 그에 따른 놀잇감이 비치되어 있으므로, 예를 들어 도미노에 유아의 흥미가 집중되고 놀이집단에 참여하는 유아의 수가 증가한다면 도미노 영역으로 교실 전체를 설정하여도 무방하다.

놀이공간 지원하기	놀이공간을 융통성 있게 배치해 보기	미술영역에서 여러 명이 무언가를 만들기, 오리기 하여 공간이 필요할 때 놀이를 위해 미술영역을 넘어서 다른 공간, 바닥공간으로 융통성 있게 넓혀볼 수 있다.
	놀이공간 넓혀보기	교실에서 유아가 관심 있게 여러 명이 하는 놀이공간은 과감하게 확장하여 충분하게 놀이를 경험할 수 있게 한다. 유아의 참여가 적은 책상과 영역 및 의자를 벽으로 밀거나, 실외, 복도로 이동하여 교실 내 공간을 넓혀볼 수 있다. 또한 교실 내에서 놀이하다가 공간을 넓혀서 복도, 현관, 실외 등으로 넓혀볼 수 있다.
	유아에게 공간배치의 주도권을 부여하기	유아의 놀이 흐름에 따라가다 보면 공간배치에 대한 유아의 판단과 생각을 읽을 수 있다. 이런 놀이중심과 공간확장에 익숙하다 보면 유아 스스로 공간배치에 대한 생각을 갖게 된다. 교사는 이때 유아의 의사를 민감하게 읽고 반영해야 한다. 단, 다수를 위한 공간과 개인의 공간이 공존하도록 하여야 놀이가 동등하게 존중받는 분위기를 만들 수 있다.
	다른 놀이공간을 찾아보기	교사가 미처 생각하지 못하는 자투리 공간, 창고, 현관입구, 교실과 교실 사이 공유공간, 계단이나 계단 밑, 복도 등이 다양하게 변신하여 놀이공간으로 재탄생될 수 있다. 다만, 안전하게 위험요소를 제거하고 유의방법 등을 숙지하게 하여 안전한 놀이공간이 되도록 한다.

(2) 놀이자료 지원하기

놀잇감은 놀이를 표상하는 여러 방식 중의 하나이다. 놀잇감은 유아의 사고대로 변형되기도 하고 선택되기도 한다. 재활용품, 자연물, 자연현상 및 디지털 매체 등을 적극 활용하여 사물에 대한 탐색, 심미적 경험을 창의적으로 경험하게 할 수 있다. 유아는 일상생활에서 다양한 사물을 놀잇감으로 활용하고, 놀잇감이 없는 상황에서도 유아들은 또래들과의 상호작용으로 놀잇감을 만들어 내서 놀이할 수 있는 유능한 존재들이므로 이를 신뢰하고 존중한다. 또한 놀잇감의 기존 고정관념을 없애고 창의적으로 놀잇감을 선택하고 놀이할 수 있도록 놀이지원을 해야 한다.

놀이자료 지원하기	유아가 결정한 자료 활용방법을 격려하기	교사의 의도와는 다르게 유아 자신만의 생각대로 놀이자료를 활용하기도 한다. 이를 격려하고 관찰하여 선택한 놀이자료가 어떻게 놀이 속에서 배움으로 연결되는지 인식하여 다양한 활용방법을 지원한다.
	자연물이나 자연현상도 자료가 될 수 있다	통상 놀이자료라 할 때 장난감, 교재, 교구 등을 생각하는데 생활주제 '환경과 생활'과 소주제에서 볼 수 있듯이 '흙, 바람, 돌, 물, 공기, 빛, 소리 및 기후현상 등인 것처럼 이 모든 것들이 놀잇감이 될 수 있다. 유아의 생활을 에워싸는 환경요소들을 놀이자료로 삼아서 놀이가 일어날 수 있다.
	다양한 일상의 사물을 놀이자료로 활용하기	판매되는 놀잇감 외에도 다양한 일상의 사물들, 즉 생활용품, 재활용품을 활용하여 놀이와 배움에 사용할 수 있다. 그것들의 특성, 형태, 용도, 색, 질감 등의 감각적 지각능력이 놀이로 나타나므로 교사는 기존의 놀잇감 이외에 다양한 놀이자료에 개방적인 태도를 갖고 놀이를 지원해야 한다.
	자료가 없어도 놀이할 수 있다	유아는 놀잇감이 없는 상황에서도 또래와의 사회적 상호작용을 통해 놀이를 할 수 있는 유능한 존재들이다. 신체를 이용하기, 감정과 사고를 표현하기, 움직임에서 놀이가 일어날 수 있으므로 자료가 없는 상황에서도 놀이를 찾아내서 할 수 있도록 해야 한다. 우리 전통놀이들은 특별한 놀잇감이 없어도 신체만을 가지고 놀이를 할 수 있다.
	기존의 자료도 새롭게 활용하기	기존의 사용방법으로 놀이하던 것을 생각을 전환하거나 바꿔서 새롭게 놀이에 놀잇감으로 쓸 수 있다. 블록을 이용한 쌓기놀이에서 게임으로 전환하거나, 교수용 자료를 가지고 자신들만의 놀이로 전환하여 흥미롭게 놀이를 할 수 있다.

(3) 상호작용 지원하기

유아들은 놀이과정에서 많은 상호작용을 한다. 혼자 중얼거리기, 교사에게 질문하기, 또래와 상호작용하기, 놀잇감과 상호작용하기 등 여러 유형의 상호작용을 나타낸다. 개정 누리과정의 유아 · 놀이중심 개정 누리과정의 놀이에서는 특히 유아들의 다양한 상호작용, 즉 대화에 집중하여야 놀이의 흐름을 지원하고 의미를 해석할 수 있다. 따라서 이러한 다양한 상호작용이 활발하게 일어날 수 있도록 놀이 분위기를 조성하고 교사는 다양한 반응을 이끌어 내도록 한다. 이를 위해서는 확산적 사고를 가능하게 하는 교사의 상호작용 기술이 필요하다. 질문을 어떻게 하느냐에 따라 유아의 사고가 정해지므로 교사의 상호작용능력과 질문하는 기술의 숙련성은 매우 필요하다(교육부 · 보건복지부, 2019).

상호작용 지원하기	유아와 유아의 상호작용을 지원하기	유아의 혼잣말, 특징적인 표현에 집중하여 그러한 표현을 격려한다. 친구와 상호작용을 통해 말하기와 듣기를 연습하고 읽고 쓰기의 기초를 배워서 의사소통능력을 향상시킬 수 있다. 유1 : 나는 이 벌레를 본 적이 있어. 유2 : 나도 숲에서 놀다가 봤어. 유3 : 그 벌레 근처에 지렁이도 있었어. 교사 : 너희들 이 벌레를 많이 보았구나. 우리 함께 이 벌레에 대해 알아볼까?
	유아와 환경의 상호작용을 지원하기	환경은 제3의 교사라고 한다. 유아들은 말을 하지 않아도 자신이 속한 교실의 환경 모두와 상호작용한다. 눈으로 보기, 대화하기, 혼자 말하기 및 친구들과 말하기 등을 통해 환경과 대화를 시도한다. 유 : 이 돌은 우리 엄마 얼굴 같다. 동그란 모양이야. 교사 : 동그란 모양에 관심이 많구나! 그러면 동그란 모양 외에 다른 모양의 돌도 찾아보면 어떨까?
	놀이지원을 위해 관찰하기	관찰은 유아의 놀이 흐름을 파악하고 지원할 수 있는 계기를 만들어 준다. 따라서 무언가 언어적 상호작용을 하려 하기보다는 유아의 놀이를 관심 있게 들여다보고 관찰하는 습관이 필요하다. 이때 유아는 교사가 자신의 놀이와 자신에 대해 관심을 가지고 있다고 생각하여 더 열심히 놀이에 참여한다. 그리고 관찰의 시간은 유아를 '**기다려 주는 시간**'이기도 하므로 의미가 높다.

		(유아가 물에 여러 가지 물건을 띄우며 혼잣말을 한다) (이때 교사는 관심을 갖고 몸을 유아 쪽으로 기울이며 흥미를 갖는 유아를 관찰하며 비언어적 태도와 인정하는 말투로 관심을 나타낸다)
	제안하며 놀이를 지원하기	놀이 시작을 제안하거나 관련된 정보를 제공하며 놀이를 지원할 수 있다. 주로 소극적인 유아나 놀이에 안착하지 못하여 시작하지 못하는 유아에게 효과적이다. 유아의 흥미에 기초하여 놀이에 필요한 규칙을 유아 스스로 제안하도록 할 수 있다. 교사 : 다른 친구에게 방해가 안 되게 하려면 어떻게 하면 좋을까? 또는 이렇게 놀이를 하면 어떤 일이 일어날까?
	유아의 놀이에 참여하며 지원하기	교사의 놀이 참여는 놀이를 활성화시키고 유아들의 적극적인 참여를 가능하게 한다. 유아주도와 교사주도 모두 역할을 맡아 참여할 수 있다. 교사 : (고속도로 건설 역할놀이에 교사가 어떤 역할을 맡아 참여하여 놀이를 지속되게 한다) 나는 고속도로 톨게이트 직원 역할이야. 통행료는 1000원이에요.
	질문하며 놀이를 지원하기	질문은 어떻게 하느냐에 따라서 유아의 사고가 달라지므로 교사는 적절한 질문을 하여 놀이를 만들어 나가야 한다. 비지시적 질문/ 지시적 질문, 개방적/ 폐쇄적 질문 등의 적절한 유형을 선택하여 질문하여 놀이를 생성한다. 교사 : (건축물 만들기에서) 이것을 서로 연결하면 어떻게 될까? 연결하는 방법으로는 무엇이 있을까? 교사는 유아와의 생각을 나누고, 문제를 발견하고 해결하는 질문을 한다.
	정서적으로 지원해 주기	교사는 비언어적/ 언어적으로 정서적 지원을 한다. 유아의 놀이행동에 대해 미소, 끄덕거림, 공감표정, 격려 및 감탄하는 말로 지원해 준다. 교사 : 그렇게 생각하니 대단하다! 이렇게 분류하다니 잘 생각했다.

3) 놀이와 배움을 기록하고 평가하는 역할

개정 누리과정은 놀이중심으로 유아가 주도권을 갖고 교사와 함께 만들어가는 교육과정이다. 이에 따라 교육과정 운영의 자율성이 강조되며 자유로운 형식을 사용하여 교사의 관찰과 기록, 유아놀이사진, 부모의 설문지 등을 이용하여 평가를 한다. 자유로운 형식을 이용하여 유아의 놀이를 관찰하고 기록해야 놀이 흐름을 파악하고 놀이의 의미를 찾아내 교육과정 운영을 남길 수 있다. 또한 평가의 의미는 효율성을 파악하는 결과중심보다는 유아놀이의 방향, 흐름 및 발달을 위한 기초자료로 활용하여 놀이의 과정적 측면을 존중하기 위함이다(교육부 · 보건복지부, 2019 : 60).

<table>
<tr><td rowspan="4">평가하기</td><td rowspan="2">평가 자료 모으기</td><td rowspan="2">다양한 방식으로 기록하기</td><td>놀이의 흐름을 관찰하고 기록하기 위해 여러 가지 방식으로 다양하게 놀이기록을 모아서 일일 계획안의 평가란, 일지 양식을 변형하여 관찰과 평가를 기록할 수 있다. 놀이사진, 유아의 작품사진을 가지고 메모지, 포스트잇, 스프링 수첩 등에 기록한 후 일지에 옮겨 기록할 수 있다.</td></tr>
<tr><td>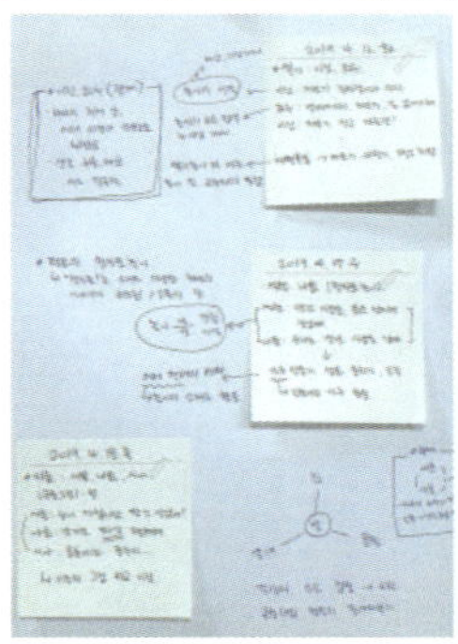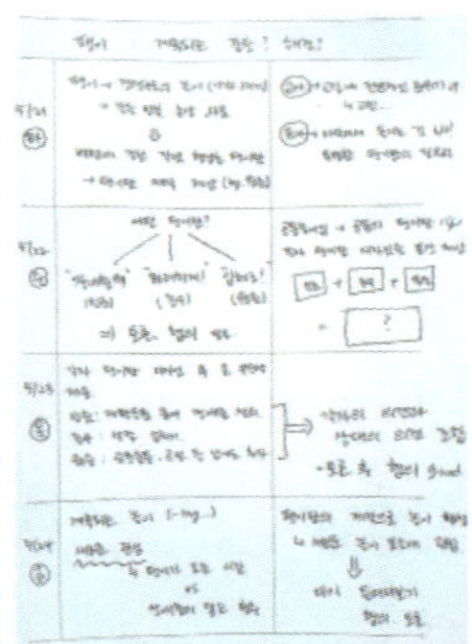
출처 : 교육부 · 보건복지부(2019). 놀이실행자료, p. 62.</td></tr>
<tr><td rowspan="2">자료 활용하여 평가하기</td><td rowspan="2">유아의 특성 및 변화 정도 평가하기</td><td>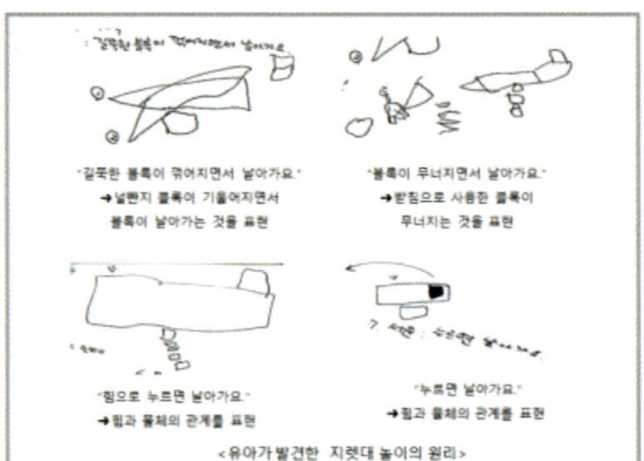
</td></tr>
<tr><td>출처 : 교육부 · 보건복지부(2019). 놀이실행자료, p. 64.</td></tr>
</table>

<table>
<tr><td></td><td></td><td>놀이에서 누리 과정 5개 영역을 경험하였는지 돌아보기</td><td>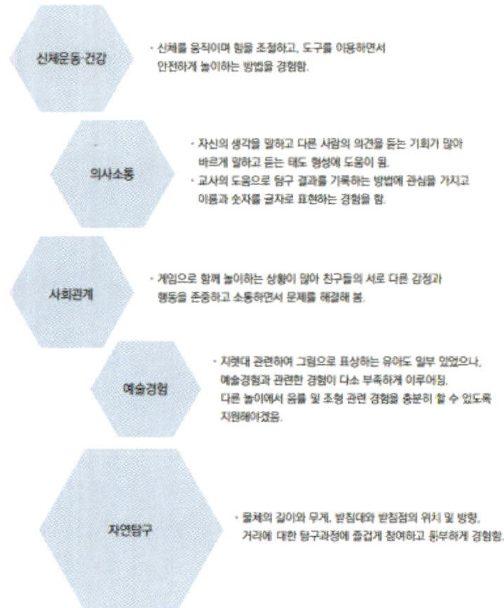

출처 : 교육부 · 보건복지부(2019). 놀이실행자료, p. 66.</td></tr>
</table>

4) 함께 배우며 성장하는 역할

교육과정을 구성하는 중심인 유아, 교사는 놀이라는 매개체를 중심으로 서로 엮여서 배움을 엮는 과정에서 서로에게 배우며 성장한다. 유아는 미성숙하고 교육의 대상으로 여겼던 측면에서 보편적인 발달을 하는 가운데 배움의 주체로서 유능한 유아로서 성장한다. 개정 누리과정은 유아가 경험해야 할 내용을 연령별로 제한하지 않고, 자신에게 가장 적합한 방식으로 놀이하며 배우도록 경험하게 하고, 개별 유아의 배움의 특성을 존중하고 있다. 아동권리협약 제31조에서도 유아 고유의 특성과 개별적 특성을 가지고 놀이를 통해 배움의 주체로서 놀 권리를 가지며, 예술, 문화, 오락 및 여가 시간을 제공받도록 하는 아동의 권리를 놀이를 중심으로 실행하게 한다. 이러한 아동은 권리를 가진 주체라는 인식은 전 세계로 채택되고 우리나라에서도 1989년 비준되어 지지되고 있다(국가인권

위원회, 2019).

개정 누리과정에서는 교사도 교육을 하는 교수자, 계획자, 평가자에서 공동의 학습자, 배움의 지원자 및 해석자로서 역할로 변형되어 가고 있다(임부연 외, 2021). 교사는 생활주제에 따른 교사용 지도서에 따르지 않고 개별 유아의 고유성과 특수성을 반영하는 놀이중심의 개정 누리과정을 실천해야 한다. 이와 함께 교사의 전문성을 통한 교육과정 실행에 대한 책무성도 가져야 한다. 교사는 교육과정을 읽고 재해석하여 수업을 설계하고 실행해 나가야 한다. 구성주의에서도 이를 들어 '교육과정 디자이너'라고 기존의 수업을 여러 측면에서 재구성 또는 재해석하는 교사의 능력을 요구하고 있다(서혜정 외, 2018). 유아교육과정을 그대로 사용하기보다는 유아들에게 유익한 방법과 방식으로 재구성해야 한다. 이를 위해서는 유아를 바라보는 패러다임의 변화와 현장연구자로서 성장하는 교사 자신의 모습을 그려보아야 한다. 또한 국가수준의 교육과정 문서를 읽고, 해석하고, 교육과정에 대한 전문적인 지식과 안목을 종합적으로 구성하고 이를 수업에 활용해야 한다. 이와 같이 개정 누리과정을 실행하기 위해서는 앞에 제시한 사회적 책무성과 교육과정 문해력이라는 전문성이 요구된다(백남진, 2013).

2 놀이지원자로서 놀이 의미 이해하기와 의미 읽기

2019 개정 누리과정은 유아가 전개하는 놀이의 흐름을 따라가며 그 놀이가 심화·확장되도록 지원하는 놀이지원자로서 교사 역할을 강조하고 있다. 유아가 발생시키는 놀이가 때로는 의미 없게 보일 때도 있으나 대부분 유아의 놀이는 의미가 있다고 생각해야 하고, 그 의미가 일어나도록 놀이지원을 해야 한다. 또한 3세 유아의 짧은 놀이에서도 놀이의 의미를 발견할 수 있다. 이와 같이 아주 짧고 단순한 놀이조차도 의미를 부여하고 지원해야 한다. 따라서 교사는 유아가

자유롭고 즐거운 분위기에서 놀이에서의 유능감을 갖고 놀이를 할 수 있도록 해야 하고, 모든 유아의 놀이 의미를 소중히 여기고 그 안에서 놀이의 의미를 찾아내야 한다.

1) 놀이 의미 이해하기

유아가 만들어가는 놀이는 다음과 같은 놀이 시작의 사인을 나타낸다. 따라서 교사가 놀이의 의미를 읽기 시작하는 이유가 될 수 있다(교육부 · 보건복지부, 2019 : 26–27).

	놀이의 의미를 읽기 시작하는 놀이의 사인
1	놀이가 짧게 끝나고 다른 놀이로 옮겨 가서
2	유아가 관심과 흥미를 보여서
3	유아에게 놀이 자료를 제공한 후 놀이과정이 궁금해서
4	유아가 혼자 놀아서
5	유아가 바깥놀이에서 무엇을 배우는지 궁금해서
6	유아가 하는 놀이의 규칙을 이해할 수 없어서
7	유아가 한 가지 놀이만 해도 배울 수 있는지 궁금해서
8	유아가 교사의 생각(계획)과 다르게 놀이해서
9	유아 사이에 갈등이 일어날 것 같아서
10	유아가 주제와 관련되지 않은 놀이를 해서
11	교사가 제안한 놀이를 유아가 어떻게 주도해 가는지 궁금해서

2) 놀이 의미 읽기

(1) 5개 영역과 추구하는 인간상과 관련하여 의미 읽기

유아가 배우고 경험해야 할 내용을 조직적으로 구성한 것이 5개 영역, 즉 개정 누리과정 5개 영역인 '신체운동 · 건강', '의사소통', '사회관계', '예술경험', '자연탐구' 영역이다. 이것의 내용과 내용범주가 총 59개인데, 이를 놀이의 의미로 대응하여도 무방하다. 이 방법은 가장 간단한 놀이 의미를 찾는 방법이다. 또한 개정 누리과정 59개의 내용이 유아의 경험과 놀이로 연계하였으므로 일상생활 속에서 놀이를 통해 달성할 수 있는 목표로 설정할 수도 있다. 5개 영역과 추구하는 인간상은 일대일 대응 관계는 아니지만 놀이 의미를 찾을 때 인간상을 활용할 수 있다.

추구하는 인간상	내 용	5개 영역
건강한 사람	• 건강한 몸과 마음을 기른다. • 안전한 생활을 유지한다.	신체운동 · 건강 영역
자주적인 사람	• 자신을 잘 알고 존중하며 주도적으로 생활한다. • 자신이 하고 싶은 것을 자신이 결정하고 참여한다.	의사소통 영역
더불어 사는 사람	• 타인과 더불어 살고 관심을 갖는다. • 동식물과 주변 환경에 관심을 갖고 소중히 여긴다.	사회관계 영역
감성이 풍부한 사람	• 예술을 사랑하고 아름다움을 발견할 수 있다. • 일상 놀이 속에서 아름다움을 표현하고 문화를 향유한다.	예술경험 영역
창의적인 사람	• 개방적이고 호기심이 많고 창의적이다. • 일상에서 탐구하며 문제해결을 한다.	자연탐구 영역

(2) 놀이 의미와 놀이 유형

다음과 같은 유형도 놀이가 될 수 있다는 인식을 갖는 것이 중요하다. 몇 초간의 짧은 놀이, 단순한 놀이, 어디가 놀이의 시작이고 끝인지 알 수 없는 놀이, 자료를 탐색하다가 놀이가 되기도 하고, 혼자서도 놀이를 하고, 놀이규칙을 만드는 것도 놀이가 될 수 있다.

짧고 단순한 놀이	짧은 놀이도 놀이이다. 놀이의 시작과 끝이 분명하지 않은 상상놀이(교육부 · 보건복지부, 2019. 놀이 이해자료, pp. 39–42 참조)

유아가 제안한 놀이	쌓기놀이에서 도로를 만든다. 미술영역에서 그림을 그리거나 풀을 붙여 색종이 잇기
자료를 탐색하는 놀이	자료를 탐색하다가 우연히 짧은 놀이가 일어난다. 주제와 이야기가 없어도 놀이이다.
혼자 놀이	미끄럼틀 아래에서 숨는 혼자 숨기놀이 하는 유아
바깥놀이	실외에서 개미를 관찰하고 친구들과 술래잡기 놀이, 꽃잎을 뿌리기, 숨기놀이 등
놀이규칙	놀이 시 발생하는 문제해결을 위해 규칙을 만드는 과정도 놀이가 될 수 있다.
한 가지 자료와 한 가지 놀이	종이컵으로 쌓기놀이, 종이컵으로 구슬 숨기고 찾기놀이, 종이컵을 여러 조각으로 가위질 하여 해바라기 꽃 만들기

(3) 놀이 사례를 통한 놀이 의미 읽기 : '텀벙텀벙 물놀이'

놀이 사례 '텀벙텀벙 물놀이'는 여름 날씨를 시원하게 하기 위한 놀이로 시작되었다. 2주 동안 진행된 이 놀이는 총 6개의 놀이 흐름을 나타냈다. 유아교육학과 학생들이 유아가 되어 놀이를 생성하였다. 이 과정에서 학생들은 각각 교사와 유아 역할을 이행하며 놀이하였다. 놀이가 시작되면서 마치기까지 유아들의 대화를 기록하여 놀이의 흐름을 따라가면서 놀이를 생성하였다.

6개의 놀이에서 각각 놀이 의미를 찾기 위해 추구하는 인간상 다섯 가지와 놀이지원 유형을 찾기 위해서는 상호작용, 관찰하기, 질문하기, 정서적 지지하기, 자료변화, 자료추가, 공간확장과 변화, 자료활용방법 지지 또는 제안, 일과의 변화(놀이시간 확장), 제안하기, 놀이참여하기, 교사가 계획한 자료 제공하기, 교사간 협의, 유아가 발견한 자료지원, 공간변화(교실공간 재구성), 기타(안전) 등으로 구분하여 활용하였다.

놀이지원 유형	해 설
상호작용	유아 간 상호작용, 유아와 교사 간 상호작용, 유아와 놀잇감 간의 상호작용
관찰하기	놀이와 놀이하는 유아를 관찰하기
질문하기	놀이가 심화될 수 있도록 유아에게 질문하기
정서적 지지하기	놀이상황에서 유아를 정서적으로 지원하기

자료변화와 추가	놀잇감 등 놀이자료에 변화를 주기, 교사가 사용하는 교수매체인 막대가 유아의 놀잇감으로 변화됨
공간확장과 변화	놀이공간을 교실에서 복도로/ 테라스로/ 현관/ 실외공간으로
자료활용방법 지지 또는 제안	유아가 선택한 자료, 놀잇감을 창의적으로 활용할 때 이를 지지하고 새로운 방향으로 생각해 보도록 제안하기
일과의 변화(놀이시간 확장)	한 가지 놀이에 반 전체가 참여하며 몰입하게 되면 일과시간을 융통성 있게 연장하기
놀이참여하기	교사도 유아의 놀이에 참여하여 역할을 이행하거나 영화감독처럼 놀이를 연출하기
교사가 계획한 자료 제공하기	유아가 놀이를 시작하며 주도하는 과정에서도 교사도 놀이가 풍부하게 될 수 있도록 자료 제공하기
교사 간 협의	개정 누리과정의 놀이는 특히 교사들 간의 협의, 회의 시간이 반드시 필요
유아가 발견한 자료지원	교사도 생각하지 못하는 것을 유아가 생각하여 발견해 내는 자료나 놀잇감이 있으면 이를 지지하고 격려함
공간변화(교실공간 재구성)	기존의 흥미영역 구성이나 교실 환경을 파격적으로 변화시켜 재구성할 수 있음. 테라스를 놀이공간으로 확장 시 테라스로 나가는 문 근처에 놀이공간을 배치함
기타(안전)	안전한 환경과 놀이는 매번 강조해도 좋음

〈텀벙텀벙 물놀이 놀이 사례 개요〉

놀이 배경	종이배 놀이를 하며 물에 관심을 가지는 아이들이 더운 날씨인 여름에 즐길 수 있는 물놀이를 살펴보았다. 물놀이를 좋아하는 아이들의 모습에 놀이 주제를 '물'로 정하여 놀이하게 되었다.		
놀이 큰 제목	텀벙텀벙 물놀이		
놀이의 흐름	**놀이 소제목**	**사진**	**놀이 의미**
놀이1	물 탐색하기 (생명에게 필수적인 요소인 물에 대해 알아 보기)		건강한 사람 자신의 소중함을 알고 건강하고 안전한 생활습관을 기른다.

놀이2	물 붓고 따르기 (보존개념)	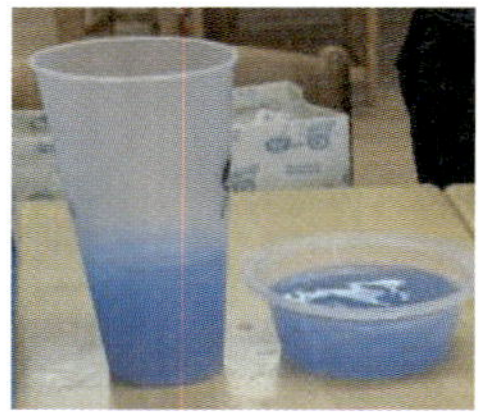	자주적인 사람 자신의 일을 스스로 해결하는 기초능력을 기른다.
놀이3	물레방아 만들기	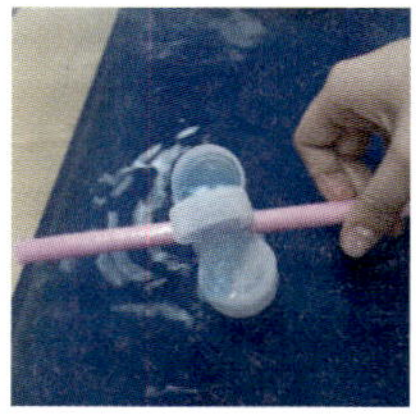	창의적인 사람 호기심과 탐구심을 가지고 상상력과 창의력을 기른다.
놀이4	몸으로 빗방울 표현하기		더불어 사는 사람 사람과 자연을 존중하고 배려하며 소통하는 태도를 기른다.
놀이5	무지개 휴지 만들기		감성이 풍부한 사람 일상에서 아름다움을 느끼고 문화적 감수성을 기른다.
놀이6	물감 섞어 색 만들기		감성이 풍부한 사람 일상에서 아름다움을 느끼고 문화적 감수성을 기른다.

※놀이 의미 : 건강한 사람, 자주적인 사람, 창의적인 사람, 감성이 풍부한 사람, 더불어 사는 사람

앞의 '텀벙텀벙 물놀이' 놀이의 여섯가지 흐름을 자세하게 기술한 내용은 다음과 같다.

■ 텀벙텀벙 물놀이 1

<table>
<tr><th>반/ 조</th><td></td><td rowspan="2">조원</td><td rowspan="2"></td></tr>
<tr><th>놀이 소제목</th><td>물 탐색하기
(생명에 필수적인 요소인 물에 대해 알아보기)</td></tr>
<tr><th>놀이 설명</th><td colspan="3">생명에게 필수적 요소인 물이 기체 · 액체 · 고체 형태로 변화하는 내용이 담긴 책 『삼형제와 사나운 개들』을 살펴보며 '물'에 대해 이해하고, 물을 만져보며 탐색한 후 물에 뜨고 가라앉는 물체에 대해 알아본다.</td></tr>
<tr><th>유아 대화</th><td colspan="3">T : 지난 시간에 같이 종이배 놀이를 하였죠?
C : 네! 물에 종이배를 띄워봤어요!
T : 그래요~ 종이배를 물에 띄워봤죠? 우리가 종이배 놀이하였을 때 물이 있어서 종이배가 두둥실~ 뜰 수 있었어요.
C : 그때 시원하고 재밌었는데!
C : 맞아! 또 하고 싶다!
T : 저번에 한 물놀이가 즐거웠구나? 그럼 선생님과 오늘도 물놀이할까요?
C : 우와~ 오늘도요? 오늘도 물로 노나 봐!
T : 그 전에 물에 대해서 알아보자~ 선생님이 물이 나오는 『삼형제와 사나운 개들』이라는 책을 가져와 봤어요!
(책에서 생명에게 필수적인 요소인 물이 기체 · 액체 · 고체 형태로 변화하는 내용이 담긴 부분을 같이 알아본다)
C : 우와 물이 계속 바뀌었어!
C : 꽁꽁 언 얼음이 녹으니까 물이야!
C : 물이 뜨거워지면 사라진대! 너무 신기해!
T : 우리 몸의 대부분이 무엇으로 되어 있죠?
C : 저 알아요! 물!
T : OO이가 평소 과학책을 즐겨 보더니 잘 알고 있네요! 물은 우리의 건강을 책임지고 있어요~
C : 물이랑 친해져야겠다!
T : (물을 보여주며) 그래요~ 물과 친하게 지내보자! 선생님이 물을 가져왔어요!
C : 우와! 엄청 투명하다! 물속이 다 보여!
C : 물 만지면 시원한데! 선생님 너무 더워요! 물 만져봐도 되어요?
T : 그죠~ 지금 날씨가 여름이라 너무 덥네요! 우리 다 같이 물을 만져볼까요?
C : 네! (아이들이 물을 만져본다)
T : 물을 만져보니 어때요?</td></tr>
</table>

<table>
<tr><td></td><td colspan="3">C : 너무 시원해요~ 어? 근데 우리가 모두 손을 넣으니까 물이 따뜻해졌어요!
C : 우리 손이 따뜻해서 그런가 봐!
C : 선생님! 종이배 어디 있어요? 물에 또 띄워보고 싶어요!
T : 종이배 놀이를 다시 하고 싶구나? 근데 우리 친구들 종이배처럼 물에 뜨는 게 더 있다네요?
C : 와! 다른 걸로도 돼요?
T : 우리 친구들이 물에 띄워보고 싶은 걸 교실에서 찾아와 볼래요?
C : 와! 내가 찾아올게!
C : 나도 나도!
(아이들이 물에 띄우고 싶은 교실 안의 물품을 찾아온다)
T : 다들 잘 찾아주었어요~ 이제 물에 띄워볼까요?
C : 와! 내 수수깡도 띄워진다!
C : 내 병뚜껑도 띄워졌어!
C : 뭐야... 내 가위는 물속으로 들어갔어...
C : 내 지우개도 물에 빠졌어...
T : 물에 뜨는 것도 있고 가라앉은 것도 있네요? 가위랑 지우개는 물속으로 들어갔구나?
C : 가위랑 지우개는 무거워서 그런가 봐!
T : 그래~ 수수깡과 병뚜껑은 가벼워서 물에 뜨고 가위랑 지우개는 무거워서 물속에 가라앉았어요~
C : 아! 잠수하고 싶나 봐! 저번에 잠수함에서 물고기 봤어!
C : 어? 그럼 물고기 만나러 갔나 봐!
C : 수수깡과 병뚜껑은 종이배랑, 가위랑 지우개는 잠수함이랑 친한가 보다!
T : 아 사이좋은 친구가 있구나? 물에 뜨거나 가라앉는 게 무엇이 있는지 잘 알아봐 주었어요~</td></tr>
<tr><td rowspan="5">사진</td><td rowspan="5"></td><td>신체운동 · 건강 영역</td><td>신체활동 즐기기 〉 신체를 인식하고 움직인다.</td></tr>
<tr><td>의사소통 영역</td><td>듣기와 말하기 〉 자신의 경험, 느낌, 생각을 말한다.</td></tr>
<tr><td>사회관계 영역</td><td>나를 알고 존중하기 〉 나를 알고 소중히 여긴다.</td></tr>
<tr><td>예술경험 영역</td><td>창의적으로 표현하기 〉 다양한 미술 재료와 도구로 자신의 생각과 느낌을 표현한다.</td></tr>
<tr><td>자연탐구 영역</td><td>탐구과정 즐기기 〉 궁금한 것을 탐구하는 과정에 즐겁게 참여한다.</td></tr>
<tr><td rowspan="2">교사의 놀이지원 실제 (설명)</td><td colspan="3">물이 담긴 수조에 손을 넣어 물을 만져보며 물의 특성을 탐색하며 알아보는 시간을 가진다.</td></tr>
<tr><td colspan="3">교사 : 주변에 물이 튀는 것을 대처할 수 있는 방안으로는 무엇이 있을까?
물을 만지기 싫어하는 유아의 참여를 이끌 방안에는 무엇이 있을까?</td></tr>
<tr><td>편성 및 교수 학습</td><td colspan="3">상호작용, 관찰하기, 질문하기, 정서적 지지하기, 자료변화, 자료추가, 자료활용방법 지지 또는 제안, 일과의 변화(놀이시간 확장), 제안하기, 놀이참여하기, 교사가 계획한 자료 제공하기, 유아가 발견한 자료지원</td></tr>
</table>

■ 텀벙텀벙 물놀이 2

<table>
<tr><td>반/ 조</td><td></td><td rowspan="2">조원</td><td rowspan="2"></td></tr>
<tr><td>놀이 소제목</td><td>물 붓고 따르기
(보존개념)</td></tr>
<tr><td>놀이 설명</td><td colspan="3">선생님이 준비한 여러 가지 크기(높이나 밑면적이 다른)의 컵으로 같은 양의 물을 크기가 다른 컵에 부어 물의 양을 비교하거나 몇 개의 작은 컵을 채울 수 있는지 큰 컵에 있는 물을 아이들이 직접 옮겨보거나 비커로 물을 몇 번을 옮겨 담아야 큰 컵이 가득 차는지 아이들이 직접 옮겨보거나 선생님이 송곳으로 3개의 구멍을 뚫어 준비한 컵에 물을 담아 구멍의 위치에 따라 다른 물줄기가 나오는 것을 관찰한다.</td></tr>
<tr><td>유아 대화</td><td colspan="3">(물에 대해 탐색해 본 후 이야기를 나눈다)
T : 우리 친구들! 직접 물을 만져보며 물과 친해져 봤나요?
C : 네! 물이랑 친해졌어요!
T : 그럼 물에는 어떤 특성이 있었는지 말해볼까요?
C : 흘러내려요! / C : 손에 잡히지 않아요! / C : 손이 축축해져요!
T : 오? 물과 많이 친해졌는걸? 이제 물을 옮겨보려 해요! 물은 OO이 말대로 손에 잡히지 않는데 어떤 걸로 옮길 수 있을까요?
C : 수건으로 옮겨요! 수건이 물을 빨아들여요! / C : 빨대! 빨대로 빨아들이면 돼요!
C : 스펀지가 물을 먹어요! 스펀지! / C : 아냐! 컵이 제일 옮기기 쉬워!
T : 모두 잘 얘기해 주었어요~ 친구들이 말해준 것 중에 하나를 선생님이 가져왔어요! (다 다르게 생긴 컵들을 보여주며) 짜잔! 선생님이 컵들을 가져왔어요!
C : 와! 내가 말한 컵이다!
T : 그래~ OO이가 말한 컵들로 물을 옮겨볼까요?
C : 네! 어? 선생님! 컵의 크기가 다 달라요! / C : 그러게! 컵이 다 다르게 생겼어!
T : 그래요~ 우리 친구들이 본 것처럼 크기가 다 다른 컵으로 가져왔어요! 크기가 다른 다양한 컵으로 물을 옮겨볼게요~
C : 이 컵이 길쭉길쭉하다! / C : 얜 컵이 넓어!
C : 엄청 작은 컵이다! / C : 컵에 구멍 뚫렸다!! 구멍으로 물이 빠져나가겠는데?
C : 와! 대왕 큰 컵이다! 내가 제일 가득 담을 거야!
C : (비커를 선생님께 보여주며) 선생님! 근데 이건 뭐예요?
T : 이건 비커라고 해요~ 이 비커를 사용하면 물을 얼마나 담았는지 알 수 있어요!
C : 우와 좋은데?
T : (동일한 양의 물이 담긴 컵을 옮겨 담으며) 여기 똑같은 양의 물을 크기가 다른 컵으로 옮기면 어떻게 될까요?
C : 넓적한 컵은 물이 적어졌어! / C : 길쭉한 컵은 물이 더 많아졌어!
T : 아~ 물의 양이 달라져 보이는구나?
T : 깜짝 퀴즈! (여러 작은 컵과 큰 컵을 보여주며) 큰 컵에 있는 물로 여기 있는 작은 컵들을 채울 거예요! 큰 컵에 있는 물로 몇 개의 작은 컵을 채울 수 있을까요?
C : 6개요! / C : 아냐! 5개 채워!</td></tr>
</table>

<table>
<tr><td></td><td colspan="3">T : 누가 퀴즈를 맞혔는지 물을 옮기며 알아볼까요? 물을 조심히 옮기며 작은 컵들을 채워봅시다~
(아이들과 함께 작은 컵들에 큰 컵의 물을 옮겨 담으며 채운다)
C : 1개~ 2개~ (계속 여러 작은 컵에 큰 컵의 물을 채우다가) 이제 조금 남았다! 5개 채우면 끝나!
C : 어? 작은 컵 5개 채웠어요! / C : 와! 내가 맞췄다! 거봐 5개 맞지? / C : 뭐야 진짜 5개네!
T : OO이 말대로 5개의 작은 컵에 큰 컵의 물을 옮겨 담았네요!
T : 그럼 비커의 물을 큰 컵에 몇 번 옮겨 담으면 큰 컵이 가득 차는지 알아볼까요?
C : 이건 대왕 큰 컵이니까 세 번 옮겨야 가득 찰 거야!
C : 아냐 두 번 옮겨도 가득 차!
(아이들과 함께 비커로 큰 컵에 물을 옮겨 담으며 큰 컵을 물로 가득 채운다)
C : 두 번! 어? 물이 더 있어야 하네? / C : 거봐! 내 말이 맞지? 세 번이야!
T : (물을 따라 보니 두 컵 반 채우니 가득 찬 큰 컵을 보며) 물을 따라 보니 큰 컵에 두 컵 반이 들어가네요!
C : 어? 물이 반만 더 필요했나 봐!
T : 아~ 컵의 크기에 따라 물을 따르는 횟수가 달라지네요!
T : 구멍이 뚫린 컵에도 물을 따라 볼까요?
C : 선생님! 구멍이 3개인데 물줄기가 다 달라요!
C : 맞아! 아래쪽에 있는 물줄기가 더 멀리까지 물이 빠져나와!
C : 그러게! 신기하다! 위쪽 물줄기보다 멀다!
T : 그러게~ 구멍 크기가 같아도 구멍이 있는 위치에 따라 물줄기가 달라지네요~ 우리 친구들이 물에 대해 많이 알게 되었네요!</td></tr>
<tr><td rowspan="5">사진</td><td rowspan="5"></td><td>신체운동 · 건강 영역</td><td>신체활동 즐기기 〉 신체 움직임을 조절한다.</td></tr>
<tr><td>의사소통 영역</td><td>듣기와 말하기 〉 자신의 경험, 느낌, 생각을 말한다.</td></tr>
<tr><td>사회관계 영역</td><td>나를 알고 존중하기 〉 내가 할 수 있는 것을 스스로 한다.</td></tr>
<tr><td>예술경험 영역</td><td>창의적으로 표현하기 〉 신체나 도구를 활용하여 움직임과 춤으로 자유롭게 표현한다.</td></tr>
<tr><td>자연탐구 영역</td><td>생활 속에서 탐구하기 〉 물체의 특성과 변화를 여러 가지 방법으로 탐색한다.</td></tr>
</table>

교사의 놀이지원 실제 (설명)	큰 컵과 작은 컵, 비커를 활용하여 아이들이 물을 옮겨 담을 때 컵의 크기에 따라 물을 따르는 횟수가 달라지는 것을 함께 알아보는 시간을 가진다.
	크기가 다른 컵을 활용하여 물을 옮겨 담을 때 컵에 담겨 있는 물을 흘리지 않게 주의하며 놀이한다.
편성 및 교수 학습	상호작용, 관찰하기, 질문하기, 정서적 지지하기, 자료변화, 자료추가, 자료활용방법 지지 또는 제안, 일과의 변화(놀이시간 확장), 제안하기, 놀이참여하기, 교사가 계획한 자료 제공하기, 유아가 발견한 자료지원, 기타(안전)

■ 텀벙텀벙 물놀이 3

반/ 조		조원	
놀이 소제목	물레방아 만들기		
놀이 설명	물에 뜨고 가라앉는 물체 중 물에 뜨는 물체였던 수수깡과 병뚜껑을 이용해 물레방아를 만들고 아이들이 물레방아를 물 위에서 돌려 물의 이동을 관찰한다.		
유아 대화	C : 물이 컵 크기에 따라 달라지는 게 신기해! C : 물을 따라보니까 양도 달라져서 신기했어! C : 맞아 길쭉한 컵이 더 물이 많았어! C : 아냐 납작한 컵은 가득 찼어! C : 그러게! 또 물 옮겨보고 싶어! C : 난 물레방아에서 물이 움직이는 게 신기했어! T : 아~ 우리 OO이가 물레방아를 보았구나~ 그럼 우리 물레방아를 직접 만들어 보는 건 어때요? C : 물레방아? 우리가 물레방아를 만들어요? C : 우와 물레방아 만든대! C : 근데 어떻게 물레방아 만들어? C : 물레방아가 돌아가면서 물이 움직이던데? C : 그럼 물에 가라앉으면 안 되잖아! T : 조금 전에 물에 뜨고 가라앉는 것에 대해 알아봤었죠? T : 물에 뜨는 것이 무엇이 있었죠? C : 수수깡이랑 병뚜껑이요! C : 그럼 물에 뜨는 수수깡 쓰면 되겠다! C : 컵으로 아까 물을 담았으니까 병뚜껑으로도 물을 담을 수 있어! T : 아까 물에 뜨고 가라앉는 게 뭐가 있는지 보았는데 수수깡과 병뚜껑이 물에 떴던 걸 친구들이 잘 기억해 주었네요~ 그럼 수수깡과 병뚜껑으로 물레방아를 만들어 볼까요?		

<table>
<tr><td></td><td colspan="3">C : 네! 여기 수수깡 끝에 병뚜껑 붙여보는 거 어때?
C : 좋은 생각이다! 수수깡 2개를 십자 모양으로 이어 붙이면 수수깡 끝에 더 많이 병뚜껑 붙일 수 있어!
C : 병뚜껑 많이 붙여서 물 많이 옮기자! 나도 같이 만들래!
(아이들이 수수깡과 병뚜껑으로 물레방아를 만든다)
T : (아이들이 만든 물레방아를 보며) 우리 친구들 덕분에 정말 멋진 물레방아가 완성됐네요!
T : 이제 물레방아를 물에 넣고 물이 움직이는 모습을 같이 볼까요?
C : 우와! 물이 위로 올라가서 아래로 떨어져요!
C : 병뚜껑에 물이 담겨서 물이 움직여요!
C : 물이 움직여서 신기해!
T : 물레방아를 물이 움직이게 잘 만들었네요! 교실에서 물레방아를 볼 수 있다니 멋지다!</td></tr>
<tr><td rowspan="5">사진</td><td rowspan="5">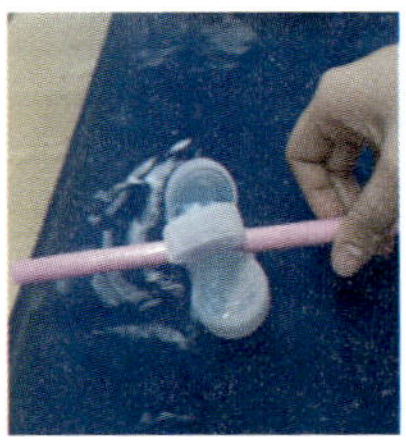</td><td>신체운동 · 건강 영역</td><td>신체활동 즐기기 〉 신체 움직임을 조절한다.</td></tr>
<tr><td>의사소통 영역</td><td>듣기와 말하기 〉 자신의 경험, 느낌, 생각을 말한다.</td></tr>
<tr><td>사회관계 영역</td><td>더불어 생활하기 〉 서로 다른 감정, 생각, 행동을 존중한다.</td></tr>
<tr><td>예술경험 영역</td><td>창의적으로 표현하기 〉 다양한 미술 재료와 도구로 자신의 생각과 느낌을 표현한다.</td></tr>
<tr><td>자연탐구 영역</td><td>생활 속에서 탐구하기 〉 도구와 기계에 대해 관심을 가진다.</td></tr>
<tr><td rowspan="2">교사의 놀이지원 실제 (설명)</td><td colspan="3">보다 많은 물의 움직임을 알아보기 위하여 유아가 경험을 통해 떠오른 물레방아를 직접 미술 재료로 만들어 물의 이동을 관찰하며 탐구하는 시간을 가진다.</td></tr>
<tr><td colspan="3">물레방아의 물의 이동이 원활하지 않을 시 교사가 어떻게 대처하면 좋을까?
물레방아를 만들 때 아이들이 다치지 않도록 안전에 주의하도록 한다.</td></tr>
<tr><td>편성 및 교수 학습</td><td colspan="3">상호작용, 관찰하기, 질문하기, 정서적 지지하기, 자료변화, 자료활용방법 지지 또는 제안, 일과의 변화(놀이시간 확장), 제안하기, 놀이참여하기, 교사가 계획한 자료 제공하기, 유아가 발견한 자료지원, 공간변화(교실공간 재구성), 기타(안전)</td></tr>
</table>

■ 텀벙텀벙 물놀이 4

반/ 조		조원	
놀이 소제목	몸으로 빗방울 표현하기		
놀이 설명	소나기가 내리자 아이들이 물-빗방울이 연결된 놀이를 하게 되었다. 배경음악 〈빗방울놀이〉에 맞춰 신체를 활용해 폭우, 소나기(여우비, 이슬비) 등 빗방울을 표현하였다. 이때 신발 끈과 손수건 등 도구를 활용하여 빗방울을 표현하는 모습도 보였다. 아이들은 비 오는 날 빗방울을 본 경험을 떠올려보며 자신의 신체를 웅크리거나 크게 펼치는 등 다양하게 빗방울의 모습을 자유롭게 표현하였고, 서로 다르게 표현하는 모습에 대해 이야기 나누거나 다 같이 손잡고 하나의 커다란 빗방울을 만들며 자신의 생각을 공유하였다.		
유아 대화	C : 어? 선생님! 밖에 비가 와요! C : 어? 그러게! 비 내린다! 근데 엄청 조금 와! T : 진짜 비가 내리네요? 비 온다는 얘기 없었는데? C : 어제 비가 엄청 왔었는데! C : 맞아! 오늘처럼 조금 오지 않고 어제는 비 엄청 많이 쏟아졌어! C : 어제는 하늘에 구멍 뚫렸었나 봐! C : 나 어제 웅덩이 밟아서 양말 다 젖었잖아. T : 아 어제랑 오늘 비 오는 느낌이 다르구나? C : 네! 오늘은 비가 와도 하늘이 밝아요! C : 어제는 하늘이 새까맸어! 구름도 까맣고! T : 어제는 큰 빗방울이 떨어지는 폭우가 왔었대요~ 오늘은 작은 빗방울이 떨어지고 지나가는 소나기라 금방 그칠 거래요! 더 예쁘게 말하면 여우비, 이슬비라고 해요~ C : 빗방울마다 다른 이름이 있었네! C : (웅크린 자세로 작은 빗방울을 표현하며) 어때? 나는 작은 빗방울이야! 오늘처럼 비가 올 때는 빗방울이 작아! T : 우리 OO이가 작은 빗방울이 되었네요! 오늘 오는 이슬비 같네요! C : (몸을 크게 벌려 큰 빗방울을 표현하며) 그럼 나는 큰 빗방울 해야지! 어제 비가 너무 와서 양말이 다 젖었어! T : 우와! OO이는 큰 빗방울이 되었구나! 어제처럼 비가 많이 오면 웅덩이를 밟지 않게 조심해야 해요~ C : (손수건을 휘날리며) 이건 바람에 움직이는 빗방울이야! C : (신발 끈으로 창에 흘러내리는 빗줄기를 표현하며) 이건 창문에 있던 빗방울이야! T : 우리 친구들이 다양한 빗방울을 만들었네요! 바람에 따라 흔들리는 빗방울도, 창문에 흘러내리는 빗방울도 보았구나! T : 우리 다 같이 더 커다란 빗방울을 만들어보는 건 어때요? C : 그래! 우리 같이 커다란 빗방울 만들자! 이리 모여봐! C : 너도 손잡아봐! 우리 같이 커다란 웅덩이 만들자! (아이들이 다 같이 손잡아 웅덩이의 커다란 빗방울을 표현한다) C : 웅덩이 만들자! 웅덩이! / C : 이건 웅덩이랑 만나는 빗방울이야!		

사진		신체운동 · 건강 영역	신체활동 즐기기 〉 신체 움직임을 조절한다.
		의사소통 영역	듣기와 말하기 〉 자신의 경험, 느낌, 생각을 말한다.
		사회관계 영역	나를 알고 존중하기 〉 내가 할 수 있는 것을 스스로 한다.
		예술경험 영역	창의적으로 표현하기 〉 신체나 도구를 활용하여 움직임과 춤으로 자유롭게 표현한다.
		자연탐구 영역	생활 속에서 탐구하기 〉 물체의 특성과 변화를 여러 가지 방법으로 탐색한다.
교사의 놀이지원 실제 (설명)	신체를 활용하여 다양한 형태의 빗방울을 표현해 보는 시간을 가진다.		
	빗방울 표현 과정에서 아이들이 서로 부딪히는 안전사고 우려가 있어 아이들이 자유롭게 표현할 수 있도록 넓은 공간을 지원해야 하며, 아이들의 보다 풍부한 표현을 위해 배경음악 〈빗방울 놀이〉를 틀어주도록 한다.		
편성 및 교수 학습	상호작용, 관찰하기, 질문하기, 정서적 지지하기, 자료변화, 자료추가, 공간확장과 변화, 자료활용방법 지지 또는 제안, 일과의 변화(놀이시간 확장), 제안하기, 놀이참여하기, 교사가 계획한 자료 제공하기, 유아가 발견한 자료지원, 공간변화(교실공간 재구성), 기타(안전)		

■ 텀벙텀벙 물놀이 5

반/ 조		조원	
놀이 소제목	무지개 휴지 만들기		
놀이 설명	친구와 함께 아이들이 사인펜으로 양쪽에 무지개 색으로 칠해진 무지개 휴지를 만든다. 무지개 휴지의 양 끝을 물이 담긴 종이컵에 담가 물 흡수현상으로 휴지의 가운데가 무지개 색으로 점점 번져가는 휴지를 관찰한다.		
유아 대화	T : 우와! 우리 친구들! 빗방울을 정말 잘 표현한다! 비가 교실에서 오는 것 같았어요~ C : 어? 선생님! 비가 그쳤어요! T : 소나기라 금방 그쳤나 보다! C : 어? 선생님! 저기 무지개! 무지개 있어요!		

T : 우와! 예쁜 무지개가 보이네요!
C : 나도 무지개 보고 싶은데... 안 보여..
C : 그럼 우리가 무지개 만들어 보자!
T : 그래! 무지개 만들어볼까요? 어디에 무지개를 만들고 싶어요?
C : 종이에다 그릴까요?
C : 종이 말고 다른 거 없을까?
T : 휴지에 그려보는 건 어때요?
C : 휴지요? 색칠해 보면 재밌겠다!
T : 친구들 선생님이 휴지를 나눠줄게요~ (아이들에게 아이 두 명당 세 칸의 휴지를 하나씩 나눠준 후) 휴지 한 칸에 나만의 무지개를 표현해 봐요! 친구와 같이 휴지 가운데 칸만 빼고 칠해주세요~
C : 선생님 왜 휴지 가운데 칸에는 무지개 색 안 칠해요?
C : 맞아요! 다 칠하고 싶은데!
T : 선생님이 색칠하고 나서 왜 안 칠했는지 알려줄게요~
(아이들은 친구와 함께 사인펜으로 휴지 가운데 칸을 제외하고 휴지의 양쪽 칸을 무지개 색으로 칠한다)
T : 우리 친구들 무지개 색 휴지 다 만들었나요?
C : 선생님! 저 진짜 잘 칠했죠?
T : 와 OO이가 7가지 무지개 색을 잘 표현했네요! (아이들에게 아이 두 명당 물이 담긴 종이컵 2개씩 나눠준다)
T : 종이컵에 들은 물에 휴지를 담글 거예요!
C : 선생님! 그럼 휴지가 젖어요.
C : 맞아요! 우리가 무지개 색으로 열심히 칠한 건데...
T : 물에 양쪽 끝만 담글 거예요~ 양쪽 끝의 휴지가 젖으면 신기한 일이 벌어져요!
C : 신기한 일? 나 뭔지 궁금해!
C : 물에 휴지 넣어보자!
T : 이제 다 같이 무지개 휴지 양쪽 끝을 물에 넣어볼게요.
(아이들이 무지개 색으로 칠한 휴지 양쪽 칸을 물이 담긴 종이컵에 담근다)
C : 어? 가운데에 무지개 생겼다!
C : 어? 우리 것도 가운데 휴지가 무지개가 되었어!
C : 무지개가 이어졌다! 무지개가 완성되었어!
C : 선생님! 무지개 보세요! 우리가 만든 거예요!
T : 그래 너희가 직접 만든 무지개야~
C : 우리 손에 무지개 있다!
C : 여기저기 무지개가 잔뜩 있어!
T : 교실이 무지개로 반짝이는구나~

<table>
<tr><td rowspan="5">사진</td><td rowspan="5"></td><td>신체운동 · 건강 영역</td><td>신체활동 즐기기 〉 신체 움직임을 조절한다.</td></tr>
<tr><td>의사소통 영역</td><td>듣기와 말하기 〉 자신의 경험, 느낌, 생각을 말한다.</td></tr>
<tr><td>사회관계 영역</td><td>더불어 생활하기 〉 친구와 도우며 사이좋게 지낸다.</td></tr>
<tr><td>예술경험 영역</td><td>창의적으로 표현하기 〉 다양한 미술 재료와 도구로 자신의 생각과 느낌을 표현한다.</td></tr>
<tr><td>자연탐구 영역</td><td>자연과 더불어 살기 〉 날씨와 계절의 변화를 생활과 관련 짓는다.</td></tr>
<tr><td rowspan="2">교사의 놀이지원 실제 (설명)</td><td colspan="3">아이들이 사인펜을 활용하여 친구와 함께 무지개 색으로 휴지를 칠한다. 이때 가운데 칸의 휴지를 제외하고 양쪽 칸의 휴지만 칠하도록 한다. 무지개 색으로 칠한 양쪽 칸의 휴지 끝을 물이 담긴 종이컵에 담아 양쪽 칸의 휴지에서부터 점점 물이 흡수되어 가운데 칸의 휴지가 무지개 색으로 변화하는 과정을 친구와 함께 아이들이 관찰하는 시간을 가진다.</td></tr>
<tr><td colspan="3">휴지를 무지개 색으로 칠하는 과정에서 휴지가 찢어진 경우, 그리고 휴지 가운데 칸의 흡수가 제대로 이루어지지 않아 휴지의 가운데 칸이 무지개 색으로 변화하지 않아 무지개가 완성되지 않는 경우 교사는 어떠한 대처를 하면 좋을까?</td></tr>
<tr><td>편성 및 교수 학습</td><td colspan="3">상호작용, 관찰하기, 질문하기, 정서적 지지하기, 자료변화, 자료추가, 자료활용방법 지지 또는 제안, 일과의 변화(놀이시간 확장), 제안하기, 놀이참여하기, 교사가 계획한 자료 제공하기, 유아가 발견한 자료지원, 공간변화(교실공간 재구성)</td></tr>
</table>

■ 텀벙텀벙 물놀이 6

<table>
<tr><td>반/ 조</td><td></td><td rowspan="2">조원</td><td rowspan="2"></td></tr>
<tr><td>놀이 소제목</td><td>물감 섞어 색 만들기</td></tr>
<tr><td>놀이 설명</td><td colspan="3">여러 가지 색의 물감과 물이 담긴 컵을 준비한다. 물이 담긴 컵에 각각 하나의 물감을 풀어 색이 각기 다른 물을 준비한다. 하나의 물감을 푼 물들을 함께 섞으면 색이 변하는지 궁금한 아이의 질문이 나오자, 서로 다른 색의 물감을 풀은 물 두 컵을 빈 컵에 동시에 부어 섞으면 어떤 색이 나올지 예측하는 이야기를 나눈 후 아이들이 서로 다른 색의 물감을 풀은 물 두 컵을 빈 컵에 동시에 부어 섞어본다. 서로 다른 색의 물감을 풀은 물 두 컵을 부으며 물의 색이 변화하는지 살펴본다.</td></tr>
<tr><td>유아 대화</td><td colspan="3">C : 어? 선생님! 무지개 휴지 만든 물이 똥색이 되었어요!!
T : 그러네? 여러 가지 색이 섞이니까 물이 탁하게 변했네요~
C : 어? 색이 섞이면 색이 변해요?
C : 그럼 내가 좋아하는 빨간색이랑 노란색 섞어도 변해요?</td></tr>
</table>

<table>
<tr><td></td><td colspan="3">T : 그럼~ 빨간색과 노란색도 섞으면 색이 바뀌어요~ 빨간색과 노란색이 섞이면 무슨 색이 나올 것 같아요?
C : 빨간색이 더 진하니까 그대로 빨간색!
T : 아 OO이는 빨간색이 그대로일 것 같구나?
T : 한번 빨간색 물과 노란색 물을 섞어볼까요?
(아이들이 빨간색 물과 노란색 물을 비어 있는 컵에 같이 부으며 색깔 물을 섞는다)
C : 어? 선생님! 주황색이에요!
C : 와! 주황색으로 바뀌었다!!
T : 빨간색 물이랑 노란색 물을 섞어 부으니 주황색이 되었네요!
C : 빨간색 그대로일 줄 알았는데 주황색이 되었네! 신기하다!
T : 와 그러게~ 색이 신기하게 바뀌었죠?
T : 우리 그럼 다른 색도 섞어서 무슨 색으로 나오는지 알아볼까요?
C : 좋아요! 이번에는 제가 좋아하는 파란색으로 할래요!
T : 무슨 색과 섞고 싶어요?
C : 저는 초록색이랑 섞어볼래요!
T : 그래~ 그럼 파란색 물과 초록색 물을 섞어볼게요~
(아이들이 파란색 물과 초록색 물을 비어 있는 컵에 같이 부으며 색깔 물을 섞는다)
C : 선생님! 보라색이 보여요!
C : 내가 좋아하는 보라색이야!
T : 우와~ 정말 OO이가 좋아하는 보라색이 되었네요~
T : 오늘 정말 다양한 물을 만나봤어요~ 물과 친해지는 시간을 가져봤는데 어땠나요?
C : 선생님! 우리는 물이랑 단짝이에요!
C : 오늘 물놀이하면서 물이랑 잔뜩 친해졌어요!
T : 우리 친구들이 물놀이를 즐겁게 해보았다니 다행이에요~
C : 물놀이 너무 재밌어요!</td></tr>
<tr><td rowspan="5">사진</td><td rowspan="5"></td><td>신체운동 · 건강 영역</td><td>신체활동 즐기기 〉 신체의 움직임을 조절한다.</td></tr>
<tr><td>의사소통 영역</td><td>듣기와 말하기 〉 자신의 경험, 느낌, 생각을 말한다.</td></tr>
<tr><td>사회관계 영역</td><td>더불어 생활하기 〉 서로 다른 감정, 생각, 행동을 존중한다.</td></tr>
<tr><td>예술경험 영역</td><td>아름다움 찾아보기 〉 예술적 요소에 관심을 갖고 찾아본다.</td></tr>
<tr><td>자연탐구 영역</td><td>생활 속에서 탐구하기 〉 물체의 특성과 변화를 여러 가지 방법으로 탐색한다.</td></tr>
</table>

교사의 놀이지원 실제 (설명)	무지개 휴지를 만들며 무지개색이 섞여 탁한 색으로 변한 물에 호기심이 생긴 아이들과 색을 탐색해 볼 수 있는 놀이를 함께한다. 아이들과 서로 다른 색의 물감을 풀은 물 두 컵을 빈 컵에 동시에 부어 섞으면 어떤 색이 나올지 예측해 본 후 아이들이 서로 다른 색의 물감을 풀은 물 두 컵을 빈 컵에 동시에 부으며 변화하는 물의 색을 관찰하게 한다.
	물을 부으며 물을 흘리는 아이들에게 교사는 어떤 대처를 하면 좋을까? 아이들이 예상한 색의 물이 나오지 않았을 경우 아이들은 어떤 반응을 보일까?
편성 및 교수 학습	상호작용, 관찰하기, 질문하기, 정서적 지지하기, 자료변화, 자료추가, 자료활용방법 지지 또는 제안, 일과의 변화(놀이시간 확장), 제안하기, 놀이참여하기, 유아가 발견한 자료지원

09 CHAPTER

놀이지도의 실제

CHAPTER

09 놀이지도의 실제

1 영아 놀이의 실제

인지발달단계 중 감각운동기의 하위단계인 6단계로 구분하여 놀이활동을 제시하고자 한다. 발달적으로 감각운동기는 전조기와 비교할 때 언어적 상호작용이 제한되기 때문에 개정 누리과정의 유아 · 놀이중심 놀이지원 방식보다는 교사 중심의 놀이로 시작하는 것이 유용하다.

1) 0~4개월

출생부터 몇 개월 동안 영아들은 눈으로 그들의 새로운 세계를 탐색한다. 우리는 이러한 탐색을 적극적으로 지원하고 상호작용해야 한다. 대상 영속성 개념은 희미하게 나타난다. 예를 들어, 영아의 눈앞에 놀잇감이 움직이면 눈을 움직여 그것을 좇는다. 놀잇감이 사라지면 잠시 바라보다가 고개를 돌린다.

활동 1. 눈으로 탐색하기

● 목표

• 주변 환경에 대해 탐색을 돕는다.
• 사물과 영아 간의 관계를 탐색하게 한다.

● 준비물

색상이 선명하고 움직이는 사물이나 모빌

● 놀이방법

• 영아의 시선이 닿는 곳이나 주변에 색상이 밝고 선명한 사물을 놓아둔다.
• 영아가 발견하고 시선을 멈추거나 탐색하기 시작하면 말해준다.
  – “이것은 ○○모빌이란다! 예쁘지?”
• 영아가 시선을 움직이도록 아기 가까이 그리고 멀리 이동시켜 천천히 모빌을 움직인다. 따라오면 계속한다.
• 영아가 모빌의 움직임을 따라 시선을 둘 때 나지막하게 말해준다.
  – “이거 줄까? 여기 있다.”
• 사물이나 모빌을 손이 닿지 않는 곳에 두어 영아가 손을 뻗어 닿으려고 하게 하며 부드러운 대화로 격려해 준다.
• 영아의 손에 사물을 쥐어주고 질감을 느껴 보게 하고, 다른 질감의 사물도 쥐어 보게 한다.

● 유의점

• 영아의 사물에 대한 탐색에 방해되지 않게 조절하여 상호작용해 준다.
• 영아에게 부드럽고 친근하게 상호작용해 준다.
• 영아에게 친숙한 사물을 제공하고 사물을 두는 위치는 고정되게 하여 친숙한 사물로 인지하게 한다.

활동 2. 어깨 위에서 놀아요

● 목표

- 다양한 조망을 경험하게 한다.

● 준비물

없음

● 놀이방법

- 영아를 교사나 성인의 어깨높이로 들어올려 다양한 조망을 느껴보게 한다.
  - "자 무엇이 보일까? 무엇이 있을까?"
- 어깨높이에서 이리저리 이동시켜 준다.

활동 3. 거울을 보아요

● 목표

- 자아 인식을 촉진한다.
- 자신과 환경에 대한 탐색능력을 촉진한다.

● 준비물

전신거울 또는 작은 거울

● 놀이방법

- 전신을 비추는 크기의 거울을 이용하여 거울 속에 자신의 모습을 비추어 보게 한다.
- 부드러운 목소리로 영아의 모습이 예쁘고 멋짐을 칭찬해 준다.
  - "자 누구일까? ㅇㅇ는 참 멋지다."
- 거울에 비친 모습을 손으로 만져보게 한다.
  - "자 여기를 만져보자."

● 유의점

- 교사는 영아에게 미소를 지으며 말하고 즐겁게 반복해서 상호작용한다.

활동 4. 영아를 즐겁게 해주기

● 목표

- 영아에게 즐거움을 느끼게 한다.
- 성인과 신뢰감, 친밀감을 갖게 한다.

● 준비물

없음

● 놀이방법

- 영아를 볼 때 미소로 시작한다.
- 영아의 관심을 얻기 위해 말을 부드럽게 건넨다.
- 이때 엄마의 모성어 사용처럼 혀를 차기, 머리 좌우로 흔들기, 특정 소리 반복하기 등을 하여 즐겁게 상호작용한다.
- 때로는 영아를 향해 빨리 다가가서 멈추어 보기 등도 유용하다.
- 영아가 이에 반응하기를 기다려 준다.
  - 영아는 웃기, 미소짓기, 팔다리를 버둥거리기 등으로 반응을 보인다.

● 유의점

- 이때 영아가 다른 곳을 보거나 피곤해하고, 흥미결여를 보일 때는 멈추도록 한다.

활동 5. 영아에게 재미있게 말하기

● 목표

- 영아를 소리 나는 방향과 소리에 민감하게 할 수 있다.
- 소리를 듣고 반응할 수 있다.

● 준비물

없음

● 놀이방법

- 영아에게 재미있는 방법으로 말을 해준다. 어떤 말이든 좋다.
- 미소를 지으며 부드러운 방식으로 계속 반복한다.
- 소리를 내는 중간에 영아의 반응을 주시한다.
- 영아가 흥미를 보이는 것은 재미를 느낀 것이므로 반복해서 해준다.

● 유의점

- 평소에 영아가 좋아하는 행동과 사물이 무엇인지 관찰하여 말해준다.

활동 6. 노래 불러주기

● 목표

- 교사나 부모가 들려주는 노래를 듣고 반응할 수 있다.

● 준비물

없음

● 놀이방법

- 음악에 대한 영아의 반응력은 대단하다. 따라서 영아만을 위한 개인적인 작곡 · 작사의 노래를 만들어 들려준다.
- 익숙해지면 영아를 안고 어깨에 기대게 하여 함께 춤을 추며 노래를 불러준다.

● 유의점

- 반드시 교사나 부모가 노래를 잘해야 하는 것은 아니다. 오히려 반응적으로 웃어주고 상호작용해 주는 것이 중요하다.
- 다소 음정이 불안하더라도 자신감을 갖고 노래를 즉흥적으로 만들어 불러본다.
- 자주 반복하게 되면 영아가 따라 하게 될 것이다. 양육자와의 개인적, 긴밀한 상호작용이다.

활동 7. 손발을 비비며 놀아요

● 목표

- 손과 눈의 협응을 연습할 수 있다.
- 신체 부위의 명칭을 듣고 이해할 수 있다.

● 준비물

없음

● 놀이방법

- 영아의 손과 발을 사용하여 부드럽게 두드리고 비비면서 어울리는 엉뚱한 소리를 낸다.
  - "자 손이 어디 있지? 발은? 자 어디 가고 있니?"
- 자전거 타는 것처럼 다리를 위아래로 움직여 준다.
  - "신나게 잘 가고 있구나. 멋진걸?"

● 유의점

- 언어적 표현이 미약한 영아 초기이므로 언어적 반응은 활발하지 못하나 소리, 옹아리, 표정 등을 통해 반응할 수 있다. 교사는 그러한 반응을 이끌어 내도록 노력한다.

활동 8. 내 손 위에는 무엇이 있을까?

● 목표

• 반사행동(파악반사)을 연습할 수 있다.

● 준비물

손가락, 딸랑이

● 놀이방법

• 아기의 손바닥을 교사의 손으로 간질여 준다.
• 그런 다음 아기의 손바닥에 딸랑이를 놓는다.
• 아기는 손으로 딸랑이를 쥐려고 한다.
• 교사가 손으로 잡거나 쥐는 것을 도와준다. 아기의 손에 교사의 손을 포개
• 어 잡는 것을 돕는다.

● 유의점

• 딸랑이 외에도 아기 손에 올려놓을 수 있는 사물을 놓고 반복한다.
• 이때 입으로 빨 수 있으므로 너무 작은 사물은 위험하다.

활동 9. 목을 움직여요

목표

- 목 움직이는 연습을 할 수 있다.
- 목의 방향을 좌우로 움직일 수 있다.

준비물

거울, 모빌, 장난감

놀이방법

- 침대의 가장자리에 물건을 놓는다.
- 그 물건을 보려고 고개나 목을 움직이려고 한다.
- 이때 "어디보자, 무엇이 있을까? 아하, ○○이 있구나!"라고 말하며 반응해 준다.

유의점

- 아기 머리 쪽에는 물건을 두지 않는다.
- 거울에 모습을 비추어 주며 보게 한다.

활동 10. 머리, 목을 움직여 보아요

● 목표

머리 · 목의 가누기, 조절하기를 연습할 수 있다.

● 준비물

봉제완구

● 놀이방법

- 장난감을 영아의 등이나 배 위에 놓거나 침대의 한쪽에 놓는다.
- 그것을 잡으려고 머리와 목을 가눈다.
- "이거 줄까?", "여기 있다."라고 말하며 반응해 준다.

활동 11. 물건을 잡아보아요

● 목표

- 물건을 잡으려고 노력하면서 자신의 근육능력을 조절할 수 있다.

● 준비물

색깔이 선명한 장난감

● 놀이방법

- 영아가 볼 수 있는 곳에 장난감을 놓아둔다.
- 그것을 잡기 위해 손을 쥐고 펴는 행동을 한다.
- 손만 대면 교사가 가져다 손에 쥐어준다.
- 팔을 움직여 물건을 만지고, 멀리 뻗어 보고 하면서 근육조절능력을 연습하는 기회가 된다.

활동 12. 손과 팔을 뻗어 보아요

목표

- 손과 눈의 협응을 위해 사물을 향하여 팔을 뻗을 수 있다.

준비물

눈에 띄는 색깔의 우레탄 블록, 장난감, 우유병

놀이방법

- 아기가 잡을 수 있는 곳에 블록, 장난감, 우유병을 둔다.
- 잡으려고 손을 뻗을 때 대화로 격려한다.
- "저기 빨간 블록이 있구나", "저기 장난감이 있네!"

활동 13. 인형을 찾아보아요

● 목표

• 대상 영속성 개념을 연습할 수 있다.

● 준비물

봉제인형, 가리는 막(인형을)

● 놀이방법

• 책상 위에 영아를 앉히고 인형을 놓는다.
  – "자 인형이네, 참 귀엽다. 무슨 인형일까?"
• 영아의 눈앞에서 인형을 움직이며 언어적 상호작용을 한다.
• 영아는 천천히 눈을 움직여 인형을 눈으로 좇는다.
• 가리는 막으로 인형을 가린다. 또는 영아의 등 뒤로 인형을 감춘다.
  – "인형이 어디 갔을까?"
• 영아는 사라진 지점을 응시하다가 이내 고개를 돌린다. 그 인형에 관심을 보이지 않는다.

2) 4~8개월

이 단계의 영아들은 사물을 탐색할 때 보다 적극적으로 눈과 귀뿐 아니라 손과 입을 사용하기 시작한다.

활동 1. 손과 입으로 탐색하기

● 목표

- 대상을 안전하게 탐색한다.
- 눈, 귀뿐 아니라 손과 입을 사용하여 탐색한다.

● 준비물

다양한 장난감(입로 들어갈 수 없을 크기)

● 놀이방법

- 영아들은 늘 주변의 사물을 탐색한다. 이런 탐색행동을 지켜보는 것도 성인의 역할이다.
- 자유롭게 주변에 다양한 장난감을 놓아둔다.
- 손과 입으로 탐색할 때 칭찬해 준다.
  - "○○장난감을 들고 있구나. ○○는 어떤 소리가 날까?"
- 밝고 선명한 색상의 장난감을 손에 쥐어준다.
- 영아들은 장난감을 밀고, 당기고, 치고, 찌를 때 갑자기 튀어나오거나, 돌거나, 소리나 음악이 나오는 장난감을 좋아한다.
- 이때 함께 즐거워하고, 놀라움도 나타낸다.
  - "아이구, 이크, 이런" 등의 감탄사를 사용하여 즐겁게 상호작용한다.

● 유의점

- 사물은 작은 손으로 잡을 수 있어야 한다.
- 입에 넣으므로 세척 가능해야 한다.
- 모서리가 떨어져 나가거나, 작은 것은 제외한다.
- 영아의 행동에 반응하여 움직이거나 소리를 내는 장난감이 좋다.
- 위험요인을 최소화하여 안전하게 탐색하도록 한다.
- 높은 연령의 유아로부터 방해를 차단한다.

활동 2. 장난감과 말해요

● 목표

- 반응적 놀잇감을 탐색하고 반응할 수 있다.
- 딸랑이를 흔들며 다양한 소리를 듣는다.
- 딸랑이를 만지며 촉감을 느낀다.

● 준비물

움직이거나 반응적 놀잇감, 영아의 행동에 반응하여 움직이거나 소리를 내는 놀잇감(딸랑이, 누르면 돌아가는 놀잇감)

● 놀이방법

- 영아가 앉아있는 주변에 밀고 치고 때리고 찌를 때 갑자기 튀어나오거나 돌거나 소리를 내는 놀잇감을 준다.
- 무릎에 앉히고는 놀잇감을 만져보게 한다.
  - "○○야, 여기 딸랑이가 있네. 딸랑이를 만져볼까요?"
- 영아와 함께 딸랑이를 흔들어 본다.
  - "○○야, 우리 딸랑이를 흔들어 볼까? 어떤 소리가 날까요? 딸랑딸랑 소리가 나네요. 잘 들리니?"

활동 3. 빙글빙글 돌아가요

● 목표

- 조작을 하면서 놀잇감이 작동하는 원인과 결과를 연결한다.
- 손과 눈의 협응력이 발달한다.

● 준비물

누르면 돌아가는 놀잇감

● 놀이방법

- 놀잇감을 만져보며 탐색하게 한다.
  - "이것은 무엇일까? 만져보자."
- 버튼을 눌러볼 수 있도록 유도한다.
- 누른 후 어떻게 변화하는 그 결과를 이야기 나눈다.
  - "버튼을 누르니까 어떻게 되었니?"
    "그렇구나, 마치 꿀벌이 빙글빙글 돌아가는 것 같네. 아 예쁘다."
- 여러 번 반복하여 원인과 결과 관계를 알 수 있도록 한다.
  - "다시 한번 해볼까? 어떻게 해볼까?"

● 유의점

- 자유로운 탐색을 위하여 지나친 탐색의 차단은 피한다.
- 안전을 위하여 영아들이 탐색할 때 관찰한다.
- 나이 든 유아들이 영아의 탐색과 놀이를 방해하지 못하게 한다.

활동 4. 마라카스 흔들기

● 목표

• 다양한 자료에 따른 소리를 경험할 수 있다.

● 준비물

콩, 쌀, 모래가 들어 있는 속이 보이는 마라카스

● 놀이방법

• 마라카스를 눈으로 탐색한다.
  – "이것은 무엇일까?", "이 안에 무엇이 들어있을까?", "콩이 들어있구나."
• 마라카스를 전 · 후 · 좌 · 우로 자유롭게 움직인다.
  – "어떤 소리가 날까?"
• 소리를 흉내 내어 본다.
  – "찰찰찰 소리가 나요.", "재미있다."
• 리듬에 따라 흔들며 노래를 불러본다.
  – 영아가 잘 듣는 간단한 동요에 맞추어 같이 불러본다.

● 유의점

• 마라카스 내용물이 쏟아져 영아들이 입으로 삼키는 일이 없도록 주의한다.

활동 5. 기저귀 갈 때 노래 불러주기

● 목표

- 기저귀 가는 것을 통해 교사와 친밀감을 형성할 수 있다.
- 개인위생을 도모할 수 있다.

● 준비물

없음

● 놀이방법

- 기저귀를 갈아 줄 때도 적절한 표정(웃음, 즐거움), 수용적 태도, 행동을 보임으로써 영아로 하여금 안정적으로 보육을 받고 있다는 생각을 갖게 한다.
- 기저귀를 갈 때 불쾌한 정서를 느낄 수 있으므로 즐겁게 해준다.
- 이때 허밍으로 노래를 불러주거나 하면 더욱 즐거운 시간이 될 수 있다.
- 노래를 잘 불러야 되는 것이 아니고 영아에게 즐겁게 임하면 된다.

활동 6. 도리도리

● 목표

- 목운동을 통한 전체적 발달을 도모한다.
- 놀이 협조자와의 동작을 통한 상호작용으로 신체발달을 도모할 수 있다.

● 준비물

없음

● 놀이방법

- 머리를 좌우로 번갈아 흔드는 동작을 연속적으로 한다.
- 교사가 시범을 먼저 보여 따라 하게 한다.
- 교사나 성인이 '도리도리'라는 언어적 자극만 주어도 고개를 좌우로 흔들며 즐거워한다.
- '도리도리'는 'no'의 뜻이며 '머리'를 의미한다.

활동 7. 짝짜꿍 놀이

● 목표

• 양손과 눈의 협응력을 기를 수 있다.
• 손바닥 마주쳐서 소리 내는 것에 기쁨을 느낄 수 있다.
• 소근육 발달을 도모할 수 있다.

● 준비물

음악 테이프

● 놀이방법

• 양손을 마주치게 한다.
• 교사와 영아가 마주보고 손바닥을 마주친다.
• 손가락을 하나씩 접었다가 펴보게 한다.
• 손 전체를 접었다 폈다 한다.
• 전래동요를 들려주며 반복한다.
• 영아의 행동에 미소, 얼러주기, 뽀뽀 등으로 보상해 준다.

● 유의점

• '짝짜꿍'은 짝의 고어이다.

활동 8. 곤지곤지

● 목표

- 손의 명칭을 알게 하고 눈과 손의 협응을 도모할 수 있다.
- 놀이상대의 행동을 관찰하여 그 행동을 따라할 수 있다.

● 놀이방법

- 오른손의 검지 손가락을 펴서 왼손의 손바닥 중앙을 찌르는 동작을 반복적으로 한다.
- 짝짜꿍보다는 정교한 놀이로서 왼손바닥과 오른손의 검지손가락만을 이용하여야 한다.
- 교사의 시범을 관찰하고 쉽게 학습 가능한 동작놀이이다.

● 유의점

- '곤지곤지'는 손의 고어이다.
- 특별한 놀잇감 없이 부모, 교사와 할 수 있는 매우 교육적인 놀이이다.
- 손의 이름을 가르치면서 짝짜꿍과 마찬가지로 눈과 손의 협응이 필요하며, 짝짜꿍보다는 더 정교한 동작을 요하므로 짝짜꿍을 한 다음에 하면 효율적이다.

활동 9. 잼잼놀이

● 목표

- 손가락의 소근육 발달을 도모할 수 있다.
- '잼잼'을 통해 결과적으로 사물을 보고 손을 뻗쳐 잡을 수 있는 능력을 연습할 수 있다.

● 준비물

없음

● 놀이방법

- 손가락 근육운동으로서 열손가락을 오므렸다 폈다 하는 동작을 연속적으로 한다.
- 짝자꿍, 곤지곤지보다는 더 정교한 놀이이므로 이것들 다음으로 하는 것이 효과적이다.

활동 10. 까꿍놀이

목표

• 대상 영속성 개념을 획득할 수 있다.

준비물

없음

놀이방법

• 영아의 얼굴을 손으로 가렸다가 말았다가 반복하여 준다.
• 얼굴을 이불이나 등에 숨겼다가 다시 나타낸다. 이때 '까꿍'이라고 소리를 낸다.
• 놀이상대자가 반드시 있어야 가능하다.
• 연속적으로 하다보면 등에 업혀 있다가 아는 사람을 만나면 등에 묻었던 얼굴을 들어 '까꿍' 하며 즐거움을 나타낼 수 있다.

활동 11. 손톱 깎을 때 노래 불러주기

● 목표

- 영아의 개인위생을 도모할 수 있다.
- 개인위생 관련 활동을 통한 성인과의 친밀감을 형성할 수 있다.

● 준비물

손톱깎이, 수건

● 놀이방법

- 일상적인 생활을 위한 활동을 할 때 항상 웃는 얼굴, 즐거운 표정으로 이야기를 건넨다.
- 간단한 노래를 흥얼거리며 얼굴, 눈을 바라보고 웃어주며 손톱을 깍아준다.
- 영아가 옹알이를 하면 받아주고 반복해 주며 또는 완성된 문장으로 반응해 준다.
- 상황에 적절한 표정을 보이는 것은 영아의 정서발달에 매우 중요하다.

활동 12. 대상 영속성 놀이

● 목표

• 대상 영속성 개념을 획득할 수 있다.

● 준비물

인형, 수건

● 놀이방법

• 주변에 인형이 보이지 않아도 존재한다는 사실을 어렴풋하게 이해한다.
• 눈과 손의 협응이 이루어져 인형이 부분적으로 보이면 찾으려고 하나 보이지 않을 경우 찾으려 하지 않는다.
• 영아에게 인형을 보여준 다음 수건으로 반쯤 가린다.
• 영아는 인형을 찾아낸다.
• 이번에는 인형을 보이지 않게 가린다.
• 인형이 사라진 과정을 보았으나 찾으려 하지 않는다.
(대상 영속성 개념이 완전하게 발달하지 못한 것이다)

활동 13. 눈은 어디 있나?

● 목표

- 손과 눈의 협응을 발달시킬 수 있다.

● 준비물

없음

● 놀이방법

- 신체 여러 부위의 이름을 붙여본다. (눈, 코, 입, 귀 등)
- "눈은 어디 있나? 요기", "○○ 눈은 어디 있니? 여기"라고 말하고 영아가 눈을 만지면 "○○ 눈은 여기 있네."라고 말한다.
- 같은 방법으로 코, 입, 귀 등을 차례로 반복해 본다.
- 거울을 앞에 놓고 하면 더욱 흥미롭고 효과적이다.

활동 14. 기어서 따라가기

● 목표

- 대근육 발달을 도모할 수 있다.
- 도움을 받아 기어갈 수 있다.
- 신체접촉을 통한 정서적 안정감을 형성할 수 있다.

● 준비물

없음

● 놀이방법

- 교사는 영아의 손을 잡고 몸을 세우게 돕는다.
- 영아는 몸 세우는 것을 좋아한다.
- 반복적으로 하다가 교사가 앞으로 움직이고 영아가 기어서 따라오게 한다.
- 공을 굴려 따라가게 할 수도 있다.

3) 8~12개월

영아들은 이제 자신의 몸을 이동시켜 사회적 세계를 확장시킨다. 기는 행동을 통해 또는 붙잡고 서고 걸으며 사물을 탐색한다(던지고, 쥐어짜고, 떨어뜨리고, 결합시키고). 세상을 탐색하는 데 매우 능동적이 되며, 기는 활동으로 공간의 이동이 가능해지기 때문에 놀잇감을 적극적으로 탐색하고 조작한다.

활동 1. 따르고 쏟기

● 목표

• 눈과 손의 협응능력을 촉진한다.

● 준비물

다양한 크기의 용기나 상자, 상자에 넣을 수 있는 사물(플라스틱용기, 바구니, 신발상자 등)

● 놀이방법

• 주변에 색상이 선명하고, 밝고 매력적인 다양한 상자와 용기, 사물을 놓아준다.
• 영아가 상자와 사물을 바라보고 가지고 놀며 실험할 시간을 준다.
• 용기에 사물을 담게 한다. 때로는 담은 것을 한꺼번에 쏟아내게 하기도 한다.
  – "이것은 무엇일까? ㅇㅇ란다. 참 귀엽다."
• 각 사물의 특성에 맞는 언어적 상호작용을 해준다.
• 용기를 뒤집어서 다시 담게 한다.

● 유의점

• 용기에 담는 사물은 손에 잡히는 크기여야 하나 입에 들어갈 수 있는 작은 크기는 제한한다.
• 영아가 만지고 흥미롭게 생각하는 사물을 준비한다. 예를 들면 작은 시계, 실꾸러미, 플라스틱 뚜껑, 고리 등이다.

활동 2. 나 따라 해봐요

● 목표

• 말소리를 듣고 따라할 수 있다.

● 준비물

없음

● 놀이방법

• 교사는 영아에게 소리(단어, 감탄사, 의성어, 의태어 등)를 만들어 들려준다(맘마, 빠빠, 오오 등).
  – 맘마, 빠빠, 오오 등의 말을 반복해서 들려준다.
• 영아가 그 소리를 연습하게 시간을 두고 반복해 준다.
• 영아가 모방할 때 확장시켜 반응해 준다.

활동 3. 책 읽어주기

● 목표

- 책 읽어주는 것을 들을 수 있다.
- 책 읽는 소리에 반응을 보일 수 있다.

● 준비물

발달단계에 맞는 동화책

● 놀이방법

- 연령에 적합한 책을 선정한다.
- 매번 새로운 책보다는 반복해서 같은 책을 읽어준다.
- 언어적으로 반응은 유창하지 못하나 계속해서 교사가 질문하고, 반응해 준다. 교사가 질문하고 반응하는 것을 듣는 것으로도 좋은 활동이 된다.

활동 4. 엄지와 검지손가락 사용하기

● 목표

• 손근육 협응능력을 연습할 수 있다.

● 준비물

장난감, 인형, 베개, 공, 작은 상자

● 놀이방법

• 엄지와 검지손가락으로 사물을 집어보게 한다.

• 부드러운 사물을 손가락으로 찌르고, 치는 연습을 한다.

● 유의점

• 집고 들어 올릴 수 있는 작은 사물을 제공한다.

• 영아가 다른 영아의 얼굴, 눈 등을 찌를 수 있으므로 살펴본다.

활동 5. 블록 쌓기와 넘어뜨리기

● 목표

- 눈과 손의 협응능력을 촉진한다.
- 사물을 양손으로 잡는 연습을 할 수 있다.
- 대상 영속성의 기초를 발달시킬 수 있다.
- 쌓는 행동의 반복과 실패를 통해 기술을 증진할 수 있다.

● 준비물

종이블록, 우레탄 블록

● 놀이방법

- 우레탄 블록을 주변에 놓아둔다.
- 관심을 나타내면 영아에게 말을 걸어 블록을 말해준다.
  - "이것은 블록이야. 예쁘지?", "○○는 어떤 블록을 좋아할까? 한번 집어볼까?"
- 다양한 질감의 블록을 주어 느껴보게 한다.
- 블록을 감추고 함께 찾아내어 즐겁게 상호작용한다.
- 영아와 함께 블록을 쌓아본다.
  - "블록을 쌓아볼까? 내가 먼저 해볼게. 이젠 네 차례야. 아주 잘했구나. 이젠 내 차례야."
- 영아에게 교대로 블록 쌓는 활동임을 인지시키기 위해서는 교사가 쌓은 다음 시간을 주고 권유한다. 당장은 아니나 시간이 흐르면 교대로 하는 활동임을 알게 된다.
- 다 쌓은 다음 한 번에 무너뜨리며 즐겁게 상호작용한다.

● 유의점

- 교대로 하는 활동이 잘 안될 때는 영아의 규칙을 따른다. 강제로 교대의 규칙을 강요해서는 안 된다.

활동 6. 거울놀이

● 목표

- 거울에 비친 자신과 타인의 모습을 탐색할 수 있다.
- 신체 부위의 명칭을 들어본다.

● 준비물

삼각거울(영아의 전신이 다 비칠 만큼 크고, 삼면이 거울로 된 삼각형 모양의 거울)

● 놀이방법

- 삼각거울 속에 들어가게 한다.
- 충분히 거울과 자신의 모습을 탐색하도록 시간을 준다.
- 삼각거울 바닥과 양면에 비춰진 자신과 교사의 모습을 탐색하게 한다.
  - "어? ㅇㅇ가 거울에 있네. 선생님도 보인다. 신기하다!"
- 영아의 신체 부위를 들어 말해준다.
  - "ㅇㅇ의 코가 보인다. 눈도 보인다. 선생님 얼굴도 보이네! 와, 재미있다."

● 유의점

- 거울 속 자신의 모습을 충분히 탐색하도록 시간을 준다.

활동 7. 까꿍놀이

● 목표

- 대상 영속성 개념의 기초를 경험한다.
- 놀이 상대자의 존재를 인식할 수 있다.
- 놀이 상대자의 모습을 관찰할 수 있다.

● 준비물

없음

● 놀이방법

- 교사는 영아와 마주 앉아본다.
- 교사는 영아의 얼굴을 가렸다가 벗겨주면서 '까꿍' 하고 말한다.
- 놀이 상대자의 얼굴이 사라졌다가 다시 나타나면서 즐겁게 상호작용한다.
- 얼굴을 등이나 이불에 숨겼다가 다시 나타나도 된다.
- 교사가 시범을 보이면 쉽게 따라 하게 된다.
- 유아의 성별 구분 없이, 놀이도구 없이, 어디서나 가능하다.

● 유의점

- '까꿍'은 '깜짝 놀라기'의 뜻이다.
- 까꿍은 눈을 가렸다가 벗겨질 때 영아와 놀이 상대자의 시선이 마주칠 수 있기 때문에 대상 영속성 개념의 연습이 된다.

활동 8. 공간 이동하기

목표

• 손을 잡아주면 걷기가 가능해지므로 공간을 이동하여 몸을 움직일 수 있다.

준비물

없음

놀이방법

• 도움을 받아 앞으로 걷기, 옆으로 걷기, 가구 위에 올라가기, 계단 기어 올라가기 등을 할 수 있다.

유의점

• 영아의 손을 잡아준다.
• 균형을 유지할 수 있도록 천천히 걷게 한다.
• 교사는 영아의 동작을 보고 보조를 맞추어 준다.

활동 9. 콩알을 옮겨요

● 목표

- 손과 눈의 협응력을 높일 수 있다.
- 손으로 작은 물체를 집어 옮길 수 있다.

● 준비물

콩, 용기, 여러 가지 사물(테니스공, 플라스틱 공, 야구공 등)

● 놀이방법

- 콩이나 작은 사물을 바닥에 흩어놓는다.
- 영아가 손가락으로 집어서 플라스틱 용기에 옮기게 한다.
  – "이것은 무엇일까? 콩이네. 자 손가락으로 집어보자. 아 잘하고 있네."

● 유의점

- 여러 가지 공을 손에 쥐어보게 한다.
  – 이 공은 부드럽다, 거칠다 등의 느낌을 말해주고 촉감을 느껴보게 한다.

활동 10. 대상 영속성 획득하기

● 목표

- 대상 영속성 개념을 획득할 수 있다.

● 준비물

인형, 수건 2장

● 놀이방법

- 영아를 책상에 앉히고 수건2장을 좌우로 놓고, 중앙에 인형을 놓는다.
- 영아에게 인형을 보여준다.
- 인형을 첫 번째 수건 밑에 숨긴다.
- 영아는 인형을 찾아낸다.
- 다시 인형을 보여준다.
- 인형을 다른 수건 밑에 숨긴다.
- 영아는 첫 번째 수건에서 인형을 찾으려 한다.

● 유의점

- 계속해서 적절한 언어적 상호작용을 한다.

활동 11. 이 소리는 누구일까?

● 목표

• 여러 가지 동물의 소리를 기억하고 흉내 낼 수 있다.
• 간단한 지시에 따를 수 있다.

● 준비물

친근한 동물, 사물의 그림카드

● 놀이방법

• 강아지 등 동물그림이 있는 그림, 그림책을 보여주며 영아에게 물어본다.
  – "멍멍이는 어떤 소리를 낼까?"
  "고양이는 어떤 소리를 낼까? 야옹 하는구나."
• 흥미로운 언어놀이를 통한 어휘의 확대가 이루어진다.

4) 12~18개월

이 연령 영아는 생활 속에서 다양한 시도를 하고 실패하면서 실험한다. 그들의 기술을 다양한 방식으로 실험하고 모방하는 시기이다. 또한 대상 영속성 개념은 장난감을 보이는 곳으로 이동시킬 경우 찾지만 보이지 않는 곳으로 이동은 이해하지 못한다.

활동 1. 사물 변별하기

● 목표

• 주변 사물의 명칭을 연습한다.

● 준비물

사물그림, 사진카드, 예쁜 헝겊주머니

● 놀이방법

• 영아에게 친숙한 사물그림을 늘어놓는다.
  – "이것은 무엇일까? ○○ 그림이네. 예쁘다!"
• 한 개씩 주머니서 꺼내면서 손으로 카드를 짚으며 언어적 상호작용한다.
• 다시 한 개씩 주머니에 넣으면서 반복해 본다.
• 주머니에서 카드를 꺼내면서 놀라기, 웃기를 하며 즐겁게 상호작용한다.

활동 2. 밀가루 점토놀이

● 목표

- 밀가루 점토의 질감을 경험한다.
- 손의 근육을 발달시킨다.

● 준비물

색 밀가루 점토, 바닥재(아세테이트)

● 놀이방법

- 바닥에 아세테이트를 깔고 그 위에 밀가루 점토를 놓는다.
- 영아와 함께 두드리고 만지고 잡아당기며 바닥에 편다.
- 밀가루의 질감, 점성을 느껴보게 하면서 탐색하게 한다.
  - "노란색 밀가루 점토가 있네. 만져보자. 어떠니?"
- 점토를 두드리고 당기고 쥐면서 탐색하게 한다.
  - "○○는 점토를 쿵쿵 두드리는구나! ○○는 점토를 주물럭주물럭 하고 있네. 어떠니?"
- 맨발로 점토를 밟아보게 한다.
  - "발로 밟아볼까? ○○는 점토 위에서 쿵쿵 뛰고 있네! ○○는 기차처럼 움직여 보자!"

활동 3. 걷기, 오르기

● 목표

- 대근육의 협응능력을 키워준다.
- 신체 이동능력을 증진한다.

● 준비물

우레탄 블록, 종이블록, 스펀지 블록

● 놀이방법

- 안전한 바닥 위에서 걷기, 기어오르기를 하는 데 실내와 실외 다 가능하다.
- 넘어지고 떨어지므로 카펫이나 부드러운 바닥이 좋다.
- 터널을 만들어 안으로, 밖으로 통과하고, 밑으로 이동하는 놀이도 좋다.

● 유의점

- 바닥은 영아에게 안전하도록 적절한 재질로 설치한다.

활동 4. 인형놀이(목욕시키기, 머리 빗기기, 음식 먹이기)

● 목표

- 소근육 협응능력을 연습할 수 있다.

● 준비물

인형, 헝겊재질의 음식모형

● 놀이방법

- 실제로 놀이하지는 않고 하는 척 가장한다. 예를 들면 목욕시키는 척, 머리 빗기는 척 등을 말한다.
- 인형을 만지고 보며 탐색해 본다.
- 인형을 목욕시키는 것처럼 씻기는 흉내를 낸 다음 말을 한다.
  - "인형을 예쁘게 씻어주었단다. 목욕을 시켰단다."
- 다른 대상에게도 유사하게 적용한다.
  - "머리를 빗겨주었어. 얼굴을 씻어주었어. ㅇㅇ는 목욕을 해요."
- 교사가 가장하면서 하는 언어적 상호작용은 영아의 언어발달을 촉진한다.
- 매일의 실제 생활과 유사한 내용으로 가장놀이, 모방놀이를 해본다. 이때 실물처럼 보이는 장난감을 제공하여 반복하며 즐겁게 상호작용한다.

활동 5. 영아의 가장행동 수용하기

● 목표

- 영아의 가장(~하는 척)행동에 대해 상호작용함으로써 언어발달을 도모한다.
- 모방을 통해 학습한다.

● 준비물

없음

● 놀이방법

- 영아의 생활에 관련된 기술, 행동을 시험하게 한다.
- 영아의 행동을 수용해 주는 언어적 상호작용을 한다.
  - 예를 들어, 빈컵을 들고 마시는 척하며 "음 맛있는걸."이라고 말해준다.
  - 인형을 상대로 머리를 빗기거나 얼굴 씻어주는 행동을 한다. 그러고 나서 영아에게도 적용해 보게 한다. 이때 대사를 말로 하여 언어발달을 지원한다.
  - "○○(인형의 이름)는 잠이 들었단다. 나는 씻으러 갈 거야. 나는 목욕하고 있는 중이다."

● 유의점

- 가장행동이나 놀이를 할 때 반드시 그 상황에 맞는 진술로 언어적 상호작용을 해준다. 이를 위해 생활과 관련된 실물 놀잇감의 제공이 필요하다.
- 다양한 실물의 인형들(아빠, 엄마, 형제, 자매, 아기 등), 교통수단(자동차, 배, 비행기, 기차 등)이 필요하다.

활동 6. 블록 옮기기

● 목표

• 손과 눈의 협응력을 높일 수 있다.

● 준비물

장난감 블록(바퀴 달린), 블록(종이, 플라스틱)

● 놀이방법

• 영아에게 블록을 가져오라고 말한다.
• 블록을 트럭에 담으라고 말한다.
• 손으로 밀어서 운반하게 한다.
• 블록을 쌓아보게 한 다음 넘어뜨려 보게 한다.

활동 7. 대상 영속성 획득하기

● 목표

• 대상 영속성 개념을 연습할 수 있다.

● 준비물

수건 2개, 숨길 수 있는 놀잇감

● 놀이방법

• 교사의 손에 놀잇감이 놓여 있음을 보여준다.
  – "자 ○○야, 내 손에 무엇이 있니? ○○ 장난감이구나. 이것이 어디로 갈까?"
• 교사는 주먹을 쥐어 놀잇감을 숨긴다.
  – "선생님이 손을 쥐어볼게. 아! ○○장난감이 없어졌네. 어디로 갔을까?"
• 손을 수건 밑에 넣는다.
• 놀잇감을 수건 밑에 두고 손을 치운다.
• 영아는 교사의 손을 본다.
  – "○○장난감이 어디 있을까?"
  (없어진 놀잇감을 찾다가 더 이상 찾지 않는다)

활동 8. 숨고 찾기 놀이

● 목표

- 대근육 발달을 도모할 수 있다
- 대상 영속성 개념을 발달시킬 수 있다.

● 준비물

없음

● 놀이방법

- 영아가 보는 앞에서 숨는다.
- 또는 담요나 큰 수건으로 얼굴을 가리고는 찾아보게 한다.
  - "엄마가 없어졌네.", "○○가 찾아보자.", "여기 있네.", "○○에 숨었구나."라고 상호작용해 준다.

활동 9. 말타기

● 목표

• 대근육 발달을 도모할 수 있다.

● 준비물

없음

● 놀이방법

• 교사의 배, 무릎, 등을 이용하여 영아를 태우고 위아래 또는 좌우 방향으로 움직여 준다. 상황에 적절한 상호작용을 해준다.
  – 무릎이나 배에 태운다면 "비행기가 날아가는 것 같구나.","○○가 높이 날고 있구나."라고 상호작용해 준다.
  – 등에 말을 태운다면 "와우! 말이 잘 달리고 있구나. 재미있니 ○○야?"라고 상호작용해 준다.

활동 10. 전화 걸기

● 목표

- 어조와 억양에 맞추어 반응할 수 있다.
- 몇 가지 단어를 인지할 수 있다.
- 전화를 사용하여 대화하기의 기초를 경험할 수 있다.

● 준비물

장난감 전화기, 실제 전화기(고장 난 것)

● 놀이방법

- 교사가 먼저 전화기를 귀와 입에 대고 통화하는 것처럼 말을 한다.
- 이어서 영아에게 전화기를 주어 말하게 한다.
- 막 말을 시작하였기 때문에 교사가 통화하는 것처럼 반응해 주어야 한다.
- 영아가 말을 못하더라도 반복해서 재미있게 하면 익숙하게 놀이할 수 있다.
  - 이때 "○○야, 전화가 왔네. 전화 받아요."라고 말해준다.

활동 11. 정리하기 게임

● 목표

- 주변의 사물들을 정리정돈하는 습관을 형성할 수 있다.
- 대 · 소근육 발달을 도모할 수 있다.

● 준비물

정리상자 또는 바구니, 블록, 장난감 등

● 놀이방법

- 영아가 놀던 주변에 블록, 장난감들이 널려 있다.
- 교사는 영아에게 "○○야, 블록을 상자에 넣어보자.", "○○장난감을 어디에 둘까?"라고 말하며 일과 시간 중에 정리하게 한다.
- 영아는 자연스럽게 매일의 일과 안에서 정리하는 습관을 갖게 된다.

5) 18~24개월

영아의 지적 능력이 빠르게 발달한다. 눈앞에 없는 사물이나 사건들을 정신적으로 그려내어 표상한다. 사라진 놀잇감이나 모델의 행동을 상징화하여 나중에 모방하는, 즉 지연모방(deferred imitation)이 가능해진다. 또한 행동을 하기 전에 머릿속에서 먼저 생각한 후에 행동한다. 대상 영속성 개념이 완전하게 발달한다. 보이는 곳의 움직임뿐 아니라 보이지 않게 움직인 놀잇감도 찾아낸다. 또한 신체 균형감과 협응력이 발달하고 특정한 쪽의 손을 사용하기 시작한다. 그 손을 사용하도록 격려한다.

활동 1. 대상 영속성 개념 획득놀이

목표

- 완전한 대상 영속성 개념을 획득할 수 있다.

준비물

인형, 수건

놀이방법

- 교사의 손에 놀잇감이 놓여 있음을 보여준다.
  - "자 ○○야, 내 손에 무엇이 있니? ○○장난감이구나. 이것이 어디로 갈까?"
- 교사는 주먹을 쥐어 놀잇감을 숨긴다.
  - "선생님이 손을 쥐어 볼게. 아! ○○장난감이 없어졌네. 어디로 갔을까?"
- 손을 수건 밑에 넣는다.
- 놀잇감을 수건 밑에 두고 손을 치운다.
- 영아는 교사의 손을 본다.
  - "○○놀잇감이 어디 있을까?"
    (없어진 놀잇감을 찾다가 더 이상 찾지 않는다)
- 완전하게 대상 영속성 개념을 획득한다.
- 부분적으로 감춘 놀잇감 찾기가 되면 그 후에는 완전하게 감추어진 놀잇감을 찾아낸다.

활동 2. 점토놀이

● 목표

- 밀가루 점토의 성질을 탐색한다.
- 손의 근육과 감각을 발달시킨다.
- 점토의 부드러움을 느껴본다.

● 준비물

밀가루 점토(빨강, 파랑, 노란색), 수수깡, 찍는 틀

● 놀이방법

- 영아에게 밀가루 점토를 쥐어보게 한다. 이때 교사도 같이 한다.
  - "점토를 만지니까 느낌이 어떠니? 아 참 부드럽다."
- 밀가루와 관련된 영아의 경험을 이야기 나눈다.
  - "빵을 먹어본 적 있니?"
    "빵의 모양은 어떻게 생겼어요?"
    "맛은 어땠었니?"
- 점토를 다양한 방법으로 쥐어보게 한다.
  - 두드리기, 공 모양 만들기, 잘게 나누어 보기, 다시 뭉쳐보기 등
- 수수깡 등 다른 물건을 주고 서로 꾸며보게 한다.

활동 3. 모래놀이

● 목표

- 모래 위에 모양을 내어 본다.
- 모래의 성질을 이해한다.

● 준비물

소꿉놀이, 찍는 틀, 모래(모래상자 또는 실외 모래 놀이터)

● 놀이방법

- 모래의 성질을 탐색해 보게 한다.
- 손으로 모래를 쥐었다 폈다 하며 손가락 사이로 모래가 떨어지게 여러 번 반복한다.
- 모래에 물을 붓는다.
- 젖은 모래에 길을 만들고 소꿉놀이 용기에 담고 나른다.
- 모래 위에 모양틀로 모양을 찍어본다.
- 다른 영아의 것과 비교해 본다.
- 자유롭게 모양을 만들어 보게 한다.

활동 4. 물놀이

● 목표

- 물의 촉감을 느낄 수 있다.
- 물건이 물에 뜰 수 있고, 가라앉을 수 있음을 알 수 있다.
- 물에 뜨는 것, 가라앉는 것과 관련된 어휘를 알 수 있다.

● 준비물

물에 뜨는 것, 가라앉는 것, 물, 큰 용기

● 놀이방법

- 물이 담긴 큰 용기에 손을 담그게 한다.
- 자유롭게 물의 느낌을 느껴보게 한다.
- 물 속에 여러 가지 물건을 넣어준다.
- 뜨는 것과 가라앉는 것을 알아본다.
  - 가볍다, 무겁다 등의 어휘를 도입한다.

활동 5. 놀이 목표물 넣기

● 목표

- 공 등을 던져서 바구니에 넣을 수 있다.

● 준비물

플라스틱 바구니나 상자, 공(테니스공, 털실뭉치 등 부드러운 것)

● 방법

- 다양한 재질의 공을 탐색하게 한다.
  – "공의 모양은 어떻게 생겼니?"
  "느낌은 어떻니?"
- 바구니에 던져서 넣어보게 한다.
- 들어가지 않아도 즐거워하며 반복해서 던져보게 한다.

활동 6. 터널 통과하기

● 목표

• 대근육의 발달을 연습할 수 있다.

● 준비물

영아가 통과할 수 있는 종이상자를 연결한 터널

● 놀이방법

• 길게 연결한 상자 터널의 모양을 이야기 나눈다.
  – "어떻게 생겼니? 이것으로 무엇을 할까?"
• 교사가 먼저 기어서 가는 흉내를 내어본다.
• 모두 같이 기어가는 연습을 해본다.
• 영아가 해결방안을 찾아내도록 시간을 준다.
• 영아가 터널을 통과하게 도와준다.
  (도움이 필요할 때는 생각해 보게 한 다음 도움을 준다)

활동 7. 두 발로 점프하기

목표

• 신체 균형감과 안정감을 연습할 수 있다.

준비물

낮은 계단, 종이블록 등

놀이방법

• 계단의 높이에 대해 이야기 나눈다.
• 계단을 내려올 수 있는 방법에 대해 이야기 나눈다.
  – 걸어서 내려오기, 두 발로 점프하기 등
• 교사는 점프할 때 손을 잡아준다.
• 영아가 다시 올라가 점프하게 돕는다.

유의점

• 한 영아가 점프할 때 다른 영아는 떨어져서 보게 한다.

활동 8. 종이접시 구성하기

● 목표

• 손과 눈의 협응능력을 키울 수 있다.

● 준비물

종이접시, 색종이, 털실

● 놀이방법

• 종이접시를 탐색해 본다.
• 자유롭게 색종이를 찢어본다.
• 교사는 여러 가지 색종이를 찢어보게 한다.
• 서로 어울리는 3~4색으로 골라준다.
• 털실, 찢은 색종이를 종이접시에 붙여 구성해 본다.
  – "어떤 인형의 얼굴을 만들까?"
  "아 재미있는 인형을 얼굴이 되었구나."

활동 9. 지연모방 해보기

● 목표

- 지연모방을 연습할 수 있다.
- 상징화를 경험할 수 있다.

● 준비물

인형, 구슬, 상자(인형이나 구슬을 담을 수 있는 크기)

● 놀이방법

- 위의 자료를 자주 내어준다. 익숙해 지도록 한다.
- 교사가 상자 안에 인형 넣는 모습을 자주 반복하여 보여준다.
- 그런 다음 영아에게 인형과 상자를 내어준다.
- 그동안 교사의 모습을 관찰한 영아는 상자를 여는 행동을 모방하게 된다.

● 유의점

- 이 활동은 단번에 되는 것이 아니라 연속적으로 영아가 표상활동을 관찰할 수 있도록 한 다음 할 수 있다.
- 영아에게 중요하거나 흥미 있는 놀잇감을 이용하면 효과적이다.

활동 10. 긁적거리기

● 목표

- 대 · 소근육의 발달을 도모한다.
- 교사와 상호작용으로 언어발달을 증진할 수 있다.

● 준비물

큰 종이(전지), 물감, 붓, 펜, 크레파스, 색연필

● 놀이방법

- 영아 앞에 큰 종이를 붙여놓는다.
- 또는 종이 안에 영아를 앉혀 놓아도 된다.
  (가운데 큰 원을 만들어 영아를 그곳에 앉힌다)
- 원 안에 앉아서 물감을 묻힌 붓을 가지고 긁적거리게 한다.
- 다양한 색깔의 물감이 종이에 나타나는 것을 보게 한다.
- 자유롭게 팔을 사용하여 그리게 한다.
- 적절한 언어적 상호작용을 한다.
  – "아 예쁜 색깔이 나타났구나."
    "무엇을 그려볼까?"
    "한번 팔을 움직여 크게 동그라미를 그려보자."
    "또 세모를 그려보자."
    다양한 모양을 그려보도록 격려한다.

활동 11. 음악에 맞추어 춤추기

목표

- 음악을 느끼고 움직일 수 있다.

준비물

신체 관련 노래('코코코', '엄지 어디 있니?', '머리어깨무릎발', '호키포키')

놀이방법

- 음악을 들으며 따라서 노래를 불러준다.
- 영아의 손을 잡고 마주 보며 가사의 내용대로 몸을 움직여 본다.
- 이때 서로 마주 보아야 영아가 교사의 행동과 말을 보고 따라 할 수 있다.

활동 12. 물 따르기

● 목표

• 소근육 발달을 도모할 수 있다.
• 보존개념을 경험할 수 있다.

● 준비물

욕조, 여러 가지 용기, 물에 뜨는 장난감들

● 놀이방법

• 욕조 안에 물을 채우고 영아를 앉힌다.
• 물을 만져보고 경험하게 한 후 여러 가지 크기의 용기를 넣어준다.
• 물에 뜨는 장난감을 넣어주어 흥미를 유발한다.
• 욕조 안의 물을 떠서 다른 용기에 옮길 수 있게 한다.
  – "어느 쪽이 물이 더 많을까? 이쪽이 더 많구나."

2 유아 놀이의 실제

〈우리나라 놀이 사례 1 개요〉

<table>
<tr><td>놀이 배경</td><td colspan="3">여섯 가지 놀이상황 속에서 유아들은 공통적으로 '천'이라는 매체를 이용하여 놀이하였다. 처음으로 '천'을 마주한 유아들은 오감을 이용해 천을 탐색하였고, 그중 색깔분류를 통해 자연스레 1번 놀이상황(태극기 만들기)이 시작되었다.
교사는 새로운 매체(지구본)를 지원해 주어 유아의 놀이를 확장시켜 주었고, 태극기와 우리나라에 관심을 가지게 된 유아에게 '우리나라의 전통의상, 전통혼례, 전통게임에는 무엇이 있을까?'라는 질문을 통해 유아들이 직접 우리나라라는 주제로 놀이를 하도록 이끌어 주었다.
놀이상황 속에서 교사는 한 명으로 정해져 있지 않았고, 놀이를 주도하는 조원(유아)을 제외한 나머지 조원들이 교사의 역할을 하여 적절한 지원을 해주었다.

놀이연계 상황
놀이1 → 놀이2 : 지구본으로 우리나라를 찾게 된 유아는 지구본의 그려진 색깔(바다, 땅)에 대해 궁금해하였고, 따로 떨어진 독도에 대해 본인들의 상상력을 더해 수족관을 만드는 놀이로 확장되었다.
놀이3 : 전쟁 영화를 봤던 경험들에 대해 유아–유아 간 의사소통이 이루어졌고, 천과 뽁뽁이를 사용하여 직접 옷과 방패를 만들어 보며 전쟁 역할놀이가 진행되었다.
놀이4 : 놀이3과 마찬가지로 이번엔 여러 유아들이 함께 집단 역할놀이가 시작되었다. 애니메이션 '파워레인저'를 시청했던 경험을 토대로 직접 망토를 만드는 과정에서 원하는 색깔로 망토를 만들어 보았다.
놀이5 : 유아들이 전통혼례 진행방식에 대해 궁금해하였고, 교사는 영상과 사진자료 등 전통혼례에 관한 다양한 자료들을 제시해 주었다.
놀이6 : 좁은 실내공간에서 시작된 '무궁화 꽃이 피었습니다'를 교사가 공간변화를 지원하여 실외 활동으로 변화되었다.</td></tr>
<tr><td>놀이 큰 제목</td><td colspan="3">우리나라</td></tr>
<tr><td>놀이의 흐름</td><td>놀이 소제목</td><td>사진</td><td>놀이 의미</td></tr>
<tr><td>놀이1</td><td>찾아라 대한 민국!</td><td> </td><td>창의적인 사람
자주적인 사람</td></tr>
</table>

놀이2	독도는 우리 땅!	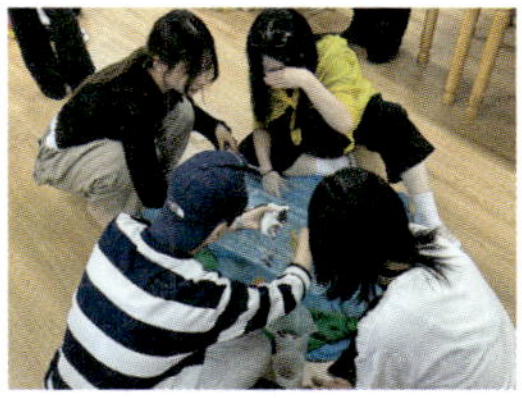	자주적인 사람 더불어 사는 사람
놀이3	나를 따르라!	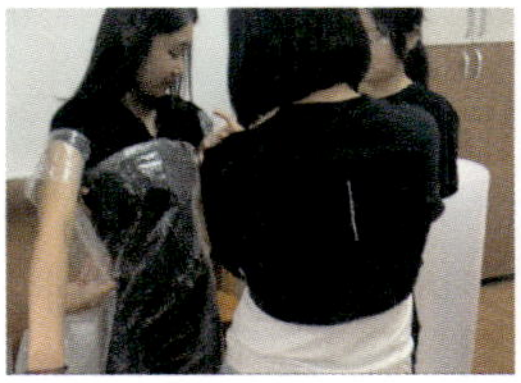 	더불어 사는 사람 건강한 사람
놀이4	지켜라 대한민국	 	건강한 사람 자주적인 사람
놀이5	전통혼례	 	더불어 사는 사람 자주적인 사람
놀이6	무궁화 꽃이 피었습니다	 	건강한 사람 창의적인 사람

※놀이 의미 : 건강한 사람, 자주적인 사람, 창의적인 사람, 감성이 풍부한 사람, 더불어 사는 사람

<table>
<tr><td>반/ 조</td><td></td><td rowspan="2">조
원</td><td rowspan="2"></td></tr>
<tr><td>놀이
소제목</td><td>1. 찾아라 대한민국!</td></tr>
<tr><td>놀이설명</td><td colspan="3">교사는 여행을 다녀온 친구들이 많아서 교실에 지구본을 놓아주었다. 아이들이 지구본에 흥미를 가지면서 돌려보며 관찰하였다. 지구본에서 대한민국의 위치를 찾아보고 즐거워하였다.
위치를 찾아본 후 우리나라에 대해 대화를 나누며 태극기를 만들어 보는 활동을 하였다. 이때 다양한 소재(천, 막대기 등)를 이용하여 태극기를 만들어 보았다.</td></tr>
<tr><td>유아대화</td><td colspan="3">[1] 지원 – 지구본에서 우리나라 찾기
T : 친구들 이것은 어떤 것일까?
C1 : 지구에요.
T : 이건 지구본이라고 하는 거야. 이 지구본에 무엇이 그려져 있니?
C2 : 바다도 있고, 땅도 있고, 초록색 산도 보여요.
T : 그렇구나. 지구본 안에는 지도들이 그려져 있네~ 그럼 우리가 살고 있는 곳은 어디인지 지구본에서 찾아볼까?
C3 : 잘 모르겠어요.
T : 우리나라가 어떤 모양으로 그려져 있니?
C4 : 음... 여기 같아요. 우리나라는 호랑이 모양이래요!
T : ○○이가 잘 찾아줬구나.

[2] 지원 – 다양한 소재를 사용하여 태극기 만들기
C1 : 태극기를 만들고 있는데 검정색 4개의 모양은 뭐예요?
T : 이건 어려운 말로 건, 곤, 감, 리라는 태극기 요소야.
C : 건곤감리는 뭐예요?
T : 건은 하늘을 나타내고, 곤은 땅을, 리는 해와 불을, 감은 달과 물을 나타내는 거래.
C4 : 우와 재미있다! 저는 처음 알았어요.
T : 건곤감리는 어떤 재료를 사용하면 모양이 잘 나타날까?
C2 : 길쭉한 막대기요./ 색종이요.
T : 천(옷감)을 이용해서 그려보면 어떨까?
C : 좋아요! 선생님 그런데 여기 동그란 모양은 뭐예요?
T : 그것은 태극문양이라고 하는 태극요소인데 태극문양에는 무슨 색깔이 사용될까?
C1 : 빨간색, 파란색이요!
T : 무슨 색깔이 밑으로 내려올까?
C : 모르겠어요.
T : 바다는 밑에 있으니까 파란색이 밑으로, 태양은 위에 있으니까 빨간색이 위로 올라가면 태극문양 완성~!</td></tr>
</table>

<table>
<tr><td rowspan="5">사진</td><td rowspan="5">
</td><td>신체운동 · 건강 영역</td><td>–</td></tr>
<tr><td>의사소통 영역</td><td>의사소통 〉 듣기와 말하기 〉 말이나 이야기를 관심 있게 듣는다.</td></tr>
<tr><td>사회관계 영역</td><td>사회관계 〉 사회에 관심 가지기 〉 우리나라에 대해 자부심을 가진다.</td></tr>
<tr><td>예술경험 영역</td><td>예술경험 〉 창의적으로 표현하기 〉 다양한 미술 재료와 도구로 자신의 생각과 느낌을 표현한다.</td></tr>
<tr><td>자연탐구 영역</td><td>탐구과정 즐기기 〉 주변 세계와 자연에 대해 지속적으로 호기심을 가진다.</td></tr>
<tr><td rowspan="2">교사의 놀이지원 실제 (설명)</td><td colspan="3">〈태극기 만들기〉
유아들은 지구본을 보고 대한민국을 찾아본 후 자연스럽게 태극기를 만들어 보는 놀이를 하였다. 교사는 놀이하는 유아들의 모습을 계속 관찰하였다.
유아가 관찰하다가 태극기를 만들어 보고 싶어 했고, 교사는 유아들에게 적절한 매체(지구본, 다양한 소재의 만들기 재료)를 지원하였다.</td></tr>
<tr><td colspan="3">〈교육적 고민〉
1. 옷감을 이용하여 태극문양과 건곤감리를 잘 표현할 수 있을지 고민이 되었다.
2. 건곤감리라는 용어가 생소하여 어렵지 않을까 고민이 되었는지만 우리나라 태극기이므로 알려주어야 한다고 생각했다.</td></tr>
<tr><td>편성 및 교수학습</td><td colspan="3">상호작용, 관찰하기, 질문하기, 자료활용방법 지지 또는 제안</td></tr>
</table>

〈스카프 놀이 사례 개요〉

놀이 배경	유아들이 스카프에 관심 있어 하는 것을 보고 교사가 스카프를 숨겨 스카프 찾기 놀이를 발생시켰다. 스카프를 찾은 유아는 스카프를 이용한 다양한 놀이를 하였다.		
놀이 큰 제목	스카프 놀이		
놀이의 흐름	**놀이 소제목**	**사진**	**놀이 의미**
놀이1	스카프 보물 찾기		건강한 사람 - 신체활동에 즐겁게 참여한다. 창의적인 사람 - 일상에서 호기심을 가지고 탐구하는 과정을 즐긴다.
놀이2	예쁘게 자신을 꾸며보기		건강한 사람 - 신체활동에 즐겁게 참여한다. 더불어 사는 사람 - 다른 사람과 사이좋게 지낸다. 창의적인 사람 - 예술을 통해 창의적으로 표현하는 것을 즐긴다.
놀이3	요리 역할극 놀이	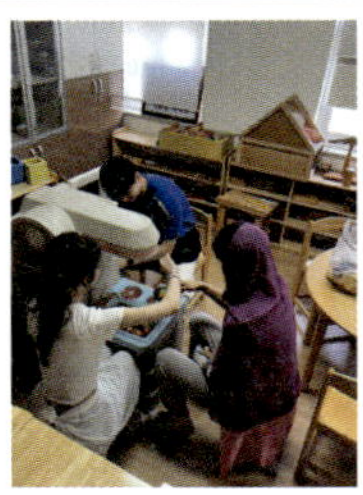	건강한 사람 - 신체활동에 즐겁게 참여한다. 더불어 사는 사람 - 일상생활에서 듣고 말하기를 즐긴다. 창의적인 사람 - 예술을 통해 창의적으로 표현하는 과정을 즐긴다.
놀이4	무지개 만두 만들기 놀이		자주적인 사람 - 일상에서 호기심을 가지고 탐구하는 과정을 즐긴다. 더불어 사는 사람 - 다른 사람과 사이좋게 지낸다. 창의적인 사람 - 예술을 통해 창의적으로 표현하는 과정을 즐긴다.

<table>
<tr><td>놀이5</td><td>기차 소풍
놀이</td><td></td><td>건강한 사람 - 신체활동에 즐겁게 참여한다.
자주적인 사람 – 일상에서 호기심을 가지고 탐구하는 과정을 즐긴다.
더불어 사는 사람 – 다른 사람과 사이좋게 지낸다.
창의적인 사람 – 예술을 통해 창의적으로 표현하는 과정을 즐긴다.</td></tr>
<tr><td>놀이6</td><td>음식
안 떨어
뜨리기
놀이</td><td>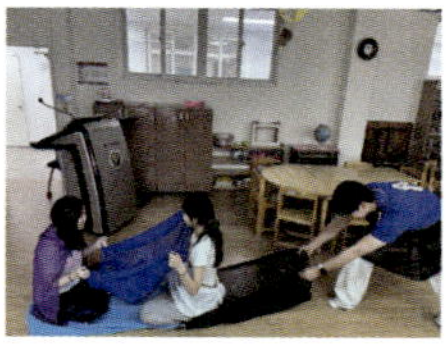</td><td>건강한 사람 – 신체활동에 즐겁게 참여한다.
– 안전한 생활습관을 기른다.
자주적인 사람 – 일상에서 호기심을 가지고 탐구하는 과정을 즐긴다.
더불어 사는 사람 – 다른 사람과 사이좋게 지낸다.
창의적인 사람 – 예술을 통해 창의적으로 표현하는 과정을 즐긴다.</td></tr>
<tr><td colspan="4">※놀이 의미 : 건강한 사람, 자주적인 사람, 창의적인 사람, 감성이 풍부한 사람, 더불어 사는 사람</td></tr>
</table>

<table>
<tr><td>반/ 조</td><td></td><td rowspan="2">조
원</td><td rowspan="2"></td></tr>
<tr><td>놀이
소제목</td><td>1. 스카프 보물 찾기</td></tr>
<tr><td>놀이설명</td><td colspan="3">교사는 유아가 스카프에 대해 흥미있어 하는 것을 보고 다양한 색의 스카프를 준비하여 교실에 가져왔다. 스카프 놀이가 계속 진행되기 위해서 스카프를 숨겨놓고 찾는 놀이를 하였다.</td></tr>
<tr><td>유아대화</td><td colspan="3">C1 : 어? 교실에 여러 가지 옷감이 있어.
C2 : 어 색이 여러 가지다.
C3 : 이거 가지고 놀면 재밌겠다.
(교사는 유아들이 흥미가 있음을 관찰하였다)
T : 어 너희들이 스카프에 많이 흥미를 갖고 있구나.
C4 : 선생님 우리 이거 가지고 놀이해요.
C1 : 어떤 놀이든 재미있을 것 같아요.
T : 그러면 선생님이 이 천을 보물처럼 숨겨서 찾는 놀이는 어때?
C2 : 재미있을 것 같아요.
T : 우리 규칙을 만들어 볼까?
C3 : 일등으로 찾는 사람에게 상을 줘요.
C4 : 그러면 너무 빨라야 하잖아요. 일등 말고 여러 명에게 상을 줘요.
T : 좋은 규칙이다.</td></tr>
</table>

<table>
<tr><td rowspan="5">사진</td><td colspan="2" rowspan="5"></td><td>신체운동 · 건강 영역</td><td>신체활동 즐기기 〉 신체를 인식하고 움직인다.</td></tr>
<tr><td>의사소통 영역</td><td>듣기와 말하기 〉 자신의 경험, 느낌, 생각을 말한다.</td></tr>
<tr><td>사회관계 영역</td><td>더불어 생활하기 〉 약속과 규칙의 필요성을 알고 지킨다.</td></tr>
<tr><td>예술경험 영역</td><td>아름다움 찾아보기 〉 예술적 요소에 관심을 갖고 찾아본다.</td></tr>
<tr><td>자연탐구 영역</td><td>탐구과정 즐기기 〉 주변 세계와 자연에 대해 지속적으로 호기심을 가진다.</td></tr>
<tr><td rowspan="2">교사의 놀이지원 실제 (설명)</td><td>설명</td><td colspan="3">교사가 유아의 흥미에 따라 옷감을 제시하여 옷감을 찾는 보물찾기 놀이를 하였다. 유아의 흥미가 지속될 수 있는 놀이 가능성이 있었으므로 천을 이용한 놀이를 하게 되었다.</td></tr>
<tr><td>교육적 고민</td><td colspan="3">여러 놀이로 뻗어나갈 수 있을지 또는 유아의 흥미가 계속될 수 있을지 고민되었으나 교육적 의미가 클 것으로 판단되어 계속 진행하기로 결정하였다.</td></tr>
<tr><td>편성 및 교수학습</td><td colspan="4">상호작용, 관찰하기, 질문하기, 정서적 지지하기, 교사가 계획한 자료 제공하기</td></tr>
</table>

<table>
<tr><td>반/ 조</td><td></td><td rowspan="2">조원</td><td></td></tr>
<tr><td>놀이 소제목</td><td>2. 예쁘게 자신을 꾸며보기</td><td></td></tr>
<tr><td>놀이설명</td><td colspan="3">유아가 다양한 색의 스카프를 두르는 것에 재미있어 하는 것을 보고 교사가 더 다양한 스카프를 준비해서 유아들이 활동할 수 있도록 유발하였다.</td></tr>
<tr><td>유아대화</td><td colspan="3">C1 : 우와! 스카프 색이 정말 다양하다~
C2 : (스카프를 어깨에 두르며) 빨간색도 있고 노란색도 있고 파란색도 있어~
C3 : 우와 이쁘다. 나도 어깨에 둘러볼래!
C4 : 어? 너 슈퍼맨 같다!
T : 우리 이 옷감을 가지고 알록달록하게 꾸며볼 수 있겠다.
C1 : 좋아요!
C2 : 재밌겠다.</td></tr>
</table>

<table>
<tr><td rowspan="5">사진</td><td rowspan="5"></td><td>신체운동 · 건강 영역</td><td>신체활동 즐기기 〉 신체 움직임을 조절한다.</td></tr>
<tr><td>의사소통 영역</td><td>듣기와 말하기 〉 자신의 경험, 느낌, 생각을 말한다.</td></tr>
<tr><td>사회관계 영역</td><td>더불어 생활하기 〉 친구와 서로 도우며 사이좋게 지낸다.</td></tr>
<tr><td>예술경험 영역</td><td>아름다움 찾아보기 〉 예술적 요소에 관심을 갖고 찾아본다.
창의적으로 표현하기 〉 다양한 미술재료와 도구로 자신의 생각과 느낌을 표현한다.</td></tr>
<tr><td>자연탐구 영역</td><td>–</td></tr>
<tr><td rowspan="2">교사의 놀이지원 실제 (설명)</td><td>설명</td><td colspan="2">유아들이 스카프를 몸에 걸치며 즐거움을 느낀 걸 관찰하여 놀이가 확장될 수 있도록 유아들이 다양하게 스카프를 활용할 수 있게 더 제공하였다.</td></tr>
<tr><td>교육적 고민</td><td colspan="2">여러 놀이로 뻗어나갈 수 있을지 또는 유아의 흥미가 계속될 수 있을지 고민되었으나 교육적 의미가 클 것으로 판단되어 계속 진행하기로 결정하였다.</td></tr>
<tr><td>편성 및 교수학습</td><td colspan="3">상호작용, 관찰하기, 정서적 지지하기, 자료활용방법 지지, 제안하기, 놀이 참여하기</td></tr>
</table>

<table>
<tr><td>반/ 조</td><td></td><td rowspan="2">조원</td><td rowspan="2"></td></tr>
<tr><td>놀이 소제목</td><td>3. 요리 역할극 놀이</td></tr>
<tr><td>놀이설명</td><td colspan="3">유아들이 알록달록한 옷을 입고 이쁜 모습으로 소풍을 떠나고 싶어 해서 교사가 소풍을 가서 먹을 음식을 만들어 보는 활동을 제안했다.</td></tr>
<tr><td>유아대화</td><td colspan="3">C1 : 우와! 선생님! 알록달록하게 입으니깐 놀러 가고 싶어요!
C2 : 저도요! 소풍 가고 싶어요!
T : 친구들 소풍 가고 싶구나? 좋아요 소풍 가요!
C1 : 우와! 재밌겠다!
T : 친구들은 소풍 갈 때 어떤 음식을 싸가고 싶어요?
C1 : 김밥이요!
C2 : 맛있는 샌드위치요!
T : 친구들이 다양한 음식을 말해줬네. 우리 소풍 가서 먹을 맛있는 음식을 만들어 볼까요?
C1 : 네! 난 김밥 만들어야지!
C2 : 같이 만들자!</td></tr>
</table>

<table>
<tr><td></td><td colspan="3">T : 어떤 김밥을 만들까?
C1 : 저는 참치김밥요.
C2 : 시금치 넣어요.
T : 그것들을 나타낼 수 있는 놀잇감을 교실에서 찾아볼까?</td></tr>
<tr><td rowspan="5">사진</td><td colspan="2" rowspan="5">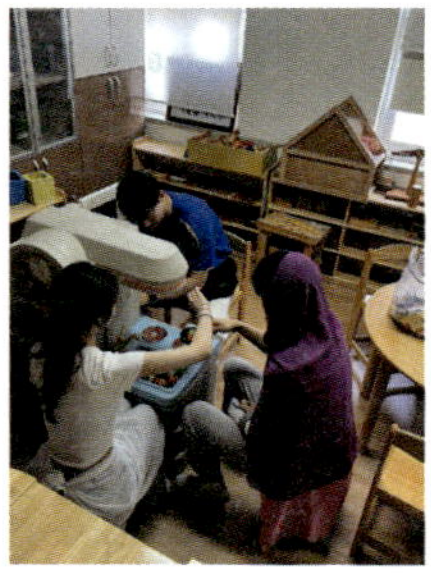</td><td>신체운동 · 건강 영역</td><td>신체활동 즐기기 〉 신체 움직임을 조절한다.</td></tr>
<tr><td>의사소통 영역</td><td>듣기와 말하기 〉 상대방이 하는 이야기를 듣고 관련해서 말한다.</td></tr>
<tr><td>사회관계 영역</td><td>나를 알고 존중하기 〉 내가 할 수 있는 것을 스스로한다.</td></tr>
<tr><td>예술경험 영역</td><td>–</td></tr>
<tr><td>자연탐구 영역</td><td>–</td></tr>
<tr><td rowspan="2">교사의 놀이지원 실제 (설명)</td><td>설명</td><td colspan="3">음식을 만드는 도구가 없어 어려워하는 유아에게 도구를 찾아 제공해 줌으로써 활동이 이어질 수 있도록 했다.</td></tr>
<tr><td>교육적 고민</td><td colspan="3">음식을 먼저 만든 유아는 무슨 활동을 이어 나가야 흥미와 집중력이 유지될지 고민이 되어 선생님이 먹고 싶은 음식도 한번 만들어 보도록 추천해 보거나 다른 유아를 돕는 방향을 제안했다.</td></tr>
<tr><td>편성 및 교수학습</td><td colspan="4">상호작용, 관찰하기, 질문하기, 정서적 지지하기, 자료변화, 자료추가, 공간확장과 변화, 자료활용방법 제안, 공간변화</td></tr>
</table>

<table>
<tr><td>반/ 조</td><td></td><td rowspan="2">조원</td><td rowspan="2"></td></tr>
<tr><td>놀이 소제목</td><td>4. 무지개 만두 만들기 놀이</td></tr>
<tr><td>놀이설명</td><td colspan="3">유아가 음식을 만드는 활동 중에 에어캡을 발견하여 활용하고 싶어 해서 교사가 제공했다. 제공된 에어캡을 가지고 유아가 여러 가지 색의 스카프를 에어캡 안에 넣어보고 뭉쳐보더니 만두 같다고 생각하여 여러 가지 색의 무지개 만두를 만들었다.</td></tr>
<tr><td>유아대화</td><td colspan="3">C1 : 근데 난 이걸로 만두 만들고 싶어. 내가 가장 좋아하는 음식이야!
C2 : 근데 이 스카프로 만두를 어떻게 만들지?
C3 : 그러게, 만두는 동그랗잖아!
C4 : 그리고 기~다란 만두도 있어! 이렇게!! (몸으로 표현한다)
T : 음~ C1이 말대로 이 스카프로 만두 만들기 놀이를 해봐도 재밌겠다!
C3 : 맞아요 선생님, 색이 여러 가지니까 우리 이번엔 무지개 만두 만들기 해요!!</td></tr>
</table>

C1 : 우와 재밌겠다!!
T : 우와 무지개 만두라니 너무 알록달록하겠다. 그럼 이번에는 우리 다 같이 무지개 만두를 하나씩 만들어 볼까?
C : 좋아요!!
C3 : 흠 그럼 나는 동그란 만두를 만들래. 나는 동그란 만두가 귀여워서 좋아!!
C4 : 나는 김치 만두!! 그게 젤 맛있어!
(각자 자유롭게 만두 모양을 만든다)
C1 : 선생님 근데 이거 너무 스카프가 주르륵 흘러내려서 만두 모양이 안 잡혀요.
T : 어? 그러게. 아! 만두에는 만두 피가 있었지! 선생님이 만두피를 준비해 올게요.
(뽁뽁이를 가져온다) 어때요 친구들?
C2 : 우와 저 저기에 만두 넣을래요!
C1, C3, C4 : 나도!!
C4 : 어? 이거 만두가 그래도 풀리니까 나 이 고무줄로 만두를 묶어서 고정시킬래!
C1 : 우와 너 만두 진짜 왕만두야 완전 크다!
C4 : 멋있지?? 나 만두 많이 먹고 싶어서 완전 크게 만들었어!
C2 : 어? 나도 C4처럼 만두 묶어야겠다. 나는 똥머리 만두야!
C3 : 나도 똥머리 만두야. 이거 저번에 엄마가 내 머리 묶어준 거랑 만두 모양이 똑같아!
C4 : 색이 여러 가지여서 완전 맛있을 거 같아. 먹고 싶다.
C1 : 어? 그럼 우리 이 만두 가지고 소풍 가자! 소풍 가서 다 같이 먹으면 되잖아!
(유아들이 음식을 퍼 갈 도구가 없어 어려워함)
T : C1은 어떤 걸 찾고 있어요?
C1 : 국자가 없어서 찾고 있는데 안 보여요.
(국자를 찾아서 제공함)

사진			
사진		신체운동 · 건강 영역	신체활동 즐기기 〉 신체 움직임을 조절한다.
		의사소통 영역	듣기와 말하기 〉 상대방이 하는 이야기를 듣고 관련해서 말한다.
		사회관계 영역	더불어 생활하기 〉 서로 다른 감정, 생각, 행동을 존중한다.
		예술경험 영역	창의적으로 표현하기 〉 다양한 미술 재료와 도구로 자신의 생각과 느낌을 표현한다.
		자연탐구 영역	탐구과정 즐기기 〉 탐구과정에서 서로 다른 생각에 관심을 가진다.

<table>
<tr><td rowspan="2">교사의 놀이지원 실제 (설명)</td><td>설명</td><td>교사가 유아의 흥미에 따라 유아의 의견을 받아들이고 옷감으로 만두 만들기 놀이를 하였다. 유아가 직접 창의력을 발휘할 수 있도록 참여자의 입장에서 놀이를 진행하며 놀이에 어려움이 있는 상황에서 제안하는 역할로 참여하였다.</td></tr>
<tr><td>교육적 고민</td><td>천으로 만두를 만든다는 의견에서 유아들이 놀이를 잘 진행해 낼 수 있을지 의문이 들었지만 놀이를 진행하다 유아들이 어려움을 느끼는 상황이 있었을 때 뽁뽁이라는 놀이 재료를 제공하여 원활하게 진행될 수 있도록 했다.</td></tr>
<tr><td>편성 및 교수학습</td><td colspan="2">상호작용, 관찰하기, 질문하기, 자료활용방법 지지 또는 제안, 제안하기, 놀이참여하기, 유아가 발견한 자료지원</td></tr>
</table>

<table>
<tr><td>반/ 조</td><td></td><td rowspan="2">조원</td><td rowspan="2"></td></tr>
<tr><td>놀이 소제목</td><td>5. 기차 소풍 놀이</td></tr>
<tr><td>놀이설명</td><td colspan="3">유아가 요리하기 놀이와 무지개 만두 만들기 놀이를 통해 만든 음식들을 가지고, 스카프로 기차를 만들어서 기차를 타고 소풍놀이를 했다.</td></tr>
<tr><td>유아대화</td><td colspan="3">C1 : 우와 우리가 만든 음식을 가지고 소풍 가고 싶다.
C2 : 소풍 가려면 뭐를 타고 가야 할까?
C3 : 기차가 빠르니까 기차 타고 가는 거 어때?
C4 : 우리 이 스카프로 기차도 만들어 보자.
C1 : 기차는 어떻게 만드는 게 좋을까?
C2 : 기차는 엄청 기니까 스카프를 길게 이어보자.
(유아들이 스카프를 길게 잇는다)
C3 : 끝부분을 이어서 들어갈 공간을 만들자!
(스카프 기차를 만든다)
T : 그럼 우리가 만든 기차를 타고 소풍을 가볼까?
C : 네!
(스카프 기차에 들어가 이동한다)
C1 : 우리 이제 도착했으니까 여기 돗자리 펴서 앉자.
C2 : 좋아!</td></tr>
</table>

<table>
<tr><td rowspan="5">사진</td><td rowspan="5" colspan="2"></td><td>신체운동 · 건강 영역</td><td>신체 활동 즐기기 〉 실내외 신체활동에 자발적으로 참여한다.</td></tr>
<tr><td>의사소통 영역</td><td>듣기와 말하기 〉 말이나 이야기를 관심 있게 듣는다.</td></tr>
<tr><td>사회관계 영역</td><td>더불어 생활하기 〉 친구와 서로 도우며 사이좋게 지낸다.</td></tr>
<tr><td>예술경험 영역</td><td>–</td></tr>
<tr><td>자연탐구 영역</td><td>–</td></tr>
<tr><td rowspan="2">교사의 놀이지원 실제 (설명)</td><td>설명</td><td colspan="3">유아가 원하는 소풍을 가는 놀이에 필요한 스카프의 양이 많을 것으로 생각되어 넉넉하게 지원하여 스카프로 기차를 만드는 놀이가 원활히 진행될 수 있도록 했다.</td></tr>
<tr><td>교육적 고민</td><td colspan="3">어떤 놀이를 해야 유아의 흥미가 계속될 수 있을지에 대한 고민을 했는데 유아가 기차놀이로 놀이를 확장시키려는 것을 보고 교육적 의미가 클 것으로 생각되어 계속 진행하기로 하였다.</td></tr>
<tr><td>편성 및 교수학습</td><td colspan="4">상호작용, 공간확장과 변화, 유아가 발견한 자료지원</td></tr>
</table>

<table>
<tr><td>반/ 조</td><td></td><td rowspan="2">조원</td><td rowspan="2"></td></tr>
<tr><td>놀이 소제목</td><td>6. 음식 안 떨어뜨리기 놀이</td></tr>
<tr><td>놀이설명</td><td colspan="3">유아가 음식 모형과 스카프로 노는 모습을 보고 교사가 스카프를 넓은 곳에 모아두었더니 스카프에 앉고, 스카프 위에 음식 모형을 올려서 떨어뜨리지 않는 놀이를 하였다.</td></tr>
<tr><td>유아대화</td><td colspan="3">C1 : 얘들아 여기 스카프가 있는데 우리 여기 위에 앉아보자!
C2 : 어! 그럼 내가 끌어줄게!
T : 우리 친구들 스카프 타고 어디 가는 거예요?
C3 : 음… 저희 소풍 가요!
T : 소풍 갈 때 도시락도 필요하지 않을까?
C4 : 내가 음식을 스카프 위에다가 줄게
C1 : 어? 그러면 우리 스카프 위에 있는 음식 안 떨어뜨리고 옮겨보자!
C2 : 재밌겠다 좋아!
T : 너무 빠르게 달리면 친구들이 넘어질 수도 있으니 천천히 움직이도록 해요.
(주변 사물을 정리한다)
T : 우리 넓은 복도로 나가볼까?</td></tr>
</table>

<table>
<tr><td rowspan="5">사진</td><td rowspan="5"></td><td>신체운동 · 건강 영역</td><td>신체활동 즐기기 〉 신체 움직임을 조절한다.</td></tr>
<tr><td>의사소통 영역</td><td>듣기와 말하기 〉 자신의 경험, 느낌, 생각을 말한다.</td></tr>
<tr><td>사회관계 영역</td><td>더불어 생활하기 〉 친구와 서로 도우며 사이좋게 지낸다.</td></tr>
<tr><td>예술경험 영역</td><td>창의적으로 표현하기 〉 다양한 미술 재료와 도구로 자신의 생각과 느낌을 표현한다.</td></tr>
<tr><td>자연탐구 영역</td><td>탐구과정 즐기기 〉 탐구과정에서 서로 다른 생각에 관심을 가진다.</td></tr>
<tr><td rowspan="2">교사의 놀이지원 실제 (설명)</td><td>설명</td><td colspan="2">교사가 유아들이 스카프 타고 놀이하는 모습을 보고 어디로 가는지 물어봄으로써 놀이가 확장되도록 했다.</td></tr>
<tr><td>교육적 고민</td><td colspan="2">유아들이 음식 모형에 집중하느라 스카프를 타고 다닐 때 미끄러질 수 있다고 생각했다. 그래서 유아들에게 안전수칙을 언급하고 주변에 부딪힐 만한 사물을 정리하고 치웠다.</td></tr>
<tr><td>편성 및 교수학습</td><td colspan="3">관찰하기, 질문하기, 제안하기, 공간확장과 변화, 기타(안전)</td></tr>
</table>

〈뽁뽁이 놀이 사례〉

<table>
<tr><th colspan="2">놀잇감 탐색 및 놀이 제안 내용</th></tr>
<tr><th>놀잇감 또는 놀이목록</th><th>뽁뽁이</th></tr>
<tr><td>놀잇감 사진</td><td rowspan="2">1. 뽁뽁이를 직접 만져보고 터트려보며 어떤 느낌이 드는지 자유롭게 이야기를 나누어 보고, 뽁뽁이를 바닥에 넓게 펼쳐둔 후 맨발로 직접 밟아본다.
</td></tr>
<tr><td>놀잇감을 활용하여 직접 실행한 놀이목록
1. 탐색하기
2. 김밥말이 놀이
3. 그림 그리기
4. 패션쇼 놀이
5. 나만의 아지트 만들기</td></tr>
</table>

2. 뽁뽁이를 맨발로 밟던 유아가 뽁뽁이 위에 눕자, 다른 유아들이 누워있는 유아를 돌돌 말아 김밥말이 놀이로 발전한다. 하지만 김밥의 속재료(당근, 시금치 등)가 필요하다는 것을 깨닫게 되자, 다양한 색깔의 인형, 블록 등을 가져와 뽁뽁이 위에 올려두고 김밥말이 놀이를 해본다.

3. 매직을 활용하여 뽁뽁이 위에 자신이 그리고 싶은 그림을 자유롭게 그려본다.

4. 다양한 그림이 그려져 있는 뽁뽁이를 몸에 두르고 패션쇼 놀이를 해본다.

5. 의자 또는 책상 등을 자유롭게 활용하여 나만의 아지트를 만들어 안에 들어가서 다양한 놀이를 해보거나, 이야기를 나누고 책을 읽는 등의 활동을 해볼 수 있다.

부록

부록

〈놀이지원 체크리스트〉

놀이 실행	놀이지원자로서 교사		예	아니요	비고(설명)
놀이 편성	교육적 지원 계획하기	연간계획 검토하기			
		월, 주간, 일일계획 검토하기			
		기관, 교사의 실정에 맞게 계획안의 형식 변경하기			
	일과 구성하기	놀이시간 충분히 운영하기			
		일상생활이 융통성 있고 유아주도적으로 이루어지도록 한다.			
		놀이와 연결하여 활동을 운영한다.			
		일과를 융통성 있게 운영한다.			
교수 학습 실천 하기	놀이공간	놀이공간을 융통성 있게 배치해 보기			
		놀이공간 넓혀보기			
		유아에게 공간배치의 주도권을 부여하기			
		다른 놀이 공간을 찾아보기			

	놀이자료	유아가 결정한 자료 활용방법을 격려하기			
		자연물이나 자연현상도 자료가 될 수 있다.			
		다양한 일상의 사물을 놀이자료로 활용하기			
		자료가 없어도 놀이할 수 있다.			
		기존의 자료도 새롭게 활용하기			
	상호작용	유아와 유아의 상호작용을 지원하기			
		유아와 환경의 상호작용을 지원하기			
		놀이지원을 위해 관찰하기			
		제안(놀이 시작/ 정보 제공)하며 놀이를 지원한다.			
		유아의 놀이에 참여(유아주도/ 교사주도/ 역할참여)하며 지원한다.			
		질문(비지시적 질문/ 지시적 질문)하며 놀이를 지원한다.			
		정서적(유아에 반응하기)으로 지원해 준다.			
평가하기	평가를 위한 자료 모으기	다양한 방식으로 기록하기			
	자료 활용하여 평가하기	유아의 특성 및 변화 정도 평가하기			
		누리과정 운영을 평가하기			
		놀이에서 누리과정 5개 영역을 경험하였는지 돌아보기			

〈놀이관찰기록지〉

유아관찰기록					
권○○		▶	안○○		▶
김○○		▶	원○○		▶
남○○		▶	이○○		▶
노○○	엄마가 오셨는데도 집에 가지 않자 울기 시작하더니 끝내 활동을 거부하고 귀가하였다.	▶경험해 보지 못한 상황에 당황하고 거부하는 모습을 보인다. 최대한 자연스럽게 새로운 경험을 주어야겠다.	이○○		▶
박○○		▶	전○○		▶
박○○		▶	이○○		▶
신○○		▶	이○○		▶

참고문헌

강은선(2010). 영유아의 또래 유능성과 유치원 적응과의 관계. 한국교원대학교 교육대학원 석사학위논문.

곽혜경 · 박애경 · 백혜리 · 조혜경(2010). 놀이지도. 서울 : 창지사.

교육부 · 보건복지부(2020a). 2019 개정 누리과정 고시문. 세종 : 교육부, 보건복지부.

교육부 · 보건복지부(2020b). 2019 개정 누리과정 놀이이해자료. 세종 : 교육부, 보건복지부.

________________(2020b). 2019 개정 누리과정 놀이실행자료. 세종 : 교육부, 보건복지부.

________________(2020b). 2019 개정누리과정 해설서. 세종: 교육부, 보건복지부.

교육인적자원부(2004). 유치원 급식 · 간식 식단 및 요리활동자료.

국지윤(2005). 가람어린이집 유아들의 쌓기놀이에서 경험하는 수학활동에 관한 문화기술적 연구. 이화여자대학교 대학원 석사학위논문.

김미란 · 서현아(2021). 유아교사의 놀이성과 유아 놀이성 간의 관계에서 교사 놀이교수효능감과 놀이신념의 다중매개효과. 인문사회 21, 12(6), 49, pp. 2999-3012.

김수경(2015). 유치원 교실 내 환경으로서 그림책의 배치 및 활용 실태. 중앙대학교 대학원 석사학위논문.

김수영 · 김수임 · 김현아 · 정금자(2002). 유아놀이의 이론과 실제(제2판). 서울 : 양서원.

김영옥(2020). 국가수준 유아교육과정 변천과 개정 누리과정의 과제탐색. 열린유아교육연구, 25(2), 75-103.

김은희(2000). 레지오 에밀리아 접근법의 이해와 현장적용. 서울 : 창지사.

김지은(2014). 영유아 행동관찰의 이해. 서울 : 정민사.

김혜경(2005). 영유아 교육기관 경영. 서울 : 창지사.

김희진 · 김언아 · 홍희란(2004). 영아교사를 위한 교사교육메뉴얼. 서울 : 창지사.

덕성여대 유아교육연구소(1997). 유아영양과 요리활동. 서울 : 창지사.

박성연 역(1996). 아동지도. 서울 : 중앙적성출판사.

박애경 · 서혜정(2022). 유아교육 전공 교과 수업에 2019 개정 누리과정을 반영하는 교수의 경험. 학습자중심교과교육연구, 22(11), 505-524.

박애경 · 서혜정(2023). 개정 누리과정을 실천하는 초임 교사의 경험. 학습자중심교과교육연구, 23(24), 677-701.

박정연 · 이성희(2009). 부모의 양육태도와 유아의 놀이성과의 관계. 한국실천유아교육학회, 14(1), 40.

박찬옥 · 정남미 · 곽현주(2020). 놀이지도. 서울 : 양성원.

방은영(2016). 창의적 신체표현을 통한 말 리듬 활동이 유아의 언어능력에 미치는 영향. 한국예술교육학회, 14(4), 97.

백남진(2013). 교사의 교육과정 해석과 교육과정 잠재력. 한국교육과정학회, 31(3), 201.

삼성복지재단(2000). 제8회국제학술대회, '어린이와 환경 · 안전'.

서혜정 · 박애경 · 고지민 · 이경연 · 장슬하 · 김의경(2018). 유아과학교육. 경기 : 공동체.

송미경(2008). 어린이집 영아반 실외놀이에 대한 부모의 인식.

신수영(1990). 교사의 질문유형이 유아의 그림표현에 미치는 영향. 중앙대학교 대학원 석사학위논문.

신유림(2007). 학령기 아동의 사회적 위축성과 친구관계. 한국아동학회, 193-207.

신지연 · 이신영 · 서원경 · 이미화(2021). 놀이지도. 서울 : 신정.

아이 누리과정 포탈사이트. http:i-nuri.go.kr

오채선(2018). 자율성으로 본 유아교육과정 재설계. 유아교육연구, 38(4), 415-443.

위키백과사전(2024).

이기숙(2015). 한국 유아교육과정의 과거, 현재, 미래에 대한 조망. 한국유아교육학 2015 춘계정기학술대회 자료집,19-47.

이숙재(2004). 유아를 위한 놀이의 이론과 실제. 서울 : 창지사.

이숙재(1984). 유아의 상상놀이와 제변인관의 관계 연구. 연세대학교 대학원 박사학위논문.

이숙재(1990). 유아를 위한 놀이의 이론과 실제. 서울 : 창지사.

이숙재(1997). 어린이의 거친 신체놀이와 사회적 능력연구. 아동학회지, 19(1), 131-140.

이현순(1990). 극놀이 영역에서의 교사개입이 유아의 놀이지속시간에 미치는 효과. 이화여자대학교 대학원 박사학위논문.

임부연 · 곽승주 · 권혜진 · 김성숙 · 서보순 · 손은실 · 신은미 · 연희정 · 염지숙 · 오채선 · 윤민아 · 이경화 · 이연선 · 이현진 · 장혜진 · 정선아(2021). 유아교육과정. 경기 : 공동체.

임부연 · 손연주(2019). 유아교육과정의 맥락 속에서 살펴본 '놀이~배움'의 의미. 학습자중심교과교육연구, 19(3), 265-287.

전우경(2002). 영아의 애착 증진을 위한 부모교육 프로그램의 구성과 적용효과. 중앙대학교 대학원 박사학위논문.
정옥분(2012). 영아발달. 서울 : 학지사.
조성희(2017). 영유아발달. 서울 : 정민사.
조은진(2000). 유아들의 가상놀이 촉진을 위한 놀잇감 사용-놀잇감의 구조성을 중심으로. 아동학회지, 21(4), 197-210.
지성애(2000). 유아놀이지도. 서울 : 정민사.
지성애(2006). 영유아놀이척도 타당화 연구. 유아교육학논집, 11(1), 65-84.
지성애(2013). 놀이감의 구조성이 유아의 창의성, 사회적 행동, 언어능력, 조망수용능력에 미치는 효과 비교. 유아교육학논집, 17(6), 5-30.
지성애 · 채영란 · 신금호 · 박희숙 · 박유영(2012), 놀이지도. 서울 : 정민사.
허민정 · 권희경(2020). 유아교사의 놀이중심 교육과정 인식에 대한 개념도 분석: 2019 개정 누리과정 중심으로. 유아교육연구, 40(4), 35-59.
황해익 · 송연숙 · 최혜진 · 정혜영 · 이경철 · 인순영 · 박순호 · 손원경(2003). 유아교육기관에서의 포트폴리오 평가. 서울 : 창지사.

Ault, R. L.(1989). 아동의 인지발달(서봉연 · 곽금주 공역). 서울 : 중앙적성출판사.
Berlyne, D. E.(1968). Laughter, humor, and play. In G. Lindzey & E. Aronson(Eds.). *Handbook of social psychology*. New York : Addison-Wesley.
Beyer, L., & Bloch, M.(1996). Theory : An analysis(part1). In J. Chafel & S. Reifel(Eds.). *Advances in early education and day care : Theory and practice in early childhood education teaching*. Greenwich, CT : JAI press.
Bodrovea & Leong(1996).
Brown, Curry & Tinnich(1971).
Cartwright, S.(1988). Play can be the building blocks of learning. *Young Children, 43*(5), 44-57.
Dahl, K.(1998). Why cooking in the Classroom?. *Young Children, 53*(1), 81-84.
Davidson, P, M.(1973). Genevan contribution to characterizing the age 4 trqansition. *Human development*, 35, 165-171.
Dempsey & Frost(1993).
Dempsey, J., & Frost, J.(1993). Play enviroments in early childhood education. In B., Spodeck(Ed.), *Handbook of Research on the Education of Young Children*. New York : MacMillan.

Edwards, C. P., Gandini, L., & Forman, G.(1993). *The Hundred Languages of children : the Reggio emilia approach to early childhood education*.

Ellis, M.(1973). *Why people play*. Englewood Cliffs, NJ : Prentice-Hall.

Frost, J. & Klein, B.(1968). Children's play and playgrounds. Boston : Allyn and Bacon.

Fowler, W.(1980). Infant and Child Care : A Guide to Education in Group settings. Boston : Allyn & Bacon.

Frost, J. L.(1992). *Play and Playscapes*. Delmar Inc., N.Y.

Henninger(1985).

Howes, C., Phillips, D., & Whitebrook, M.(1992). Thresholds of quality : Implication for the social development of children in center-based care. *Child Development, 63*(4), 449-460.

Hughes, F. P.(1999). Children, play and development. Needham Heights, MA : Allyn & Bacon.

Hutt, C.(1971). Exploration and play in children. *symposia of the Zoological Society of London, 18*, 61-68.

Jeffrey Trawick-Smith, J.(1994). 놀이지도 : 아이들을 사로잡는 상호작용(송혜린 · 신혜영 · 신혜원 · 조혜진 공역). 서울 : 다음세대.

Johnson, J., Ershler, J., & Bell, C.(1980). Play behavior in a discovery-based and a formal education preschool program. *Child Development, 51*, 271-274.

Johnson, J.(1999). 놀이와 유아교육(신은수 · 김은정 · 안부금 · 유영의 공역). 서울 : 학지사.

Johnson, H. M.(1974). The art of block building. In E. S. Hirsch(Ed.), *The block book*. Washington DC : National association for the education of young children(NAEYC).

Johnson, J. E., Christie, J. F., & Yawkey, T. D.(1977). *Play and early childhood development*. Glenview, Ill., London : Scott, Foresman and Company.

Johnson, J., Christie, J., & Yawkey, T.(1999). *Play and early chidhood development*, New York : Longman.

Johnson, J., Christie, J., & Wardle, F.(2005). *Play, development and early education*. New York : Pearson, Allyn and Bacon.

Marotz, L. R., Cross, M. Z., & Rush, J. M.(2002). *Health, Safty, and Nutrition for the young child*(5th ed). Albany : Delmar Pub. Co.

Moore, M. R.(1992). An analysis of outdoor play environments and play behaviors. Unpublished doctoral dissertation, The University of Texas Austin.

Mueller, E., & Lucas, T. A.(1975). A developmental analysis of peer interaction among toddlers. In Leweis & L. A. Rosenblem(Eds.), *Friendship and peer relations*(pp. 223–257). NY : Wiley.

NAEYC(1998). *Accreditation criteria and procedures*. Washington, DC : Author.

Piaget, J., & Inhelder, B.(1969). *The psychology of the child*. New York : Basic Book Inc.

Piaget, J.(1962). *Play, dream and imitation in childhood*. New York : Norton.

Prescott, E.(1984). The physical setting in day care. In J.t. Greenman & R.W. Fuqua(Eds.), *Making day care better: training, evolution and the process of change*(pp.44–65). New York : Teacher College press.

Smilansky, S.(1968). *The effects of Sociodramatic Play on Disadvantaged Preschool children*. New York : John wiley & Sons Inc.

Spidell, R. A.(1986). Teacher Intervention and Beliefs in Preschool Children's Play. Unpublished Doctoral Dissertation, University of Illinois, Urbana Champaign.

Susa, A. M., & Benedict, J. O.(1994). The effects of playground design on pretend play and divergent thinking. *Environment and Behavior, 26*, 560–579.

Sutton–Smith, B.(1967). The role of play in cognitive development. *Young Children, 22*, 361–370.

Ward, C.(1996). Adult interaction : Appropriate strategies for enriching the quality of children's play. *Young children, 51*(3), 20–25.

Wardle, F.(1999a). Educational toys. *Early Childhood News, 11*(1), 38.

Wardle, F.(2003a). Intrduction to early childhood education: A multi–dimensional appreach to child–centered care and learning. Boston : Allyn and Bacon.

Weisler, A., & McCall, R.(1976). Exploration and play: Resume and reflections. *American psychologist, 31*, 492–508.

Wolfgang, C. H., & Sanders, T.(1982). Teacher's Role: A Construct for Supporting the Play of Young Children. *Early Child Development and Care, 8*, 107–120.

Wood, D., McMachon, L., & Cranstoun, Y.(1980). Working with Under Fives. Ypsilanti, MI : High/Scope Press.

저/자/약/력

박애경

중앙대학교 사범대학 유아교육학과
중앙대학교 대학원 유아교육학과(문학석사)
중앙대학교 대학원 유아교육학과(문학박사)
전) 송림유치원 교사
혜림유치원 교사
현) 동남보건대학교 유아교육학과 교수

개정 누리과정에 기초한 유아 · 놀이중심

놀이지도

| 저자 | 박애경

| 1판 1쇄 | 발행 2024년 12월 31일

| 발행인 | 김동훈
| 발행처 | **공동체**

| 주소 | 경기도 고양시 일산동구 호수로 358-39 동문타워 I 905호(백석동)
| 전화 | 031)814-3000(대표)
| 팩스 | 031)814-3100
| 홈페이지 | http://www.compub.co.kr
| 전자우편 | compub@naver.com
| 출판등록 | 2005년 10월 6일
| 등록번호 | 제396-2005-6호

| ISBN | 979-11-6725-855-7
정가 22,000원